50/2710

DU MÊME AUTEUR

Aux Éditions Gallimard

HAUTE SURVEILLANCE

JOURNAL DU VOLEUR

LETTRES À ROGER BLIN

ŒUVRES COMPLÈTES

I. J. -P. Sartre : Saint Genet, comédien et martyr

II. Notre-Dame-des-Fleurs – Le Condamné à mort – Miracle de la rose – Un chant d'amour

III. Pompes funèbres – Le Pêcheur du Suquet – Querelle de Brest

IV. L'Étrange Mot d'... – Ce qui est resté d'un Rembrandt déchiré en petits carrés... – Le Balcon – Les Bonnes – Haute surveillance – Lettres à Roger Blin – Comment jouer « Les Bonnes » – Comment jouer « Le Balcon »

V. Le Funambule – Le Secret de Rembrandt – L'Atelier d'Alberto Giacometti – Les Nègres – Les Paravents – L'Enfant criminel

Dans la collection Folio

JOURNAL DU VOLEUR

NOTRE-DAME-DES-FLEURS

MIRACLE DE LA ROSE

LES BONNES

LE BALCON

LES NÈGRES

LES PARAVENTS

Dans la collection L'Imaginaire

POMPES FUNÈBRES

QUERELLE DE BREST

ŒUVRES COMPLÈTES
DE JEAN GENET
★ ★ ★ ★

JEAN GENET

Œuvres complètes

★ ★ ★ ★

L'ÉTRANGE MOT D'...
CE QUI EST RESTÉ D'UN REMBRANDT
DÉCHIRÉ EN PETITS CARRÉS...
LE BALCON — LES BONNES
HAUTE SURVEILLANCE
LETTRES A ROGER BLIN
COMMENT JOUER « LES BONNES »
COMMENT JOUER « LE BALCON »

GALLIMARD

L'ÉTRANGE MOT D'...

L'étrange mot d'urbanisme, qu'il vienne d'un pape Urbain ou de la Ville, il ne se préoccupera peut-être plus des morts. Les vivants se débarrasseront des cadavres, sournoisement ou non, comme on se défait d'une pensée honteuse. En les expédiant au four crématoire, le monde urbanisé se défera d'un grand secours théâtral, et peut-être du théâtre. A la place du cimetière, centre — peut-être excentrique — de la ville, vous aurez des columbariums, avec cheminée, sans cheminée, avec ou sans fumée, et les morts, calcinés comme des petits pains calcinés, serviront d'engrais pour les kolkhozes ou les kiboutzims, assez loin de la ville. Toutefois, si la crémation prend une allure dramatique, — soit qu'un seul homme, solennellement, soit brûlé et cuit vif, soit que la Ville ou l'État veuillent se défaire, pour ainsi dire en bloc, d'une autre communauté, — le crématoire, comme celui de Dachau, évocateur d'un très possible futur architecturalement échappant au temps, au futur comme au passé, cheminée toujours entretenue par des équipes de nettoyage qui chantent autour de ce sexe érigé oblique de briques roses des lieder ou qui sifflent juste des airs de Mozart, entretiennent encore la gueule ouverte de ce four où sur des grilles jusqu'à dix ou douze cadavres à la fois peuvent être enfournés, une certaine forme de théâtre pourra se perpétuer, mais si dans les villes les crématoires sont escamotés ou réduits aux dimensions d'une épicerie, le théâtre mourra. Aux urbanistes futurs, nous demanderons de ménager un cimetière dans la ville, où l'on continuera d'enfouir les morts, ou de prévoir un columbarium inquiétant, aux formes simples mais impérieuses, alors, auprès de lui, en somme dans son ombre, ou au milieu des tombes, on érigera le théâtre. On voit où je veux en venir ? Le théâtre sera placé le plus près possible, dans l'ombre vraiment tutélaire du lieu où l'on garde les morts ou du seul monument qui les digère. Je vous donne ces conseils sans trop de solennité, je rêve plutôt, avec la nonchalance active d'un enfant qui sait l'importance du théâtre.

*

Entre autres, le théâtre aura pour but de nous faire échapper au temps, que l'on dit historique, mais qui est théologique. Dès le début de l'événement théâtral, le temps qui va s'écouler n'appartient à aucun calendrier répertorié. Il échappe à l'ère chrétienne comme à l'ère révolutionnaire. Même si le temps, que l'on dit historique — je veux dire celui qui s'écoule à partir d'un événement mythique et controversé nommé aussi Avènement — ne disparaît pas complètement de la conscience des spectateurs, un autre temps, que chaque spectateur vit pleinement, s'écoule alors, et n'ayant ni commencement ni fin, il fait sauter les conventions historiques nécessitées par la vie sociale, du coup il fait sauter aussi les conventions sociales et ce n'est pas au profit de n'importe quel désordre mais à celui d'une libération — l'événement dramatique étant suspendu, hors du temps historiquement compté, sur son propre temps dramatique —, c'est au profit d'une libération vertigineuse. L'Occident chrétien, à force de ruses, fait ce qu'il peut pour engluer tous les peuples du monde, dans une ère qui aurait son origine en l'hypothétique Incarnation. Ce n'est donc pas autre chose que le « coup du calendrier », que l'Occident cherche à faire au monde entier.

Pris dans un temps nommé, compté, à partir d'un événement qui n'intéresse que l'Occident, le monde risque fort, s'il accepte ce temps, de le scander selon des célébrations où le monde entier sera pris.

Il semblerait donc urgent de multiplier les « Avènements » à partir desquels des calendriers, sans rapport avec ceux qui s'imposent, impérialistement, puissent s'établir. Je pense même que n'importe quel événement, intime ou public, doit donner naissance à une multitude de calendriers, de façon à couler l'ère chrétienne et ce qui s'ensuit de ce temps compté à partir de la Très Contestable Nativité.

Le théâtre...
LE THÉATRE ?
LE THÉATRE.

*

Où aller? Vers quelle forme? Le lieu théâtral, contenant
l'espace scénique et la salle? Le lieu. A un Italien qui voulait construire un théâtre dont
les éléments seraient mobiles et l'architecture changeante, selon
la pièce qu'on y jouerait, je répondis avant même qu'il eût
achevé sa phrase que l'architecture du théâtre est à découvrir, mais elle doit être fixe, immobilisée, afin qu'on la reconnaisse responsable : elle sera jugée sur sa forme. Il est trop
facile de se confier au mouvant. Qu'on aille, si l'on veut, au
périssable, mais après l'acte irréversible sur lequel nous serons
jugé, ou, si l'on veut encore, l'acte fixe qui se juge.

*

Parce que je n'en ai pas — s'ils existent — les pouvoirs spi-
rituels, je n'exige pas que le lieu théâtral soit choisi, après un
effort de méditation, par un homme ou par une communauté
capables de cet effort, pourtant il faudra bien que l'architecte
découvre le sens du théâtre dans le monde, et, l'ayant compris,
qu'il élabore son œuvre avec une gravité presque sacerdotale
et souriante. Au besoin qu'il soit soutenu, protégé, durant son
entreprise, par un groupe d'hommes ignorant l'architecture
mais capables d'une véritable audace dans l'effort de méditation, c'est-à-dire du rire en dedans.

*

Si nous acceptons — provisoirement — les notions communes
de temps et d'histoire, admettant aussi que l'acte de peindre
n'est pas resté le même après ce qu'il était avant l'invention
de la photographie, il semble que le théâtre ne restera pas,
après le cinéma et la télévision, ce qu'il était avant eux. Depuis
que nous connaissons le théâtre, il semble qu'en plus de sa
fonction essentielle, chaque pièce était bourrée de préoccupa-
tions relevant de la politique, de la religion, de la morale, ou

de n'importe quoi, transformant l'action dramatique en moyen didactique.

Peut-être — je dirai toujours peut-être car je suis un homme et tout seul — peut-être la télévision et le cinéma rempliront mieux une fonction éducatrice : alors le théâtre se trouvera vidé, peut-être épuré, de ce qui l'encombrait, peut-être pourra-t-il resplendir de sa ou de ses seules vertus — qui est ou sont peut-être à découvrir.

*

Hormis quelques tableaux   ou des fragments dans des tableaux, les peintres avant la découverte de la photographie sont rares qui nous ont laissé le témoignage d'une vision et d'une peinture délivrées de tout souci de ressemblances sottement perceptibles. N'osant pas trop toucher — sauf Franz Hals *(les Régentes)* — au visage, les peintres qui ont osé servir à la fois l'objet peint et la peinture ont pris comme prétexte une fleur ou une robe (Velasquez, Rembrandt, Goya). Il est possible que devant les résultats de la photographie, les peintres soient restés penauds. Après ils se sont repris, ils ont découvert ce qu'était encore la peinture.

De la même façon, ou d'une façon assez semblable, les dramaturges sont restés penauds devant ce que permettaient la télévision et le cinéma. S'ils acceptent de voir — si cela est à voir — que le théâtre ne peut pas rivaliser avec des moyens si démesurés — ceux de la T. V. et du cinéma — les écrivains de théâtre découvriront les vertus propres au théâtre, et qui, peut-être, ne relèvent que du mythe.

*

La politique, l'histoire, les démonstrations psychologiques classiques, le divertissement du soir lui-même devront céder la place à quelque chose de plus je ne sais comment dire mais peut-être de plus étincelant. Tout ce fumier, tout ce purin seront évacués. — On aura compris que les mots un peu chauds ne sont ni fumier ni purin. Je noterai d'ailleurs que ces mots et les situations qu'ils appellent sont dans mon théâtre si nombreux parce qu'on les a « oubliés » dans la plupart des pièces : mots et situations qu'on dit grossiers se sont pressés,

réfugiés chez moi, dans mes pièces, où ils ont reçu un droit
d'asile. Si mon théâtre pue c'est parce que l'autre sent bon.

*

Le drame : c'est-à-dire l'acte théâtral au moment de sa
représentation, cet acte théâtral ne peut pas être n'importe
quoi mais dans n'importe quoi il peut prendre son prétexte.
Il me semble en effet que n'importe quel événement visible ou
non, s'il est isolé, je veux dire fragmenté dans le continu, peut,
s'il est bien conduit, servir de prétexte ou encore être le point
de départ et d'arrivée de l'acte théâtral. N'importe quel événement vécu par nous, d'une façon ou d'une autre, mais dont
nous aurons ressenti la brûlure causée par un feu qui ne pourra
s'éteindre que s'il est attisé.

La politique, les divertissements, la morale, etc., n'auront
rien à voir dans notre préoccupation. Si, malgré nous, ils se
glissent dans l'acte théâtral, qu'on les chasse jusqu'à ce que
toutes traces soient effacées : ce sont scories dont on peut faire
film, T. V., bande dessinée, romans-photos — ah, il y a un
cimetière de ces vieilles carrosseries.

*

Mais enfin le drame? S'il a, chez l'auteur, sa fulgurante origine, c'est à lui de capter cette foudre et d'organiser, à partir
de l'illumination qui montre le vide, une architecture verbale
— c'est-à-dire grammaticale et cérémoniale — indiquant sournoisement que de ce vide s'arrache une apparence qui montre
le vide.

*

Notons en passant que l'attitude de la prière chrétienne, à
yeux et tête baissés, ne favorise pas la méditation. C'est une
attitude physique qui appelle une attitude intellectuelle fermée
et soumise, elle décourage la tentative spirituelle. Si l'on choisit
cette position, Dieu peut arriver, vous fondre sur la nuque,
poser sa marque qui risque d'y rester longtemps. Il faut, pour
méditer, découvrir une attitude ouverte — non de défi — mais
non d'abandon à Dieu. Il faut prendre garde. Un peu trop de
soumission et Dieu vous expédie la grâce : on est foutu.

*

Dans les villes actuelles, le seul lieu — hélas encore vers la périphérie — où un théâtre pourrait être construit, c'est le cimetière. Le choix servira aussi bien le cimetière que le théâtre. L'architecte du théâtre ne pourra pas supporter les niaises constructions où les familles enferment leurs morts. Raser les chapelles. Peut-être conserver quelques ruines : un morceau de colonne, un fronton, une aile d'ange, une urne cassée, pour indiquer qu'une indignation vengeresse a voulu ce premier drame afin que la végétation, peut-être aussi une herbe forte, nées dans l'ensemble des corps pourrissant, égalisent le champ des morts. Si un emplacement est réservé pour le théâtre, le public devra passer par des chemins (pour y venir et s'en aller) qui longeront les tombes. Qu'on songe à ce que serait la sortie des spectateurs après le *Don Juan* de Mozart, s'en allant parmi les morts couchés dans la terre, avant de rentrer dans la vie profane. Les conversations ni le silence ne seraient les mêmes qu'à la sortie d'un théâtre parigot.

La mort serait à la fois plus proche et plus légère, le théâtre plus grave.

Il y a d'autres raisons. Elles sont plus subtiles. C'est à vous de les découvrir en vous sans les définir ni les nommer.

*

Le théâtre monumental — dont le style est à trouver — doit avoir autant d'importance que le Palais de Justice, que le monument aux morts, que la cathédrale, que la Chambre des députés, que l'École de guerre, que le siège du gouvernement, que les endroits clandestins du marché noir ou de la drogue, que l'Observatoire — et sa fonction c'est d'être tout cela à la fois, mais d'une certaine façon : dans un cimetière, ou tout près du four crématoire, à la cheminée raide, oblique et phallique.

*

Je ne parle pas d'un cimetière mort mais vivant, c'est-à-dire pas celui où il ne reste que quelques stèles. Je parle d'un cimetière où l'on continue à creuser des tombes et à enterrer des morts, je parle d'un Crématoire où l'on cuit nuit et jour, des cadavres.

*

La page 4 [1] vous indiquera comment je vois, schématiquement et maladroitement, la disposition d'un théâtre nouveau. Quand j'y parle d'un public favorisé, il s'agit de certaines personnes qui seront assez entraînées pour faire réflexion sur le théâtre en général, et sur la pièce jouée ce jour-là.

*

Sans m'être beaucoup préoccupé du théâtre il me semble que l'important n'est pas de multiplier le nombre des représentations afin qu'un très grand nombre de spectateurs en profitent (?) mais de faire que les essais — que l'on nomme répétitions — aboutissent à une seule représentation, dont l'intensité serait si grande, et son rayonnement, que, par ce qu'elle aurait embrasé dans chaque spectateur, cela suffirait pour illuminer ceux qui n'y auraient pas participé, et en eux jeter le trouble.

*

Quant au public, seul viendrait au théâtre qui se saurait capable d'une promenade nocturne dans un cimetière afin d'être confronté avec un mystère.

Qu'une telle disposition soit prise, relevant autant de l'urbanisme que de la culture, les auteurs seraient moins frivoles, ils y regarderaient à deux fois avant de faire jouer des pièces. Ils accepteraient peut-être les signes sur eux de la démence, ou d'une frivolité proche de la démence.

*

Avec une sorte de grâce légère les cimetières, au bout d'un certain temps, se laissent déposséder. Quand on n'y enterre plus ils meurent, mais d'une élégante façon : les lichens, le salpêtre,

1. Cette page n'existe plus.

les mousses couvrent les dalles. Le théâtre construit dans le cimetière mourra peut-être — il s'éteindra — comme lui. Peut-être disparaîtra-t-il ? Il est possible que l'art théâtral disparaisse un jour. Il faut en accepter l'idée. Si un jour l'activité des hommes était jour après jour révolutionnaire, le théâtre n'aurait pas sa place dans la vie. Si un engourdissement de l'esprit un jour ne suscitait chez les hommes que la rêverie, le théâtre mourrait aussi.

*

Chercher les origines du théâtre dans l'Histoire, et l'origine de l'Histoire dans le temps, c'est con. On perd son temps. Que perdrait-on si l'on perdait le théâtre ?

*

Que seront les cimetières ? Un four capable de désagréger les morts. Si je parle d'un théâtre parmi les tombes c'est parce que le mot de mort est aujourd'hui ténébreux, et dans un monde qui semble aller si gaillardement vers la luminosité analyste, plus rien ne protégeant nos paupières translucides, comme Mallarmé, je crois qu'il faut ajouter un peu de ténèbre. Les sciences déchiffrent tout ou le veulent, mais nous n'en pouvons plus ! Il faut nous réfugier, et pas ailleurs qu'en nos entrailles ingénieusement allumées... Non, je me trompe : pas nous réfugier, mais découvrir une ombre fraîche et torride, qui sera notre œuvre.

*

Même si les tombes sont devenues indistinctes, le cimetière sera bien entretenu, le Crématoire aussi. Le jour, des équipes joyeuses — l'Allemagne en a — les nettoieront en sifflant, mais en sifflant juste. L'intérieur du four et de la cheminée pourront rester noirs de suie.

*

Où ? Rome, ai-je lu, possédait — mais peut-être ma mémoire me trompe — un mime funèbre. Son rôle ? Précédant le cortège, il était chargé de mimer les faits les plus importants qui avaient composé la vie du mort quand il — le mort — était vivant.

Improviser des gestes, des attitudes?

Les mots. Vécue je ne sais comment, la langue française dissimule et révèle une guerre que se font les mots, frères ennemis, l'un s'arrachant de l'autre ou s'amourachant de lui. Si tradition et trahison sont nés d'un même mouvement originel et divergent pour vivre chacun une vie singulière, par quoi, tout au long de la langue, se savent-ils liés dans leur distorsion?

Pas plus mal vécue que n'importe quelle autre mais cette langue comme les autres permet que se chevauchent les mots comme des bêtes en chaleur et ce qui sort de notre bouche c'est une partouze de mots qui s'accouplent, innocemment ou non, et qui donnent au discours français l'air salubre d'une campagne forestière où toutes les bêtes égarées s'emmanchent. Écrivant dans une telle langue — ou la parlant — on ne dit rien. On permet seulement que grouille davantage au milieu d'une végétation elle-même distraite, bigarrée par ses mélanges de pollen, par ses greffes au petit bonheur, par ses surgeons, ses boutures, que grouille et que brouille une averse d'êtres ou, si l'on veut, de mots équivoques comme les animaux de la Fable.

Si quelqu'un espère qu'au moyen d'une telle prolifération — ou luxuriance — de monstres il pourra soigner un discours cohérent, il se trompe : au mieux il accouple des troupeaux larvaires et sournois pareils aux processions des chenilles processionnaires, qui échangeront leur foutre pour accoucher d'une portée aussi carnavalesque sans portée réelle, sans importance, issue du grec, du saxon, du levantin, du bédouin, du latin, du gaélique, d'un chinois égaré, de trois mongols vagabonds qui parlent pour ne rien dire mais pour, en s'accouplant, révéler une orgie verbale dont le sens se perd non dans la nuit des temps mais dans l'infini des mutations tendres ou brutales.

Et le mime funèbre?

Et le Théâtre au cimetière?

Avant qu'on enterre le mort, qu'on porte jusqu'au devant de la scène le cadavre dans son cercueil; que les amis, les ennemis et les curieux se rangent dans la partie réservée au public; que le mime funèbre qui précédait le cortège se dédouble, se multiplie; qu'il devienne troupe théâtrale et qu'il fasse, devant le mort et le public, revivre et remourir le mort; qu'ensuite on reprenne le cercueil pour le porter, en pleine nuit, jusqu'à la fosse; enfin que le public s'en aille : la fête est finie. Jusqu'à une nouvelle cérémonie proposée par un autre mort dont la vie méritera une représentation dramatique, non tragique. La tragédie il faut la vivre, pas la jouer.

Quand on est malin, on peut faire semblant de s'y retrouver, on peut faire semblant de croire que les mots ne bougent pas, que leur sens est fixe ou qu'il a bougé grâce à nous qui, volontairement, feint-on de croire, si l'on en modifie un peu l'apparence, devenons dieux. Moi, devant ce troupeau enragé, encagé dans le dictionnaire, je sais que je n'ai rien dit et que je ne dirai jamais rien : et les mots s'en foutent.

Les actes ne sont guère plus dociles. Comme pour la langue, il y a une grammaire de l'action, et gare à l'autodidacte!

Trahir est peut-être dans la tradition, mais la trahison n'est pas de tout repos. J'ai dû faire un grand effort pour trahir mes amis : au bout il y avait la récompense.

Le mime funèbre devra donc, pour la grande parade avant l'enfouissement du cadavre, s'il veut faire revivre et remourir le mort, découvrir, et oser les dire, ces mots dialectophages qui, devant le public, boufferont la vie et la mort du mort.

CE QUI EST RESTÉ D'UN REMBRANDT DÉCHIRÉ EN PETITS CARRÉS BIEN RÉGULIERS, ET FOUTU AUX CHIOTTES

C'est seulement ces sortes de vérités, celles qui ne sont pas démontrables et même qui sont « *fausses* », celles que l'on ne peut conduire sans absurdité jusqu'à leur extrémité sans aller à la négation d'elles et de soi, c'est celles-là qui doivent être exaltées par l'œuvre d'art. Elles n'auront jamais la chance ni la malchance d'être un jour appliquées. Qu'elles vivent par le chant qu'elles sont devenues et qu'elles suscitent.

. . . .

Quelque chose qui me paraissait ressembler à une pourriture était en train de gangrener toute mon ancienne vision du monde. Quand un jour, dans un wagon, en regardant le voyageur assis en face de moi j'eus la révélation que tout homme *en vaut* un autre, je ne soupçonnais pas — ou plutôt si, obscurément je le sus, car soudain une nappe de tristesse s'abattit sur moi, et plus ou moins supportable, mais sensible, elle ne me quitta plus — que cette connaissance entraînerait une si méthodique désintégration. Derrière ce

Notre regard peut être vif ou lent, cela dépend de la chose regardée autant, ou plus, que de nous. C'est pourquoi je parle de cette vélocité par exemple, qui précipite l'objet au-devant de nous, ou d'une lenteur qui le rend pesant.

Quand il se pose sur un tableau de Rembrandt (sur ceux de la fin de sa vie) notre regard se fait lourd, un peu bovin. Quelque chose le retient, une force grave. Pourquoi reste-t-on à regarder puisqu'on n'est pas d'abord enchanté par l'allégresse intellectuelle qui sait tout et tout de suite — de l'arabesque de Guardi par exemple?

Comme une odeur d'étable : quand, des personnages, je ne vois que le buste (Hendrijke à Berlin) ou seulement la tête, je ne peux m'empêcher de les imaginer debout sur du fumier.

qui était visible de cet homme, ou
plus loin — plus loin et en même
temps miraculeusement et désolam-
ment proche — en cet homme —
corps et visage sans grâce, laids, selon certains détails, ignobles même :
moustaches sales, ce qui serait peu,
mais dures, rigides, les crins plantés
presque horizontalement au-dessus
de la bouche minuscule, bouche gâ-
tée, mollards qu'il envoyait entre
ses genoux sur le plancher du wagon
déjà sali par des mégots, du papier,
des bouts de pain, enfin ce qui faisait
en ce temps-là la saleté d'un compar-
timent de troisième classe, par le
regard qui buta contre le mien, je
découvris, en l'éprouvant comme un
choc, une sorte d'identité univer-
selle à tous les hommes.

Mais non! Cela ne se passa pas
aussi vite, et pas dans cet ordre :
c'est d'abord que mon regard buta
(non se croisa, buta...) contre celui
du voyageur, ou plutôt se fondit en
ce regard. Cet homme venait de
lever les yeux d'un journal, et tout
simplement il les avait posés, sans
y prendre garde sans doute, sur les
miens qui, de la même manière ac-
cidentelle, le regardaient. Connut-il
sur-le-champ la même émotion —
et déjà le désarroi — que les miens?
Son regard n'était pas d'un autre :
c'était le mien que je rencontrais
dans une glace, *par inadvertance et
dans la solitude et l'oubli de moi.*
Ce que j'éprouvais je ne pus le
traduire que sous cette forme : je
m'écoulais de mon corps, et par les
yeux, dans celui du voyageur *en*

*Les poitrines respirent.
Les mains sont chaudes.
Osseuses, noueuses, mais
chaudes. La table du Syn-
dic des Drapiers est posée
sur de la paille, les cinq
hommes sentent le purin et
la bouse. Sous les jupes
d'Hendrijke, sous les man-
teaux bordés de fourrure,
sous les lévites, sous l'ex-
travagante robe du peintre
les corps remplissent bien
leurs fonctions : ils digèrent,
ils sont chauds, ils sont
lourds, ils sentent, ils chient.
— Aussi délicat que soit
son visage et grave son regard, la Fiancée juive a
un cul. Ça se sent. Elle
peut d'un moment à l'autre
relever ses jupes. Elle peut
s'asseoir, elle a de quoi.
Madame Trip aussi. Quant
à Rembrandt lui-même, n'en
parlons pas : dès son premier portrait sa masse char-
nelle ne cessera de s'accé-
lérer d'un tableau à l'autre
jusqu'au dernier, où il arrive, définitif, mais non vidé
de substance. Après qu'il
a perdu ce qu'il avait de
plus cher — sa mère et sa
femme — on dirait que ce
costaud va chercher à se
perdre, sans politesse envers
les gens d'Amsterdam, à
disparaître socialement.*

*Vouloir n'être rien c'est une
phrase qu'on entend sou-
vent. Elle est chrétienne :
Faut-il comprendre que
l'homme cherche à perdre,*

même temps que le voyageur s'écoulait dans le mien. Ou plutôt : *je m'étais écoulé,* car le regard fut si bref que je ne peux me le rappeler qu'avec l'aide de ce temps verbal. Le voyageur s'était remis à sa lecture. Stupéfié par ce que je venais de découvrir, c'est alors seulement que je songeai à examiner l'inconnu et j'en retirai l'impression de dégoût décrite plus haut : sous ses vêtements froissés, râpés, ternes, son corps devait être sale et fripé. La bouche était molle et protégée par une moustache mal taillée, je me dis que cet homme était probablement veule, peut-être lâche. Il avait passé la cinquantaine. Le train continuait à traverser avec indifférence des villages français. Le soir allait venir. L'idée de passer les minutes crépusculaires, celles de la complicité, avec ce partenaire, me gênait beaucoup.

Qu'est-ce donc qui s'était écoulé de mon corps — je m'éc... — et qu'est-ce qui de ce voyageur s'écoulait de son corps?

Cette désagréable expérience ne se renouvela plus, ni dans sa fraîche soudaineté ni dans son intensité, mais ses prolongements en moi ne cessèrent jamais d'être perçus. Ce que j'avais connu dans le wagon me parut ressembler à une révélation : passé les accidents — ici répugnants — de son apparence, cet homme recélait puis me laissait déceler ce qui le faisait identique à moi. (J'écrivais d'abord cette phrase

à laisser se dissoudre ce qui, de quelque manière, le singularise banalement, ce qui lui donne son opacité, afin, le jour de sa mort, de présenter à Dieu une pure transparence, même pas irisée? Je ne sais pas et je m'en fous.

Pour Rembrandt, toute son œuvre me fait penser qu'il ne lui suffisait pas de se débarrasser de ce qui l'encombrait pour réussir cette transparence dite plus haut, mais de le transformer, de le modifier, de lui faire servir l'œuvre. Défaire le sujet de ce qu'il a d'anecdotique et le placer sous une lumière d'éternité. Reconnu par aujourd'hui, par demain, mais aussi par les morts. Une œuvre offerte aux vivants d'aujourd'hui et de demain mais pas aux morts de tous les âges, serait quoi?

Un tableau de Rembrandt non seulement arrête le temps qui faisait le sujet s'écouler dans le futur, mais il le fait remonter aux plus hautes époques. Par cette opération, Rembrandt fait appel à la solennité. Il découvre donc pourquoi, à chaque instant, chaque événement est solennel : pour cela sa propre solitude le renseigne.

Mais il faut aussi restituer ce solennel sur la toile et

mais je la corrigeai par celle-ci, plus exacte et plus désolante : je connaissais que j'étais identique à cet homme.)

Était-ce parce que tout homme est identique à un autre ?

Sans cesser de méditer durant le voyage, et dans une sorte de dégoût de moi-même, j'en vins très vite à croire que c'était cette identité qui permettait à tout homme d'être aimé, *ni plus ni moins*, que tout autre, et qui permettait que soit aimée, c'est-à-dire prise en charge et reconnue — chérie — jusqu'à la plus immonde apparence. Ce n'était pas tout. Ma méditation devait encore me conduire à ceci : cette apparence, que d'abord j'avais dite ignoble était — le mot n'est pas trop fort — était voulue par cette identité (ce mot s'obstinait à revenir, mais peut-être parce que je ne disposais pas encore d'un très riche vocabulaire) qui ne cessait de circuler entre tous les hommes, et dont un regard, dans son abandon, rendait compte. Je crus même comprendre que cette apparence était la forme provisoire de l'identité de tous les hommes. Mais ce pur et à peu près insipide regard qui circula de l'un à l'autre des deux voyageurs, où leur volonté n'était pour rien, que leur volonté aurait peut-être empêché, il ne dura qu'un instant et cela suffit pour qu'une profonde tristesse m'assombrît et ne me quittât plus. Je vécus assez longtemps avec cette découverte que je gardais volontairement secrète, et dont

c'est alors que son goût de la théâtralité — si vif quand il a vingt-cinq ans — va le servir. Il est possible que son immense chagrin — la mort de Saskia — ait détourné Rembrandt de toutes les joies quotidiennes et qu'il ait rempli son deuil par la métamorphose des chaînes d'or, des chapeaux à plumes, des épées, en valeurs, ou plutôt, en fêtes picturales. Je ne sais pas s'il a pleuré, ce Hollandais malabar, mais vers les années 42 il connaîtra le baptême du feu, et elle va peu à peu se transformer, sa nature première, vaniteuse et hardie.

Car à vingt ans le gaillard n'a pas l'air commode et il passe son temps devant la glace. Il s'aime, il se gobe, si jeune et déjà dans la glace! Pas pour s'arranger et courir au bal, mais pour se regarder longtemps, avec complaisance, en solitaire : Rembrandt aux trois moustaches, aux sourcils froncés, aux cheveux dépeignés, aux yeux hagards, etc. Aucune inquiétude n'est visible dans cette simulée quête de soi. S'il peint des architectures, elles sont toujours architectures d'opéra. Puis peu à peu, sans s'éloigner de son narcissisme ni de son goût de la théâtralité, il va les modifier : le premier pour arriver à l'inquiétude, à l'égarement qu'il dépassera, je tâchais d'éloigner de moi les rappels, mais toujours quelque part en moi veillait une tache de tristesse qui, soudain, comme un souffle qui l'aurait gonflée, obscurcissait tout.

« Tout homme, me disais-je, la révélation m'en a été faite, derrière son apparence charmante ou à nos yeux monstrueuse, retient une qualité qui semble être comme un recours extrême, et qui fait qu'il est, dans un domaine très secret, irréductible peut-être, ce qu'est tout homme. »

Cette équivalence je crus même la trouver, aux Halles, aux abattoirs, dans l'œil fixe, mais non sans regard, des têtes de moutons coupées, posées en pyramide sur le trottoir? Où m'arrêter? Qui eussé-je assassiné si j'avais tué tel guépard qui marchait à longues foulées, souple comme un voyou d'autrefois?

On se souviendra que j'avais dit, plus haut, que mes amis les plus chers se réfugiaient, j'en étais sûr, tout entiers dans une blessure secrète. Or j'écrivis bientôt « ...dans un domaine très secret, irréductible peut-être... ». Est-ce que je parlais de la même chose? Un homme était identique à tout autre, voilà ce qui m'avait giflé. Mais était-ce donc si rare d'apprendre ça, que je m'en émerveille, et en quoi cela pouvait bien m'avancer de le savoir? D'abord c'est une chose différente que connaître d'une façon analytique en somme, et saisir par une intuition soudaine. (Car bien sûr j'avais entendu dire autour de moi,

l'autre pour en tirer les joies — aussi hagardes — de la manche de la « Fiancée juive ».

Dès la mort de Saskia — je me demande s'il ne l'a pas tuée, d'une manière ou d'une autre, s'il ne s'est pas réjoui de sa mort — enfin son œil et sa main sont libres. Dès ce moment il entreprend une sorte de dévergondage dans la peinture : Saskia morte, le monde et les jugements sociaux ont peu de poids. Il faut l'imaginer, Saskia mourante et lui dans son atelier, perché sur des échelles, disloquant l'ordonnance de la Ronde de Nuit. S'il croit en Dieu? Pas quand il peint. Il connaît la Bible et il s'en sert.

Il va de soi que tout ce que je viens de dire n'a un peu d'importance que si l'on accepte que tout était à peu près faux. L'œuvre d'art, si elle est achevée, ne permet pas, à partir d'elle, les aperçus, les jeux intellectuels. Elle semblerait même brouiller l'intelligence, ou la ligoter. Or j'ai joué.

D'une certaine façon les œuvres d'art nous rendraient cons, si leur fascination n'était la preuve — incontrôlable, pourtant indiscutable — que cette paralysie de l'intelligence se et je l'avais lu, que tous les hommes se valent, et même qu'ils sont frères.) Mais m'avancer à quoi? Une chose était plus certaine : je ne pouvais plus ne pas avoir connu ce que j'avais connu dans le train.

Comment, je fus incapable de le dire, comment je passai de cette connaissance que tout homme est semblable à tout autre, à cette idée que tout homme est tous les autres hommes? Mais l'idée était maintenant en moi. Elle y était comme une certitude. Plus clairement — mais alors je vais un peu la déflorer — elle aurait pu s'énoncer par cet aphorisme : « Au monde il existe et il n'exista jamais qu'un seul homme. Il est tout entier en chacun de nous, donc il est nous-même. Chacun est l'autre et les autres. Dans l'abandon du soir, un clair regard échangé — appuyé ou à peine posé, j'ignorais la technique — nous en rendait compte. Sauf qu'un phénomène, dont je ne connais même pas le nom, semble diviser à l'infini cet homme unique, le fragmente apparemment dans l'accident et dans la forme, et rend étranger à nous-même chacun des fragments. »

Je m'expliquais lourdement et ce que j'éprouvais était encore plus confus et plus fort que cette idée dont j'ai parlé et qui, plutôt que pensée, était rêvée, engendrée, traînée ou draguée par une assez molle rêverie.

Aucun homme n'était mon frère : chaque homme était moi - même, mais isolé, temporairement, dans

confond avec la plus lumineuse certitude. Laquelle, je n'en sais rien. A l'origine de ces lignes il y a mon émotion (à Londres il y a douze ans) devant ses plus beaux tableaux. — Qu'est-ce que j'ai donc? Pourquoi ça? Qu'est-ce que c'est que ces peintures dont j'ai tant de mal à me désembourber? Qui est cette Madame Trip? Ce Monsieur...

Non. Je ne me suis jamais demandé qui étaient ces dames ou ces messieurs. Et c'est peut-être, plus ou moins nette, cette absence de question qui me fait tiquer? Plus je les regardais, et moins ces portraits me renvoyaient à quelqu'un. A personne. Il me fallut sans doute assez longtemps pour arriver à cette idée, désespérante et enivrante : les portraits faits par Rembrandt (après la cinquantaine) ne renvoient à personne d'identifiable. Aucun détail, aucun trait de physionomie ne renvoie à un trait de caractère, à une psychologie particulière. Sont-ils, dépersonnalisés par une schématisation? Pas du tout. Qu'on pense aux rides de Margaretha Trip. Et plus je les regardais, espérant saisir, ou l'approcher, la personnalité, comme on dit, découvrir leur identité particulière, plus ils s'enfuyaient — tous — dans une fuite infinie, et à la son écorce particulière. Or, cette constatation ne m'amenait pas à examiner, à revoir toutes morales. A l'égard de ce moi hors de ma particulière apparence, je n'éprouvais nulle tendresse, aucune affection. Ni à l'égard de cette forme prise par l'autre — ou sa prison. Ou sa tombe? Au contraire j'avais tendance à me montrer avec elle aussi impitoyable que je l'étais avec cette forme qui répondait à mon nom et qui écrivait ces lignes. La tristesse qui s'était abattue sur moi c'est ce qui me troublait le plus. Depuis que j'avais eu cette révélation en regardant le voyageur inconnu, il m'était impossible de voir le monde comme autrefois. Rien n'était sûr. Le monde soudain flottait. Je demeurai un long temps comme écœuré par ma découverte, mais je pressentais que d'ici peu elle allait me contraindre à de sérieux changements, qui seraient plutôt des renoncements. Ma tristesse était une indication. Le monde était changé. Il venait dans un wagon de troisième classe, entre Salon et Saint-Rambert-d'Albon, de perdre ses belles couleurs, ses charmes. Déjà je leur adressais un salut nostalgique, et je ne m'engageais pas sans tristesse ni dégoût dans ces chemins qui seraient toujours plus solitaires, ni surtout dans ces visions du monde qui, au lieu d'exalter ma joie, me causaient tant d'écœurement.

« D'ici peu, me dis-je, rien ne comptera de ce qui eut tant de prix : les amours, les amitiés, les formes,

même vitesse. Seul Rembrandt lui-même — à cause peut-être de l'acuité de son regard scrutant sa propre image — gardait un peu de particularité : au moins l'attention. Mais les autres, si j'avais compté comme négligeable cette profonde tristesse, s'enfuyaient sans rien permettre de saisir d'eux.

Négligeable, cette tristesse? Celle d'être au monde? Pas autre chose que l'attitude prise naturellement par les êtres quand ils sont seuls, en attente d'agir, comme ceci ou comme cela. Lui-même, Rembrandt, dans son portrait à Cologne, où il rit. Le visage et le fond sont si rouges que tout le tableau fait penser à un placenta séché au soleil.

On n'a pas tellement de recul, dans le musée de Cologne. Il faut se placer en diagonale, dans un angle. C'est de là que je l'ai regardé, mais la tête en bas — la mienne — retournée, si l'on veut. Le sang me venait à la tête, mais que ce visage qui riait était triste!

C'est à partir du moment qu'il dépersonnalise ses modèles, qu'il enlève tous caractères identifiables aux objets, qu'il donne aux uns et aux autres le plus de la vanité, rien de ce qui relève de la séduction. »

Mais ce regard posé sur le voyageur, et si atrocement révélateur, peut-être qu'il avait été possible par une très ancienne disposition d'esprit, due à ma vie, ou à toute autre raison? Je n'étais pas très sûr qu'un autre homme eût pu se sentir s'écouler, par son regard, dans le corps d'un autre, ni que la signification pour lui de cette sensation eût été celle que je donnais ici. Toujours tenté de mettre en doute le *plein* du monde, ici encore j'essayais peut-être de me couler dans les enveloppes individuelles pour mieux nier la singularité?

« D'ici peu, plus rien ne comptera... » Ou rien ne serait changé? Si chaque enveloppe, précieusement, recèle une même identité, chaque enveloppe est singulière et réussit à établir entre chacun de nous une opposition qui paraît irrémédiable, à créer une innombrable variété d'individus qui se veulent : l'un-l'autre. Chaque homme n'avait peut-être de précieux et de réel que cette singularité : « ses » moustaches, « ses » yeux, « son » pied-bot, « son » bec-de-lièvre? Et s'il n'avait, pour s'enorgueillir, que la taille de « son » chibre? Mais ce regard allait du voyageur inconnu à moi, et la certitude aussitôt que l'un-l'autre n'étaient qu'un, à la fois ou moi ou lui, et moi et lui? Comment oublier cette glaire?

Reprenons. Connaissant ce que je venais d'apprendre, il ne s'agissait

poids, la plus grande réalité.

Il s'est passé quelque chose d'important : en même temps qu'il reconnaît l'objet l'œil reconnaît la peinture, comme telle. Et il n'en sortira plus. Rembrandt ne la dénature plus en essayant de la confondre avec l'objet ou le visage qu'elle est chargée de figurer : il nous la présente comme matière distincte, pas honteuse d'être ce qu'elle est. Franchise des champs labourés du matin, fumants. Ce que gagne le spectateur, je ne sais pas encore, mais le peintre gagne la franchise de son métier. Il se présente dans sa folie de barbouilleur fou de couleur, perdant la supériorité jouée et l'hypocrisie des simulateurs. Cela sera sensible dans les derniers tableaux. Mais il a fallu que Rembrandt se reconnaisse et s'accepte, comme un être de chair — que dis-je, de chair? — de viande, de bidoche, de sang, de larmes, de sueurs, de merde, d'intelligence et de tendresse, d'autres choses encore, à l'infini, mais aucune niant les autres ou mieux : chacune saluant les autres.

Et il va de soi que toute l'œuvre de Rembrandt n'a de sens — au moins pour moi — que si je sais que ce que je viens d'écrire était faux.

pas de mener mes efforts selon les indications de la révélation afin de me dissoudre dans une contemplation approximative. Simplement je ne pouvais plus éviter de savoir ce que je savais, et coûte que coûte je devais en poursuivre les conséquences, quelles qu'elles fussent. Puisque divers incidents de ma vie m'avaient contraint à la poésie, il faudrait peut-être que le poète utilisât cette découverte nouvelle pour lui. Mais avant tout je devais noter ceci : les seuls moments de ma vie que je pouvais tenir pour vrais, déchirant mon apparence et laissant à découvert... quoi? *un vide solide* qui ne cessait de me perpétuer? — je les aurai connus lors de quelques colères vraiment saintes, dans des trouilles également bénies, et dans le rayon — le premier — qui allait de l'œil d'un jeune homme au mien, dans notre regard échangé. Enfin dans ce regard passant du voyageur, en moi. Le reste, tout le reste, me paraissait l'effet d'une erreur d'optique provoquée par mon apparence elle-même nécessairement truquée. Rembrandt le premier me dénonça. Rembrandt! Ce doigt sévère qui écarte les oripeaux et montre... quoi? Une infinie, une infernale transparence.

J'éprouvais donc un profond dégoût pour ce vers quoi j'allais, que j'ignorais et que, grâce à Dieu, je ne pourrais éviter, puis une grande tristesse à l'égard de ce que de moi, j'allais perdre. Tout se désenchantait autour de moi, tout pourrissait.

L'érotisme et ses fureurs me paru-
rent refusés, définitivement. Comment ignorer, après l'expérience du
wagon, que toute forme charmante,
si elle me renferme, est moi-même?
Or, cette identité, si je voulais la
ressaisir, toute forme, monstrueuse
ou aimable, perdait de son pouvoir
sur moi.

« La recherche érotique, me disais-je, est possible seulement quand
on suppose que chaque être a son
individualité, qu'elle est irréductible
et que la forme physique en rend
compte, et ne rend compte que
d'elle. »

Que savais-je de la signification
érotique? Mais l'idée que je circu-
lais dans chaque homme, que chaque
homme était moi-même me causait
du dégoût. Pendant encore un peu
de temps si toute forme humaine
assez belle, — de la beauté conven-
tionnelle — et mâle, conserva un
peu de pouvoir sur moi, c'était,
pourrait-on dire, par réverbération.
Ce pouvoir était le reflet de celui
sous lequel si longtemps j'avais cédé.
Salut nostalgique à lui aussi. Ainsi
chaque personne ne m'apparaissait
plus dans sa totale, dans son absolue, dans sa magnifique individualité : fragmentaire apparence d'un
seul être elle m'écœurait davantage. Pourtant, j'écrivais ce qui précède sans cesse d'être inquiété, travaillé par les thèmes érotiques qui
m'étaient familiers et qui dominaient
ma vie. J'étais sincère quand je
parlais d'une recherche à partir de
cette révélation « que tout homme

est tout autre homme et moi comme
tous les autres » — mais je savais
que j'écrivais cela aussi afin de me
défaire de l'érotisme, pour tenter de
le déloger de moi, pour l'éloigner en
tous cas. Un sexe érigé, congestionné
et vibrant, dressé dans un fourré de
poils noirs et bouclés, puis ce qui
les continue : les cuisses épaisses,
puis le torse, le corps entier, les
mains, les pouces, puis le cou, les
lèvres, les dents, le nez, les cheveux, enfin les yeux qui appellent
comme pour un sauvetage ou un
anéantissement les fureurs amou-
reuses, et tout cela luttant contre
le si fragile regard capable peut-
être de détruire cette Toute-Puis-
sance?

LE BALCON

Avertissement

La représentation fictive d'une action, d'une expérience, nous dispense généralement de tenter de les accomplir sur le plan réel et en nous-même.

— « Le problème d'un certain désordre — ou mal — venant d'être résolu sur les planches indique qu'il est en effet aboli puisque, selon les conventions dramatiques de notre époque, la représentation théâtrale ne peut être que représentation d'un fait. Passons donc à autre chose et laissons notre cœur se gonfler d'orgueil du moment que nous avons pris le parti du héros qui tenta — et l'obtint — la solution. »

Voilà ce qu'une conscience conciliante ne cesse de souffler aux spectateurs. Or, aucun problème exposé ne devrait être résolu dans l'imaginaire surtout que la solution dramatique s'empresse vers un ordre social achevé. Au contraire, que le mal sur la scène explose, nous montre nus, nous laisse hagards s'il se peut et n'ayant de recours qu'en nous.

L'artiste n'a pas — ou le poète — pour fonction de trouver la solution pratique des problèmes du mal. Qu'ils acceptent d'être maudits. Ils y perdront leur âme, s'ils en ont une, ça ne fait rien. Mais l'œuvre sera une explosion active, un acte à partir duquel le public réagit, comme il veut, comme il peut. Si dans l'œuvre d'art le « bien » doit apparaître, c'est par la grâce des pouvoirs du chant, dont la vigueur, à elle seule, saura magnifier le mal exposé.

Quelques poètes, de nos jours, se livrent à une très curieuse opération : ils chantent le Peuple, la Liberté, la Révolution, etc., qui, d'être chantés sont précipités puis cloués sur un ciel abstrait où ils figurent, déconfits et dégonflés, en de difformes constellations. Désincarnés, ils deviennent intouchables. Comment les approcher, les aimer, les vivre, s'ils sont expédiés si magnifiquement loin? Écrits, parfois somptueusement, ils deviennent les signes constitutifs d'un poème, la poésie étant nostalgie et le chant détruisant son prétexte, nos poètes tuent ce qu'ils voulaient faire vivre.

Je me fais mal comprendre, peut-être?

PERSONNAGES

L'ÉVÊQUE

LE JUGE

LE BOURREAU : ARTHUR

LE GÉNÉRAL

LE CHEF DE LA POLICE

LE VIEUX

ROGER

L'HOMME

L'UN DES RÉVOLTÉS

L'ENVOYÉ

LE PREMIER PHOTOGRAPHE

LE DEUXIÈME PHOTOGRAPHE

LE TROISIÈME PHOTOGRAPHE

LE MENDIANT : L'ESCLAVE

IRMA : LA REINE

LA FEMME

LA VOLEUSE

LA FILLE

CARMEN

CHANTAL

PREMIER TABLEAU

DÉCOR

*Au plafond, un lustre qui demeurera le même, à chaque tableau.
Le décor semble représenter une sacristie, formée de trois para-
vents de satin, rouge sang.
Dans le paravent du fond une porte est ménagée.
Au-dessus un énorme crucifix espagnol, dessiné en trompe-
l'œil.
Sur la paroi de droite un miroir — dont le cadre est doré et
sculpté — reflète un lit défait qui, si la pièce était disposée logi-
quement, se trouverait dans la salle, aux premiers fauteuils d'or-
chestre.
Une table avec un broc.
Un fauteuil jaune.
Sur le fauteuil un pantalon noir, une chemise, un veston.
L'évêque, mitré et en chape dorée, est assis dan les fauteuil.
Il est manifestement plus grand que nature.
Le rôle sera tenu par un acteur qui montera sur des patins de
tragédien d'environ 0 m 50 de haut.
Ses épaules, où repose la chape, seront élargies à l'extrême,
de façon qu'il apparaisse, au lever du rideau, démesuré et raide,
comme un épouvantail.
Son visage est grimé exagérément.
A côté une femme assez jeune, très fardée, et vêtue d'un peignoir
de dentelle, s'essuie les mains à une serviette. (Je n'ai pas dit
qu'elle se torche.)
Debout, une femme, d'une quarantaine d'années, brune, visage,
sévère, vêtue d'un strict tailleur noir [1]. C'est Irma. Elle porte un*

---

1. Non. Je préfère décidément la robe longue de deuil, et le chapeau de crêpe,
sans le voile.

chapeau, sur sa tête. Un chapeau, à bride serrée comme une jugulaire.

L'ÉVÊQUE, *assis dans le fauteuil, au milieu de la scène, d'une voix sourde, mais fervente :* En vérité, ce n'est pas tant la douceur ni l'onction qui devraient définir un prélat, mais la plus rigoureuse intelligence. Le cœur nous perd. Nous croyons être maître de notre bonté : nous sommes l'esclave d'une sereine mollesse. C'est même d'autre chose encore que d'intelligence qu'il s'agit... *(Il hésite.)* Ce serait de cruauté. Et par-delà cette cruauté — et par elle — une démarche habile, vigoureuse, vers l'Absence. Vers la Mort. Dieu? *(Souriant.)* Je vous vois venir! *(A sa mitre.)* Toi, mitre en forme de bonnet d'évêque, sache bien que si mes yeux se ferment pour la dernière fois, ce que je verrai, derrière mes paupières, c'est toi, mon beau chapeau doré... C'est vous, beaux ornements, chapes, dentelles...

IRMA, *brutale :* Ce qui est dit est dit. Quand les jeux sont faits...

> *Durant tout le tableau, elle bougera à peine. Elle est placée très près de la porte.*

L'ÉVÊQUE, *très doux, d'un geste écartant Irma :* Et que les dés sont jetés...

IRMA : Non. Deux mille, c'est deux mille, et pas d'histoires. Ou je me fâche. Et ce n'est pas dans mes habitudes... Maintenant, si vous avez des difficultés...

L'ÉVÊQUE, *sec et jetant la mitre :* Merci.

IRMA : Ne cassez rien. Ça doit servir. *(A la Femme.)* Range ça [1].

> *La Femme pose la mitre sur la table, près du broc.*

L'ÉVÊQUE, *après un lourd soupir :* On m'a dit que cette maison allait être assiégée? Les révoltés ont déjà passé le fleuve.

IRMA, *soucieuse :* Il y a du sang partout... Vous longerez le mur de l'archevêché. Vous prendrez la rue de la Poissonnerie...

---

1. Mais : « Mange ça » me plaît aussi. Il faut alors une mitre en pain d'épice que la femme pourra brouter.

*On entend soudain un grand cri de douleur poussé
par une femme qu'on ne voit pas.*

(Agacée.) Je leur avais pourtant recommandé d'être silencieux. Heureusement que j'ai pris la précaution de boucher toutes les fenêtres d'un rideau molletonné. *(Soudain aimable, insidieuse.)* Et qu'est-ce que nous avons accompli ce soir? Bénédiction? Prière? Messe? Adoration perpétuelle?

L'ÉVÊQUE, *grave :* Ne parlez pas de ça maintenant. C'est fini. Je ne songe qu'à rentrer... Vous dites que la ville est en sang...

LA FEMME, *l'interrompant :* Il y a eu bénédiction, madame. Ensuite ma confession...

IRMA : Après?

L'ÉVÊQUE : Assez!

LA FEMME : C'est tout. A la fin mon absolution.

IRMA : Personne ne pourra donc y assister? Rien qu'une fois?

L'ÉVÊQUE, *effrayé :* Non, non. Ces choses-là doivent rester et resteront secrètes. Il est déjà indécent d'en parler pendant qu'on me déshabille. Personne. Et que toutes les portes soient fermées. Oh, bien fermées, closes, boutonnées, lacées, agrafées, cousues...

IRMA : Je vous le demandais...

L'ÉVÊQUE : Cousues, madame Irma.

IRMA, *agacée :* Vous permettez au moins que je m'inquiète... professionnellement? Je vous ai dit deux mille.

L'ÉVÊQUE, *sa voix soudain se clarifie, se précise, comme s'il s'éveillait. Il montre un peu d'irritation :* On ne s'est pas fatigué. A peine six péchés, et loin d'être mes préférés.

LA FEMME : Six, mais capitaux! Et j'ai eu du mal à les trouver.

L'ÉVÊQUE, *inquiet :* Comment, ils étaient faux?

LA FEMME : Tous vrais! Je parle du mal que j'ai eu pour les commettre. Si vous saviez ce qu'il faut traverser, surmonter, pour arriver à la désobéissance.

L'ÉVÊQUE : Je m'en doute, mon petit. L'ordre du monde est si anodin que tout y est permis — ou presque tout. Mais si tes péchés étaient faux, tu peux le dire à présent.

IRMA : Ah non! J'entends déjà vos réclamations quand vous reviendrez. Non. Ils étaient vrais. *(A la Femme.)* Défais-lui ses lacets. Déchausse-le. Et en l'habillant qu'il ne prenne pas froid. *(A l'Évêque.)* Vous voulez un grog, une boisson chaude?

L'ÉVÊQUE : Merci. Je n'ai pas le temps. Il faut que je parte. *(Rêveur.)* Oui, six, mais capitaux!

IRMA : Approchez, on va vous déshabiller!

L'ÉVÊQUE, *suppliant, presque à genoux* : Non, non, pas encore.

IRMA : C'est l'heure. Allons! Vite! Plus vite!

> *Tout en parlant, on le déshabille. Ou plutôt on ne défait que des épingles, on dénoue des cordons qui semblent retenir la chape, l'étole, le surplis.*

L'ÉVÊQUE, *à la Femme* : Les péchés, tu les as bien commis?

LA FEMME : Oui.

L'ÉVÊQUE : Tu as bien fait les gestes? Tous les gestes?

LA FEMME : Oui.

L'ÉVÊQUE : Quand tu t'approchais de moi tendant ton visage, c'est bien les reflets du feu qui l'illuminaient?

LA FEMME : Oui.

L'ÉVÊQUE : Et quand ma main baguée se posait sur ton front en te pardonnant...

LA FEMME : Oui.

L'ÉVÊQUE : Et que mon regard plongeait dans tes beaux yeux?

LA FEMME : Oui.

IRMA : Dans ses beaux yeux, monseigneur, le repentir, au moins est-il passé?

L'ÉVÊQUE, *se levant* : Au galop. Mais, est-ce que j'y cherchais le repentir? J'y vis le désir gourmand de la faute. En l'inondant, le mal tout à coup l'a baptisée. Ses grands yeux s'ouvrirent sur l'abîme... une pâleur de mort avivait — oui madame Irma — avivait son visage. Mais notre sainteté n'est faite que de pouvoir vous pardonner vos péchés. Furent-ils joués?

LA FEMME, *soudain coquette* : Et si mes péchés étaient vrais?

L'ÉVÊQUE, *d'un ton différent, moins théâtral :* Tu es folle! J'espère que tu n'as pas réellement fait tout cela?

IRMA, *à l'Évêque :* Mais ne l'écoutez pas. Pour ses péchés, soyez rassuré. Il n'y a pas ici...

L'ÉVÊQUE, *l'interrompant :* Je le sais bien. Ici il n'y a pas la possibilité de faire le mal. Vous vivez dans le mal. Dans l'absence de remords. Comment pourriez-vous faire le mal? Le Diable joue. C'est à cela qu'on le reconnaît. C'est le grand Acteur. Et c'est pourquoi l'Église a maudit les comédiens.

LA FEMME : La réalité vous fait peur, n'est-ce pas?

L'ÉVÊQUE : S'ils étaient vrais, tes péchés seraient des crimes, et je serais dans un drôle de pétrin.

LA FEMME : Vous iriez à la police?

Irma continue à le déshabiller. Toutefois il a encore lu chape posée sur ses épaules.

IRMA, *à l'Évêque :* Mais laissez-la, avec toutes ces questions.

On entend encore le même cri terrible.

Encore eux! Je vais aller les faire taire.

L'ÉVÊQUE : Ce cri n'était pas joué.

IRMA, *inquiète :* Je ne sais pas... qu'en savons-nous, et quelle importance?

L'ÉVÊQUE, *s'approchant lentement du miroir, il se plante devant lui :* ... Mais répondez donc, miroir, répondez-moi. Est-ce que je viens ici découvrir le mal et l'innocence? *(A Irma, très doucement.)* Sortez! Laissez-moi seul!

IRMA : Il est tard. Vous ne pourrez plus partir sans danger...

L'ÉVÊQUE, *suppliant :* Juste une minute.

IRMA : Il y a deux heures vingt que vous êtes ici. C'est-à-dire vingt minutes de trop...

L'ÉVÊQUE, *soudain courroucé :* Laissez-moi seul. Écoutez aux portes si vous voulez, je sais que vous le faites, et rentrez quand j'aurai fini.

Les deux femmes sortent en soupirant, l'air excédé.

L'Évêque reste seul; après avoir fait un effort visible pour se calmer, devant le miroir et tenant son surplis :

... Répondez-moi, miroir, répondez-moi. Est-ce que je viens ici découvrir le mal et l'innocence? Et dans vos glaces dorées, qu'étais-je? Je n'ai jamais, je l'atteste devant Dieu qui me voit, je n'ai jamais désiré le trône épiscopal. Devenir évêque, monter les échelons — à force de vertus ou de vices — c'eût été m'éloigner de la dignité définitive d'évêque. Je m'explique : *(l'Évêque parlera d'un ton très précis, comme s'il poursuivait un raisonnement logique)* pour devenir évêque, il eût fallu que je m'acharne à ne l'être pas, mais à faire ce qui m'y eût conduit. Devenu évêque, afin de l'être, il eût fallu — afin de l'être pour moi, bien sûr! — il eût fallu que je ne cesse de me savoir l'être pour remplir ma fonction.

> *Il saisit le pan de son surplis et le baise.*

Oh, dentelles, dentelles, travaillées par mille petites mains pour voiler tant de gorges haletantes, gorges gorgées, et de visages, et de cheveux, vous m'illustrez de branches et de fleurs! Reprenons.

Mais — c'est là le hic! *(Il rit.)* Ah! je parle latin! — une fonction est une fonction. Elle n'est pas un mode d'être. Or, évêque, c'est un mode d'être. C'est une charge. Un fardeau. Mitre, dentelles, tissu d'or et de verroteries, génuflexions... Aux chiottes la fonction.

> *Crépitement de mitrailleuse.*

IRMA, *passant la tête par la porte entrebâillée :* Vous avez fini?

L'ÉVÊQUE : Mais laissez-moi nom de Dieu. Foutez le camp! Je m'interroge.

> *Irma referme la porte.*

La majesté, la dignité, illuminant ma personne, n'ont pas leur source dans les attributions de ma fonction. — Non plus, ciel! que dans mes mérites personnels. — La majesté, la dignité qui m'illuminent, viennent d'un éclat plus mystérieux : c'est que l'évêque me précède. Te l'ai-je bien dit, miroir, image dorée, ornée comme une boîte de cigares mexicains? Et je veux être évêque dans la solitude, pour la seule apparence... Et pour détruire toute fonction, je veux apporter le scandale et te trousser, putain, putasse, pétasse et poufiasse...

IRMA, *rentrant :* Ça, suffit, maintenant. Il va falloir partir.

L'ÉVÊQUE : Vous êtes folle, je n'ai pas fini.

Les deux femmes sont rentrées.

IRMA : Je ne vous cherche pas, et vous le savez, des que-
relles pour le plaisir, mais vous n'avez pas de temps à perdre...
Je vous répète qu'il y a du danger pour tout le monde à s'attar-
der dans les rues.

> *Bruit de mitraillade, au loin.*

L'ÉVÊQUE, *amer :* Vous vous foutez bien de ma sécurité.
Quant tout est fini, vous vous foutez du monde!

IRMA, *à la Fille :* Ne l'écoute plus et déshabille-le.

> *A l'Évêque qui est descendu de ses patins et qui a*
> *maintenant les dimensions normales d'un acteur, du*
> *plus banal des acteurs :*

Aidez-vous, vous êtes raide.

L'ÉVÊQUE, *l'air idiot :* Raide? Je suis raide? Raideur solennelle! Immobilité définitive...

IRMA, *à la Fille :* Passe-lui son veston...

L'ÉVÊQUE, *regardant ses fripes qui s'entassent à terre :* Ornements, dentelles, par vous je rentre en moi-même. Je recon-
quiers un domaine. J'investis une très ancienne place forte
d'où je fus chassé. Je m'installe dans une clairière où, enfin,
le suicide est possible. Le jugement dépend de moi et me voici
face à face avec ma mort.

IRMA : C'est beau, mais il faut partir. Vous avez laissé votre
voiture à la porte de la rue, près du pylône...

> *Très vite, sur ses vêtements civils, l'Évêque a jeté*
> *sa chape dorée.*

L'ÉVÊQUE, *à Irma :* Car notre préfet de police, ce pauvre
incapable, nous laisse égorger par la racaille! *(Se tournant vers*
le miroir et déclamant.) Ornements! Mitre! Dentelles! Chape
dorée surtout, toi, tu me gardes du monde. Où sont mes jambes,
où sont mes bras? Sous tes pans moirés, glacés, que font mes
mains? Inaptes à autre chose qu'esquisser un geste qui voltige,
elles sont devenues moignons d'ailes — non d'anges, mais de
pintades! — chape rigide, tu permets que s'élabore, au chaud
et dans l'obscurité, la plus tendre, la plus lumineuse douceur.
Ma charité, qui va inonder le monde, c'est sous cette cara-
pace que je l'ai distillée... Quelquefois, comme un couteau, ma

main sortait pour bénir? Ou couper, faucher? Tête de tortue,
ma main écartait les pans. Tortue ou vipère prudente? Et ren-
trait dans le roc. Dessous, ma main rêvait... Ornements, chape
dorée...

*La scène se déplace de gauche à droite, comme si
elle s'enfonçait dans la coulisse. Apparaît alors le
décor suivant.*

DEUXIÈME TABLEAU

DÉCOR

Même lustre. Trois paravents bruns. Murs nus.
Même miroir, à droite, où se réfléchit le même lit défait qu'au
premier tableau.
Une femme, jeune et belle, semble enchaînée, poignets liés.
Sa robe, de mousseline, est lacérée. Les seins sont visibles.
Debout, devant elle, le bourreau. C'est un géant, nu jusqu'à
la ceinture. Très musclé. Son fouet est passé derrière la boucle
de sa ceinture, dans le dos, de sorte qu'il semble être pourvu d'une
queue.
Un juge qui, lorsqu'il se relèvera, paraîtra démesuré, lui aussi
rallongé par des patins, invisibles sous sa robe, et le visage
maquillé, à plat ventre, rampe en direction de la femme qui recule
à mesure.

LA VOLEUSE, *tendant son pied* : Pas encore! Lèche! Lèche
d'abord...

> *Le Juge fait un effort pour ramper encore, puis*
> *il se relève et, lentement, péniblement, apparemment*
> *heureux, il va s'asseoir sur un escabeau.*

> *La Voleuse (cette dame décrite plus haut) change*
> *d'attitude, et de dominatrice, devient humble.*

LE JUGE, *sévère* : Car tu es une voleuse! On t'a surprise...
Qui? La police... Tu oublies qu'un réseau subtil et solide, mes
flics d'acier, emprisonne vos gestes? Insectes aux regards

mobiles, montés sur pivots, ils vous guettent. Toutes! Et toutes, captives, ils vous apportent au Palais... Qu'as-tu à répondre? On t'a surprise... Sous ta jupe... *(Au Bourreau.)* Passe-lui la main sous le jupon, tu trouveras la poche, la fameuse poche Kangourou. *(A la Voleuse.)* Que tu remplis de tout ce que tu rafles sans choix. Car tu es insatiable et nib' de discernement. En plus tu es idiote... *(Au Bourreau.)* Qu'y avait-il, dans cette célèbre poche Kangourou? Dans cette énorme bedaine?

LE BOURREAU : Des parfums, monsieur le Juge, une lanterne, une bouteille de fly-tox, des oranges, plusieurs paires de chaussettes, des oursins, une serviette éponge, une écharpe. *(Au Juge.)* Vous m'entendez? Je dis : une écharpe.

LE JUGE, *sursautant* : Une écharpe? Ah, ah, nous y voici. Et pour quoi faire, l'écharpe? Hein, pour quoi faire? Étrangler qui? Réponds. Étrangler qui?... Tu es une voleuse ou une étrangleuse? *(Très doux, implorant.)* Dis-moi, mon petit, je t'en supplie, dis-moi que tu es une voleuse.

LA VOLEUSE : Oui, monsieur le Juge!

LE BOURREAU : Non!

LA VOLEUSE, *le regardant, étonnée* : Non?

LE BOURREAU : C'est pour plus tard.

LA VOLEUSE : Hein?

LE BOURREAU : Je dis : l'aveu doit venir en son heure. Nie.

LA VOLEUSE : Pour avoir encore des coups!

LE JUGE, *mielleux* : Justement, mon petit : pour avoir des coups. Tu dois nier d'abord, pour avouer et te repentir. De tes beaux yeux je veux voir jaillir l'eau tiède. Oh! Je veux que tu en sois trempée. Pouvoir des larmes!... Où est mon code!

Il cherche sous sa jupe et ramène un livre.

LA VOLEUSE : J'ai déjà pleuré...

LE JUGE, *il semble lire* : Sous les coups. Je veux des larmes de repentir. Quand je t'aurai vue mouillée comme un pré, je serai comblé.

LA VOLEUSE : Ce n'est pas facile. Tout à l'heure, j'ai essayé de pleurer...

LE JUGE, *ne lisant plus, ton mi-théâtral, presque familier* : Tu es bien jeune. Tu es nouvelle? *(Inquiet.)* Tu n'es pas mineure au moins?

LA VOLEUSE : Non, non, monsieur...

LE JUGE : Appelle-moi monsieur le Juge. Quand es-tu arrivée?

LE BOURREAU : Avant-hier, monsieur le Juge.

LE JUGE, *reprise du ton théâtral et reprise de la lecture* : Laisse-la parler. J'aime cette voix sans consistance, cette voix éparse... Écoute : il faut que tu sois une voleuse modèle, si tu veux que je sois un juge modèle. Fausse voleuse, je deviens un faux juge. C'est clair?

LA VOLEUSE : Oh oui, monsieur le Juge.

LE JUGE, *il continue à lire* : Bien. Jusqu'à présent tout se passait bien. Mon bourreau cognait dur... car lui aussi fait son travail. Nous sommes liés : toi, lui, moi. Par exemple, s'il ne cognait pas, comment pourrais-je l'arrêter de cogner? Donc, il doit frapper pour que j'intervienne et prouve mon autorité. Et tu dois nier afin qu'il te frappe.

> *On entend un bruit : quelque chose a dû tomber dans la pièce à côté. Ton naturel :*

Qu'est-ce que c'est? Toutes les portes sont bien fermées? Personne ne peut nous voir, ni nous entendre?

LE BOURREAU : Non, non, soyez tranquille. J'ai tiré le verrou.

> *Il va examiner un énorme verrou à la porte du fond.*

Et le couloir est consigné.

LE JUGE, *ton naturel :* Tu es sûr?

LE BOURREAU : Je vous le certifie. *(Il met la main à sa poche.)* Je peux en griller une?

LE JUGE, *ton naturel :* L'odeur du tabac m'inspire, grille.

> *Même bruit que tout à l'heure.*

Oh, mais qu'est-ce que c'est? Mais qu'est-ce que c'est? Je n'aurai pas la paix? *(Il se lève.)* Qu'est-ce qui se passe?

LE BOURREAU, *sec :* Mais rien. On a dû faire tomber quelque chose. C'est vous qui êtes nerveux.

LE JUGE, *ton naturel* : C'est possible, mais ma nervosité me renseigne. Elle me tient en éveil.

Il se lève et s'approche de la paroi.

Je peux regarder?

LE BOURREAU : Juste un coup d'œil, parce qu'il se fait tard.

Le Bourreau hausse les épaules et échange un clin d'œil avec la Voleuse.

LE JUGE, *après avoir regardé* : C'est illuminé. Éclatant... mais vide.

LE BOURREAU, *haussant les épaules* : Vide!

LE JUGE, *sur un ton encore plus familier* : Tu parais inquiet. Il y a du nouveau?

LE BOURREAU : Cet après-midi, juste avant votre arrivée, trois points principaux sont tombés aux mains des révoltés. Ils avaient allumé plusieurs incendies : aucun pompier n'est sorti. Tout a flambé. Le Palais...

LE JUGE : Et le Préfet de Police? Il se les roule, comme d'habitude?

LA VOLEUSE : On est resté sans nouvelles de lui pendant quatre heures. S'il peut s'échapper, il viendra sûrement ici. On l'attend d'un moment à l'autre.

LE JUGE, *à la Voleuse, et s'asseyant* : En tout cas, qu'il n'espère pas franchir le pont de la Royade, il a sauté cette nuit.

LA VOLEUSE : On le savait. On a entendu l'explosion d'ici.

LE JUGE, *reprise du ton théâtral. Il lit dans le Code* : Enfin. Reprenons. Donc, profitant du sommeil des justes, profitant d'un sommeil d'une seconde, tu les dévalises, tu les dépouilles, tu les dérobes et les détrousses...

LA VOLEUSE : Non, monsieur le Juge, jamais...

LE BOURREAU : Je zèbre?

LA VOLEUSE, *dans un cri* : Arthur!

LE BOURREAU : Qu'est-ce qui te prend? Ne m'adresse pas la parole. Réponds à monsieur le Juge. Et moi, appelle-moi monsieur le Bourreau.

LA VOLEUSE : Oui, monsieur le Bourreau.

LE JUGE, *lisant* : Je reprends : as-tu volé?

LA VOLEUSE : Oui. Oui, monsieur le Juge.

LE JUGE, *lisant* : Bien. Maintenant réponds vite, et juste : qu'est-ce que tu as volé encore?

LA VOLEUSE : Du pain, parce que j'avais faim.

LE JUGE, *il se dresse et pose le livre* : Sublime! Fonction sublime! J'aurai à juger tout cela. Oh, petite, tu me réconcilies avec le monde. Juge! Je vais être juge de tes actes! C'est de moi que dépendent la pesée, l'équilibre. Le monde est une pomme, je la coupe en deux : les bons, les mauvais. Et tu acceptes, merci, tu acceptes d'être la mauvaise! *(Face au public.)* Sous vos yeux : rien dans les mains, rien dans les poches, enlever le pourri, et le jeter. Mais c'est une occupation douloureuse. S'il était prononcé avec sérieux, chaque jugement me coûterait la vie. C'est pourquoi je suis mort. J'habite cette région de l'exacte liberté. Roi des Enfers, ce que je pèse, ce sont des morts comme moi. C'est une morte comme moi.

LA VOLEUSE : Vous me faites peur, monsieur le Juge.

LE JUGE, *avec beaucoup d'emphase* : Tais-toi. Au fond des Enfers, je partage les humains qui s'y risquent. Une partie dans les flammes, l'autre dans l'ennui des champs d'asphodèles. Toi, voleuse, espionne, chienne, Minos te parle, Minos te pèse. *(Au Bourreau.)* Cerbère?

LE BOURREAU, *imitant le chien* : Houah, houah!

LE JUGE : Tu es beau! Et la vue d'une nouvelle victime t'embellit encore. *(Il lui retrousse les lèvres.)* Montre tes crocs? Terribles. Blancs.

        Soudain, il paraît inquiet. A la Voleuse :

Mais au moins, tu ne mens pas, ces vols, tu les as bien commis?

LE BOURREAU : Vous pouvez être tranquille. Il n'aurait pas fallu qu'elle s'avise de ne pas le faire. Je la traînerais plutôt.

LE JUGE : Je suis presque heureux. Continue. Qu'as-tu volé?

        Soudain un crépitement de mitrailleuse.

Ça n'en finira jamais. Pas un moment de repos.

LA VOLEUSE : Je vous l'ai dit : la révolte a gagné tous les quartiers Nord...

LE BOURREAU : Ta gueule!

LE JUGE, *irrité* : Vas-tu me répondre, oui ou non? Qu'as-tu
volé encore? Où? Quand? Comment? Combien? Pourquoi?
Pour qui? — Réponds.

LA VOLEUSE : Très souvent je suis entrée dans les maisons
pendant l'absence des bonnes, en passant par l'escalier de service... Je volais dans les tiroirs, je cassais la tirelire des gosses.
(Elle cherche visiblement ses mots.) Une fois, je me suis déguisée
en honnête femme. J'avais mis un costume tailleur puce, un
chapeau de paille noire avec des cerises, une voilette, et une
paire de souliers noirs — talon bottier — alors, je suis entrée...

LE JUGE, *pressé* : Où? Où? Où? Où — où — où? Où es-tu
entrée?

> Les où enfilés doivent à la fin donner :
> Hou! Hou! Hou! *comme pour effrayer.*

LA VOLEUSE : Je ne sais plus, pardonnez-moi.

LE BOURREAU : Je cogne?

LE JUGE : Pas encore. *(A la Fille.)* Où es-tu entrée? Dis-moi
où? Où? Où? Où? Où? Hou! Hou! Hou!...

LA VOLEUSE, *affolée* : Mais je vous jure, je ne sais plus.

LE BOURREAU : Je cogne? Monsieur le Juge, je cogne?

LE JUGE, *au Bourreau et s'approchant de lui* : Ah! Ah! ton
plaisir dépend de moi. Tu aimes cogner, hein? Je t'approuve,
Bourreau! Magistral tas de viande, quartier de bidoche qu'une
décision de moi fait bouger! *(Il feint de se regarder dans le
Bourreau.)* Miroir qui me glorifie! Image que je peux toucher,
je t'aime. Jamais je n'aurais la force ni l'adresse pour laisser
sur son dos des zébrures de feu. D'ailleurs, que pourrais-je faire
de tant de force et d'adresse? *(Il le touche.)* Tu es là? Tu es là,
mon énorme bras, trop lourd pour moi, trop gros, trop gras
pour mon épaule et qui marche tout seul à côté de moi! Bras,
quintal de viande, sans toi je ne serais rien... *(A la Voleuse.)*
Sans toi non plus, petite. Vous êtes mes deux compléments
parfaits... Ah le joli trio que nous formons! *(A la Voleuse.)*
Mais toi, tu as un privilège sur lui, sur moi aussi d'ailleurs,
celui de l'antériorité. Mon être de juge est une émanation de
ton être de voleuse. Il suffirait que tu refuses... mais ne t'en
avise pas!... que tu refuses d'être qui tu es — ce que tu es, donc

qui tu es — pour que je cesse d'être... et que je disparaisse, évaporé. Crevé. Volatilisé. Nié. D'où : le Bien issu du... Mais alors? Mais alors? Mais tu ne refuseras pas, n'est-ce pas? Tu ne refuseras pas d'être une voleuse? Ce serait mal. Ce serait criminel. Tu me priverais d'être! *(Implorant.)* Dis, mon petit, mon amour, tu ne refuseras pas?

LA VOLEUSE, *coquette :* Qui sait?

LE JUGE : Comment? Qu'est-ce que tu dis? Tu me refuserais? Dis-moi où? Et dis-moi encore ce que tu as volé?

LA VOLEUSE, *sèche, et se relevant :* Non.

LE JUGE : Dis-moi où? Ne sois pas cruelle...

LA VOLEUSE : Ne me tutoyez pas, voulez-vous?

LE JUGE : Mademoiselle... Madame. Je vous en prie. *(Il se jette à genoux.)* Voyez, je vous en supplie? Ne me laissez pas dans une pareille posture, attendant d'être juge? S'il n'y avait pas de juge, où irions-nous, mais s'il n'y avait pas de voleurs?

LA VOLEUSE, *ironique :* Et s'il n'y en avait pas?

LE JUGE : Ce serait terrible. Mais vous ne me jouerez pas un tour pareil, n'est-ce pas? Vous ne ferez pas qu'il n'y en ait pas? Comprends-moi bien : que tu te dissimules aussi longtemps que tu le peux et que mes nerfs le supportent, derrière le refus d'avouer, que malicieusement tu me fasses languir, trépigner si tu veux, piaffer, baver, suer, hennir d'impatience, ramper... car tu veux que je rampe?

LE BOURREAU, *au Juge :* Rampez!

LE JUGE : Je suis fier!

LE BOURREAU, *menaçant :* Rampez!

> *Le Juge, qui était à genoux, se couche à plat ventre et rampe doucement en direction de la Voleuse. A mesure qu'il avancera en rampant, la Voleuse reculera.*

Bien. Continuez.

LE JUGE, *à la Voleuse :* Que tu me fasses ramper après mon être de juge, coquine, tu as bien raison, mais si tu me le refusais définitivement, garce, ce serait criminel...

LA VOLEUSE, *hautaine :* Appelez-moi madame et réclamez poliment.

LE JUGE : J'aurai ce que je veux?

LA VOLEUSE, *coquette :* Ça coûte cher, de voler.

LE JUGE : Je paierai! Je paierai ce qu'il faudra, madame. Mais si je n'avais plus à départager le Bien d'avec le Mal, je servirais à quoi, je vous le demande?

LA VOLEUSE : Je me le demande.

LE JUGE, *infiniment triste :* Tout à l'heure, j'allais être Minos. Mon cerbère aboyait. *(Au Bourreau.)* Tu te souviens? *(Le Bourreau interrompt le Juge en faisant claquer son fouet.)* Comme tu étais cruel, méchant! Bon! Et moi, impitoyable. J'allais emplir les Enfers de damnés, emplir les prisons. Prisons! Prisons! Prisons, cachots, lieux bénits où le mal est impossible, puisqu'ils sont le carrefour de toute la malédiction du monde. On ne peut pas commettre le mal dans le mal. Or ce n'est pas condamner que je désire surtout, c'est juger...

Il tente de se redresser.

LE BOURREAU : Rampez! Et dépêchez-vous, il faut que j'aille m'habiller.

LE JUGE, *à la Fille :* Madame! Madame, acceptez, je vous en prie. Je suis prêt à lécher avec ma langue vos souliers, mais dites-moi que vous êtes une voleuse...

LA VOLEUSE, *dans un cri :* Pas encore! Lèche! Lèche! Lèche d'abord!

La scène se déplace de gauche à droite, comme à la fin du tableau précédent, et s'enfonce dans la coulisse de droite. Au loin, crépitement de mitrailleuse.

TROISIÈME TABLEAU

DÉCOR

Trois paravents disposés comme les précédents, mais vert sombre. Le même lustre. Le même miroir qui reflète le lit défait. Sur un fauteuil un cheval dont se servent les danseurs folkloriques avec une petite jupe plissée. Dans la pièce, un monsieur, l'air timide. C'est le Général. Il a enlevé son veston, puis son chapeau melon et ses gants. Irma est près de lui.

LE GÉNÉRAL, *il montre le chapeau, la veste et les gants :* Qu'on ne laisse pas traîner ça.

IRMA : On va le plier, l'envelopper...

LE GÉNÉRAL : Qu'on le fasse disparaître.

IRMA : On va le ranger. Et même le brûler.

LE GÉNÉRAL : Oh oui, n'est-ce pas, j'aimerais qu'il brûle! Comme les villes au crépuscule.

IRMA : Vous avez aperçu quelque chose en venant?

LE GÉNÉRAL : J'ai couru des risques très graves. La population a fait sauter des barrages, et des quartiers entiers sont inondés. L'arsenal en particulier, de sorte que toutes les poudres sont mouillées. Et les armes rouillées. J'ai dû faire des détours assez grands — sans avoir toutefois buté contre un noyé.

IRMA : Je ne me permettrais pas de vous demander vos opinions. Chacun est libre et je ne fais pas de politique.

LE GÉNÉRAL : Parlons donc d'autre chose. Ce qui est important c'est : comment je quitterai cette maison. Il sera tard quand je sortirai...

IRMA : A propos de tard...

LE GÉNÉRAL : C'est juste.

> *Il cherche dans sa poche, retire des billets de banque, les compte et en donne à Irma. Elle les garde à la main.*

Donc, quand je sortirai, je ne tiens pas à me faire dégringoler dans le noir. Car, naturellement, il n'y aura personne pour me raccompagner?

IRMA : Je crois que non, hélas. Arthur n'est pas libre.

> *Un long silence.*

LE GÉNÉRAL, *impatient soudain :* Mais... elle ne vient pas?

IRMA : Je ne sais pas ce qu'elle fait? J'avais bien recommandé que tout soit prêt à votre arrivée. Il y a déjà le cheval... Je vais sonner.

LE GÉNÉRAL : Laissez, je m'en charge. *(Il sonne, en appuyant sur un bouton.)* J'aime sonner! Ça, c'est autoritaire. Ah, sonner la charge!

IRMA : Tout à l'heure, mon général. Oh, pardon, voici que je vous donne votre grade... Tout à l'heure vous allez...

LE GÉNÉRAL : Chut! N'en parlez pas.

IRMA : Vous avez une force, une jeunesse! une pétulance!

LE GÉNÉRAL : Et des éperons : aurai-je des éperons? J'avais dit qu'on les fixe à mes bottes. Des bottes acajou, n'est-ce pas?

IRMA : Oui, mon général. Acajou. Et vernies.

LE GÉNÉRAL : Vernies, soit, mais avec de la boue?

IRMA : De la boue et, peut-être, un peu de sang. J'ai fait préparer les décorations.

LE GÉNÉRAL : Authentiques?

IRMA : Authentiques.

> *Soudain un long cri de femme.*

LE GÉNÉRAL : Qu'est-ce que c'est?

> *Il veut s'approcher de la paroi de droite et déjà se baisse pour regarder, mais Irma intervient.*

IRMA : Rien. Il y a toujours des gestes inconsidérés, de part et d'autre.

LE GÉNÉRAL : Mais ce cri? Un cri de femme. Un appel au secours peut-être? Mon sang qui bout ne fait qu'un tour... Je m'élance...

IRMA, *glaciale* : Pas d'histoires ici, calmez-vous. Pour le moment, vous êtes en civil.

LE GÉNÉRAL : C'est juste.

Nouveau cri de femme.

C'est tout de même troublant. En plus, ce sera gênant.

IRMA : Mais que fait-elle?

> *Elle va pour sonner, mais par la porte du fond entre une jeune femme très belle, rousse, les cheveux dénoués, épars. Sa gorge est presque nue. Elle n'a qu'un corset noir, des bas noirs et des souliers à talons très hauts. Elle tient un uniforme complet de général, plus l'épée, le bicorne et les bottes.*

LE GÉNÉRAL, *sévère* : Vous voici tout de même? Avec une demi-heure de retard. C'est plus qu'il n'en faut pour perdre une bataille.

IRMA : Elle se rachètera, mon général. Je la connais.

LE GÉNÉRAL, *regardant les bottes* : Et le sang? Je ne vois pas le sang?

IRMA : Il a séché. N'oubliez pas que c'est le sang de vos batailles d'autrefois. Bon. Je vous laisse. Vous n'avez besoin de rien?

LE GÉNÉRAL, *regardant à droite et à gauche* : Vous oubliez...

IRMA : Mon Dieu! J'oubliais, en effet.

> *Elle pose sur la chaise les serviettes qu'elle portait sur le bras. Puis elle sort par le fond. Le Général va à la porte, puis il la ferme à clé. Mais à peine la porte est-elle fermée qu'on y entend frapper. La Fille va ouvrir. Derrière, et légèrement en retrait, le Bourreau, en sueur, s'essuyant avec une serviette.*

LE BOURREAU : Madame Irma n'est pas là?

LA FILLE, *sèche* : Dans la Roseraie. *(Se reprenant.)* Pardon, dans la Chapelle Ardente.

Elle ferme la porte.

LE GÉNÉRAL, *agacé* : J'aurai la paix, j'espère. Et tu es en retard, qu'est-ce que tu foutais? On ne t'avait pas donné ton sac d'avoine? Tu souris? Tu souris à ton cavalier? Tu reconnais sa main, douce et ferme? *(Il la flatte.)* Mon fier coursier! Ma belle jument, avec toi nous en avons gagné des galops!

LA FILLE : Et ce n'est pas fini! Mes sabots bien ferrés, de mes pattes nerveuses, je veux arpenter le monde. Retirez votre pantalon et vos souliers, que je vous habille.

LE GÉNÉRAL, *il a pris la badine* : Oui, mais d'abord, à genoux! A genoux! Allons, allons, plie tes jarrets, plie...

La fille se cabre, fait entendre un hennissement de plaisir et s'agenouille comme un cheval de cirque, devant le Général.

Bravo! Bravo, Colombe! Tu n'as rien oublié. Et maintenant, tu vas m'aider et répondre à mes questions. C'est tout à fait dans l'ordre qu'une bonne pouliche aide son maître à se déboutonner, à se déganter, et qu'elle lui réponde du tac au tac. Donc, commence par dénouer mes lacets.

Pendant toute la scène qui va suivre, la Fille va aider le Général à se déshabiller, puis à s'habiller en général. Lorsque celui-ci sera complètement habillé, l'on s'apercevra qu'il a pris des proportions gigantesques, grâce à un trucage de théâtre : patins invisibles, épaules élargies, visage maquillé à l'extrême.

LA FILLE : Toujours le pied gauche enflé?

LE GÉNÉRAL : Oui. C'est le pied du départ. C'est celui qui trépigne. Comme ton sabot quand tu encenses.

LA FILLE : Qu'est-ce que je fais? Déboutonnez-vous.

LE GÉNÉRAL : Es-tu cheval ou illettrée? Si tu es cheval, tu encenses. Aide-moi. Tire, Tire moins fort, voyons, tu n'es pas cheval de labour.

LA FILLE : Je fais ce que je dois.

LE GÉNÉRAL : Tu te révoltes? Déjà? Attends que je sois prêt. Quand je te passerai le mors dans la gueule...

LA FILLE : Oh non, pas ça.

LE GÉNÉRAL : Un général, se faire rappeler à l'ordre par son cheval! Tu auras le mors, la bride, le harnais, la sous-ventrière, et botté, casqué, je cravache et je fonce!

LA FILLE : Le mors, c'est terrible. Ça fait saigner les gencives et la commissure des lèvres. Je vais baver du sang.

LE GÉNÉRAL : Écumer rose et péter du feu! Mais quel galop! Parmi les champs de seigle, dans la luzerne, sur les prés, les chemins poudreux, sur les monts, couchés ou debout, de l'aurore au crépuscule et du crépuscule...

LA FILLE : Rentrez la chemise. Tirez les bretelles. Ce n'est pas rien d'habiller un général vainqueur et qu'on enterre. Vous voulez le sabre?

LE GÉNÉRAL : Comme celui de Lafayette, qu'il demeure sur la table. Bien en évidence, mais cache les vêtements. Où, je ne sais pas moi, il doit bien y avoir une cachette prévue quelque part?

La Fille fait un paquet des vêtements et les cache derrière le fauteuil.

La tunique? Bien. Il y a toutes les médailles? Compte.

LA FILLE, *après avoir compté, très vite* : Toutes, mon général.

LE GÉNÉRAL : Et la guerre? Où est la guerre?

LA FILLE, *très douce* : Elle approche, mon général. C'est le soir sur un champ de pommiers. Le ciel est calme et rose. Une paix soudaine — la plainte des colombes — précédant les combats, baigne la terre. Il fait très doux. Une pomme est tombée dans l'herbe. C'est une pomme de pin. Les choses retiennent leur souffle. La guerre est déclarée. Il fait bon...

LE GÉNÉRAL : Mais soudain?

LA FILLE : Nous sommes au bord du pré. Je me retiens de ruer, de hennir. Ta cuisse est tiède et tu presses mon flanc. La mort...

LE GÉNÉRAL : Mais soudain?...

LA FILLE : La mort est attentive. Un doigt sur sa bouche, c'est elle qui invite au silence. Une bonté ultime éclaire les choses. Toi-même tu n'es plus attentif à ma présence...

LE GÉNÉRAL : Mais soudain?...

LA FILLE : Boutonnez-vous tout seul, mon général. L'eau était immobile sur les étangs. Le vent lui-même attendait un ordre pour gonfler les drapeaux...

LE GÉNÉRAL : Mais soudain?...

LA FILLE : Soudain? Hein? Soudain? *(Elle semble chercher ses mots.)* Ah, oui, soudain, ce fut le fer et le feu! Les veuves! Il fallut tisser des kilomètres de crêpe pour le mettre aux étendards. Sous leurs voiles, les mères et les épouses gardaient les yeux secs. Les cloches dégringolaient des clochers bombardés. Au détour d'une rue, un linge bleu m'effraya! Je me cabrai, mais domptée par ta douce et lourde main, mon tremblement cessa. Je repris l'amble. Comme je t'aimais, mon héros!

LE GÉNÉRAL : Mais... les morts? N'y avait-il pas de morts?

LA FILLE : Les soldats mouraient en baisant l'étendard. Tu n'étais que victoires et bontés. Un soir, rappelle-toi...

LE GÉNÉRAL : J'étais si doux, que je me mis à neiger. A neiger sur mes hommes, à les enliser sous le plus tendre des linceuls. A neiger? Bérézina!

LA FILLE : Les éclats d'obus avaient coupé les citrons. Enfin, la mort était active. Agile, elle allait de l'un à l'autre, creusant une plaie, éteignant un œil, arrachant un bras, ouvrant une artère, plombant un visage, coupant net un cri, un chant, la mort n'en pouvait plus. Enfin, épuisée, elle-même morte de fatigue, elle s'assoupit, légère sur tes épaules. Elle s'y est endormie.

LE GÉNÉRAL, *ivre de joie* : Arrête, arrête, ce n'est pas encore le moment, mais je sens que ce sera magnifique. Le baudrier? Parfait!

> *Il se regarde dans la glace.*

Wagram! Général! Homme de guerre et de parade, me voici dans ma pure apparence. Rien, je ne traîne derrière moi aucun contingent. Simplement, j'apparais. Si j'ai traversé des guerres sans mourir, traversé les misères, sans mourir, si j'ai monté les grades, sans mourir, c'était pour cette minute proche de la mort.

> *Tout à coup il s'arrête, une idée semble l'inquiéter.*

Dis-moi, Colombe?

LA FILLE : Oui, monsieur?

LE GÉNÉRAL : Le Préfet de Police, où en est-il? *(la Fille fait avec la tête le signe non.)* Rien? Toujours rien? En somme, tout lui pète entre les mains. Et nous, nous perdons notre temps?

LA FILLE, *impérieuse :* Pas du tout. Et de toute façon ça ne nous regarde pas. Continuez. Vous disiez : pour cette minute proche de la mort... ensuite?

LE GÉNÉRAL, *hésitant :* ...proche de la mort... où je ne serai rien, mais reflétée à l'infinie dans ces miroirs, que mon image... Tu as raison, peigne ta crinière. Étrille-toi. J'exige une pouliche bien habillée. Donc, tout à l'heure, à l'appel des trompettes, nous allons descendre — moi te chevauchant — vers la gloire et la mort, car je vais mourir. C'est bien d'une descente au tombeau qu'il s'agit...

LA FILLE : Mais, mon général, vous êtes mort depuis hier.

LE GÉNÉRAL : Je sais... mais d'une descente solennelle, et pittoresque, par d'inattendus escaliers...

LA FILLE : Vous êtes un général mort, mais éloquent.

LE GÉNÉRAL : Parce que mort, cheval bavard. Ce qui parle, et d'une voix si belle, c'est l'Exemple. Je ne suis plus que l'image de celui que je fus. A toi, maintenant. Tu vas baisser la tête et te cacher les yeux, car je veux être général dans la solitude. Pas même pour moi, mais pour mon image, et mon image pour son image, et ainsi de suite. Bref, nous serons entre égaux. Colombe, tu es prête?

La Fille hoche la tête.

Alors, viens. Passe ta robe baie, cheval, mon beau genêt d'Espagne.

Le Général lui passe le cheval de jeu par-dessus la tête. Puis il fait claquer sa cravache.

Salut! *(Il salue son image dans le miroir.)* Adieu, mon général!

Puis il s'allonge dans le fauteuil, les pieds posés sur la chaise, et salue le public, en se tenant aussi rigide qu'un cadavre. La Fille se place devant la chaise et, sur place, esquisse les mouvements d'un cheval en marche.

LA FILLE, *solennelle et triste :* Le défilé est commencé... Nous

traversons la ville... Nous longeons le fleuve. Je suis triste...
Le ciel est bas. Le peuple pleure un si beau héros mort à la
guerre...

LE GÉNÉRAL, *sursautant :* Colombe!

LA FILLE, *se détournant, en pleurs :* Mon général?

LE GÉNÉRAL : Ajoute que je suis mort debout!

> *Puis il reprend sa pose.*

LA FILLE : Mon héros est mort debout! Le défilé continue,
Tes officiers d'ordonnance me précèdent... Puis me voici, moi.
Colombe, ton cheval de bataille... La musique militaire joue
une marche funèbre...

> *La Fille chante — en marchant immobile — La
> Marche funèbre de Chopin, qu'un orchestre invisible,
> avec cuivres, continue.*
>
> *Au loin, crépitement de mitrailleuse.*
>
> *Le metteur en scène a pu accrocher des rênes qui
> relient les épaules de la Fille au fauteuil à roulettes,
> où s'est couché le Général, de telle façon que cet équi-
> page pourra quitter la scène, la Fille tirant le fauteuil.*

QUATRIÈME TABLEAU

DÉCOR

C'est une chambre dont les trois panneaux visibles sont trois miroirs où se reflète un petit Vieux vêtu en clochard, mais bien peigné, immobile au milieu de la pièce.

Près de lui, indifférente, une très belle fille rousse. Corselet de cuir, bottes de cuir. Cuisses nues, et belles. Veste de fourrure. Elle attend. Le petit Vieux aussi. Il est impatient, nerveux. La Fille immobile.

Le petit Vieux enlève ses gants troués en tremblant. Il retire de sa poche un mouchoir blanc et s'éponge. Il enlève ses lunettes. Il les plie et les met dans un étui, puis l'étui dans sa poche. Il s'essuie les mains avec son mouchoir.

Tous les gestes du petit Vieux se reflètent dans les trois miroirs. (Il faut donc trois acteurs tenant les rôles de reflets.)

Enfin, trois coups sont frappés à la porte du fond.

La Fille rousse s'en approche. Elle dit : « Oui. »

La porte s'ouvre un peu et par l'entrebâillement passent la main, et le bras d'Irma, qui tient un martinet et une perruque très sale, hirsute.

La Fille les prend. La porte se referme.

Le visage du petit Vieux s'illumine.

La Fille rousse a un air exagérément altier et cruel. Elle lui colle la perruque sur la tête, brutalement.

Le petit Vieux sort de sa poche un petit bouquet de fleurs artificielles. Il le tient comme s'il allait l'offrir à la Fille qui le cravache et le lui arrache d'un coup de martinet.

Le visage du petit Vieux est illuminé de douceur.

Tout près, un crépitement de mitrailleuse.

Le petit Vieux touche sa perruque :

LE VIEUX : Et les poux?

LA FILLE, *très vache :* Y en a.

CINQUIÈME TABLEAU

DÉCOR

La chambre d'Irma. Très élégante. C'est la chambre même qu'on voyait reflétée dans les miroirs aux trois premiers tableaux. Le même lustre. Grandes guipures tombant des cintres. Trois fauteuils.
Grande baie à gauche, près de laquelle se trouve un appareil à l'aide duquel Irma peut voir ce qui se passe dans ses salons. Porte à droite. Porte à gauche.
Elle fait ses comptes, assise à sa coiffeuse.
Près d'elle une fille : Carmen.
Un crépitement de mitrailleuse.

CARMEN, *comptant :* L'Évêque... deux mille... deux mille du Juge... *(Elle relève la tête.)* Non, madame, toujours rien. Pas de Préfet de Police.

IRMA, *agacée :* Il va nous arriver, s'il arrive... dans une de ces colères! Et pourtant...

CARMEN : Comme vous dites : il faut de tout pour faire un monde. Mais pas de Chef de la Police *(Elle recompte.)* Deux mille du Général... deux du matelot... trois du morveux...

IRMA : Je vous l'ai dit, Carmen, pas ça, je n'aime pas ça. J'exige le respect des visiteurs. Vi-si-teurs! Je ne me permets même pas, moi, *(Elle appuie sur ce mot.)* même pas de dire les clients. Et pourtant...

Elle fait claquer d'une façon poisse les billets de mille neufs, qu'elle tient dans sa main.

CARMEN, *dure. Elle s'est retournée et fixe Irma :* Pour vous
oui : le fric et les raffinements!

IRMA, *elle se veut conciliante :* Tes yeux! Sois pas injuste.
Depuis quelque temps tu es irritable. Les événements nous
mettent les nerfs à bout, mais ça va se calmer. Le beau va se
lever. Monsieur Georges...

CARMEN, *même ton que tout à l'heure :* Ah, celui-là!

IRMA : Ne dis rien contre le Chef de la Police. Sans lui nous
serions dans de beaux draps. Oui, nous, car tu es liée à moi.
Et à lui. *(Long silence.)* C'est surtout ta tristesse qui m'inquiète.
(Docte.) Tu es changée, Carmen. Et dès avant les débuts de la
révolte...

CARMEN : Je n'ai plus grand-chose à faire chez vous, madame
Irma.

IRMA, *déconcertée :* Mais... Je t'ai confié ma comptabilité. Tu
t'installes à mon bureau, et soudain, ma vie tout entière s'ouvre
devant toi. Je n'ai plus de secrets, et tu n'es pas heureuse?

CARMEN : Naturellement, je vous remercie de votre confiance
mais... ce n'est pas la même chose.

IRMA : « Ça » te manque? *(Silence de Carmen.)* Voyons, Carmen, quand tu montais sur le rocher couvert de neige et d'un
rosier fleuri en papier jaune — que je vais devoir remiser à la
cave, du reste — et que le miraculé s'évanouissait à ton apparition, tu ne le prenais pas au sérieux? Dis, Carmen?

Léger silence.

CARMEN : Sorties de nos séances, vous ne permettez jamais
qu'on en parle, madame Irma. Vous ne savez donc rien de nos
vrais sentiments. Vous observez tout ça de loin, patronne, mais
si une seule fois vous mettiez la robe et le voile bleu, ou si vous
étiez la pénitente dégrafée, ou la jument du Général, ou la pay-
sanne culbutée dans la paille...

IRMA, *choquée :* Moi!

CARMEN : Ou la soubrette en tablier rose, ou l'archiduchesse
dépucelée par le gendarme, ou... enfin, je ne vais pas vous énu-
mérer la nomenclature, vous sauriez ce que cela laisse dans
l'âme, et qu'il faut bien qu'on s'en défasse avec un peu d'ironie.
Mais vous ne voulez même pas qu'on en parle entre nous. Vous
avez peur d'un sourire, d'une blague.

IRMA, *très sévère :* Je n'accorde pas qu'on blague, en effet. Un éclat de rire, ou même un sourire fout tout par terre. S'il y a sourire, il y a doute. Les clients veulent des cérémonies graves. Avec soupirs. Ma maison est un lieu sévère. Je vous permets le jeu de cartes.

CARMEN : Ne vous étonnez pas de notre tristesse. *(Un temps.)* Enfin, je songe à ma fille et alors j'ai le hoquet.

> *Irma se lève, car on a entendu une sonnerie, et va à ce curieux meuble placé à gauche, espèce de combiné muni d'un viseur, d'un écouteur, et d'un grand nombre de manettes. Tout en parlant, elle regarde, l'œil au viseur, après avoir abaissé une manette.*

IRMA, *sans regarder Carmen :* Chaque fois que je te pose une question un peu intime, ton visage se boucle, et tu m'expédies ta fille en pleine gueule. Tu tiens toujours à aller la voir? Mais idiote, entre la maison et la campagne de ta nourrice il y a le feu, l'eau, la révolte et le fer. Je me demande même si...

> *Nouvelle sonnerie. Madame Irma relève la manette et en abat une autre...*

...si monsieur Georges ne s'est pas fait descendre en route. Quoiqu'un chef de la police sache se protéger. Il est malin, mon Jojo!

> *Elle regarde l'heure à une montre tirée de son corsage.*

Il est en retard. *(Elle paraît inquiète.)* Ou bien il n'a pas osé sortir. Il est malin et trouillard.

CARMEN : Pour arriver dans vos salons, ces Messieurs traversent la mitraille sans crainte, moi, pour voir ma fille...

IRMA : Sans crainte? Avec une trouille qui les excite. La narine béante, derrière le mur de feu et de fer ils reniflent l'orgie. Reprenons nos comptes, veux-tu?

CARMEN, *après un silence :* En tout, si je compte le matelot et les passes simples, ça fait trente-deux mille.

IRMA : Plus on tue dans les faubourgs, plus les hommes se coulent dans mes salons.

CARMEN : Les hommes?

IRMA, *après un silence :* Certains. Appelés par mes miroirs et mes lustres, toujours les mêmes. Pour les autres, l'héroïsme remplace la femme.

CARMEN, *amère :* La femme?

IRMA : Comment vous nommerai-je, mes grandes, mes longues stériles? Ils ne vous fécondent jamais, et pourtant... si vous n'étiez pas là?

CARMEN, *elle est à la fois admirative et obséquieuse :* Vous avez vos fêtes, madame Irma.

IRMA : Ma tristesse, ma mélancolie viennent de ce jeu glacial. Heureusement j'ai mes bijoux. Bien en danger, d'ailleurs. *(Rêveuse.)* J'ai mes fêtes... et toi, les orgies de ton cœur...

CARMEN : ...n'arrangent pas les choses, patronne. Ma fille m'aime.

IRMA, *elle est très didactique, ici :* Tu es la princesse lointaine qui vient la voir avec des jouets et des parfums. Elle te place au Ciel. *(Riant aux éclats.)* Ah, ça c'est trop fort, enfin, pour quelqu'un, mon bordel, c'est-à-dire l'Enfer, est le Ciel! C'est le Ciel pour ta gosse! *(Elle rit.)* Plus tard, tu en feras une putain?

CARMEN : Madame Irma!

IRMA : C'est juste. Je dois te laisser à ton bordel secret, ton claque précieux et rose, à ton boxon sentimental... Tu me crois cruelle? A moi aussi cette révolte a détraqué les nerfs. Sans que tu t'en rendes compte, je passe par des périodes de peur, de panique... Il me semble que la révolte n'a pas pour but la prise du Palais Royal mais le saccage de mes salons. J'ai peur, Carmen. Pourtant, j'ai tout essayé, même la prière. *(Elle sourit péniblement.)* Comme ton miraculé. Je te blesse?

CARMEN, *décidée :* Deux fois par semaine, le mardi et le vendredi, Immaculée Conception de Lourdes, j'ai dû apparaître à un comptable du Crédit Lyonnais. Pour vous, c'était de l'argent dans la caisse et la justification du bordel, pour moi c'était...

IRMA, *étonnée :* Tu as accepté. Tu n'en paraissais pas fâchée?

CARMEN : J'étais heureuse.

IRMA : Alors? Où est le mal?

CARMEN : J'ai vu mon action sur mon comptable. J'ai vu ses transes, ses sueurs, j'ai entendu ses râles...

IRMA : Assez. Il ne vient plus. Je me demande pourquoi, d'ailleurs? Le danger peut-être, ou sa femme au courant? *(Un temps.)* Ou il est mort. Occupe-toi de mes additions.

CARMEN : Votre comptabilité ne remplacera jamais mon apparition. C'était devenu aussi vrai qu'à Lourdes. Maintenant, tout en moi se tourne vers ma fille, madame Irma. Elle est dans un vrai jardin...

IRMA : Tu ne pourras pas aller la rejoindre et d'ici peu le jardin sera dans ton cœur.

CARMEN : Taisez-vous!

IRMA, *inexorable* : La ville est pleine de cadavres. Tous les chemins sont coupés. La révolte gagne aussi les paysans. On se demande pourquoi d'ailleurs? La contagion? La révolte est une épidémie. Elle en a le caractère fatal et sacré. Quoi qu'il en soit, nous allons nous trouver de plus en plus isolés. Les révoltés en veulent au Clergé, à l'Armée, à la Magistrature, à moi, Irma, mère maquerelle et patronne de boxon. Toi, tu seras tuée, éventrée, et ta fille adoptée par un vertueux rebelle. Et nous y passerons tous. *(Elle frissonne.)*

> *Soudain une sonnerie. Irma court à l'appareil, regarde et écoute comme tout à l'heure.*

Salon 24, nommé salon des Sables. Qu'est-ce qui ne va pas?

> *Elle regarde, attentive. Long silence.*

CARMEN, *elle s'était assise à la coiffeuse d'Irma et reprenait les comptes. Sans lever la tête* : La Légion?

IRMA, *l'œil toujours collé au dispositif* : Oui. C'est le Légionnaire héroïque qui tombe dans les sables. Et Rachel lui a expédié une fléchette sur l'oreille, l'idiote. Il risquait d'être défiguré. Quelle idée, aussi, de se faire viser comme par un Arabe et de mourir — si l'on peut dire! — au garde-à-vous sur un tas de sable?

> *Un silence. Elle regarde attentivement.*

Ah, Rachel le soigne. Elle lui prépare un pansement et il a l'air heureux. *(Très intéressée.)* Tiens, mais ça paraît lui plaire. J'ai l'impression qu'il voudrait modifier le scénario et

qu'à partir d'aujourd'hui il va mourir à l'hôpital militaire,
bordé par une infirmière... Nouvel uniforme à acheter. Toujours
des frais. *(Soudain inquiète.)* Oh, mais ça ne me plaît pas.
Pas du tout. Rachel m'inquiète de plus en plus. Qu'elle n'aille
pas me jouer le même tour que Chantal, surtout. *(Se retournant,
à Carmen.)* A propos, pas de nouvelles de Chantal?

CARMEN : Aucune.

IRMA, *elle reprend l'appareil* : Et cet appareil qui marche mal!
Qu'est-ce qu'il lui dit? Il explique... elle écoute... elle comprend. J'ai peur qu'il comprenne aussi.

> *Nouvelle sonnerie. Elle appuie sur une autre
> manette et regarde.*

Fausse alerte. C'est le plombier qui s'en va.

CARMEN : Lequel?

IRMA : Le vrai.

CARMEN : Lequel est le vrai?

IRMA : Celui qui répare les robinets.

CARMEN : L'autre est faux?

IRMA, *elle hausse les épaules, elle appuie sur la première
manette* : Ah, c'est bien ce que je disais : les trois ou quatre
gouttes de sang de son oreille l'ont inspiré. Maintenant, il se
fait dorloter. Demain matin, il sera d'aplomb pour aller à son
ambassade.

CARMEN : Il est marié, n'est-ce pas?

IRMA : En principe, je n'aime pas parler de la vie privée de
mes visiteurs. Dans le monde entier, on connaît *le Grand Balcon.*
C'est la plus savante, mais la plus honnête maison d'illusions...

CARMEN : Honnête?

IRMA : Discrète. Mais autant parler franc avec toi, indiscrète :
ils sont presque tous mariés.

> *Un silence.*

CARMEN, *pensive :* Lorsqu'ils sont avec leurs femmes, dans
leur amour pour elles, gardent-ils leur fête, très réduite, minuscule, dans un bordel...

IRMA, *la rappelant à l'ordre* : Carmen!

CARMEN : Excusez-moi, madame... dans une maison d'illusions. Je disais : gardent-ils leur fête dans une maison d'illusions, minuscule, loin, loin au fond de leur tête, mais présente?

IRMA : C'est possible, mon petit. Elle doit y être. Comme un lampion restant d'un 14 Juillet, attendant l'autre, ou, si tu veux, comme une lumière imperceptible à la fenêtre imperceptible d'un imperceptible château qu'ils peuvent en un éclair agrandir pour venir s'y reposer. *(Crépitement de mitrailleuse.)* Tu les entends? Ils approchent. Ils cherchent à m'abattre.

CARMEN, *continuant sa pensée :* Pourtant, il doit faire bon dans une vraie maison?

IRMA, *toujours plus effrayée :* Ils vont réussir à cerner le boxon avant l'arrivée de M. Georges... Un fait est à retenir — si on en réchappe — c'est que les murs ne sont pas suffisamment capitonnés, les fenêtres mal calfeutrées... On entend tout ce qui se passe dans la rue. Dans la rue, on doit donc entendre ce qui se passe dans la maison...

CARMEN, *toujours pensive :* Dans une vraie maison, il doit faire bon...

IRMA : Va savoir. Mais, Carmen, mais si mes filles se mêlent d'avoir de pareilles idées, mais c'est la ruine du bordel. Je crois, en effet, que ton apparition te manque. Écoute, je peux faire quelque chose pour toi. Je l'avais promis à Régine, mais je te l'offre. Si tu veux, naturellement. Hier, on m'a réclamé, par téléphone, une sainte Thérèse... *(Silence.)* Ah! évidemment, de l'Immaculée Conception à sainte Thérèse, c'est une dégringolade, mais ce n'est pas mal non plus... *(Silence.)* Tu ne dis rien? C'est pour un banquier. Très propre, tu sais. Pas exigeant. Je te l'offre. Si les révoltés sont écrasés, naturellement.

CARMEN : J'aimais ma robe, mon voile et mon rosier.

IRMA : Dans le « Sainte Thérèse » aussi il y a un rosier. Réfléchis.

Silence.

CARMEN : Et ce sera quoi, le détail authentique?

IRMA : L'anneau. Car il a tout prévu. L'anneau de mariage. Tu sais qu'épouse de Dieu, chaque religieuse porte une alliance.

Geste d'étonnement de Carmen.

Oui. C'est à cela qu'il saura qu'il a affaire à une vraie religieuse.

CARMEN : Et le détail faux?

IRMA : C'est presque toujours le même : dentelles noires sous la jupe de bure. Alors, tu acceptes? Tu as la douceur qu'il aime, il sera content.

CARMEN : Vous êtes vraiment bonne de penser à lui.

IRMA : Je pense à toi.

CARMEN : Que vous êtes bonne, je le disais sans ironie, madame Irma. Votre maison a pour elle d'apporter la consolation. Vous montez et préparez leurs théâtres clandestins... Vous êtes sur terre. La preuve, c'est que vous empochez. Eux... leur réveil doit être brutal. A peine fini, il faut tout recommencer.

IRMA : Heureusement pour moi.

CARMEN : ... Tout recommencer, et toujours la même aventure. Dont ils voudraient ne jamais sortir.

IRMA : Tu n'y comprends rien. Je le vois à leurs yeux : après ils ont l'esprit clair. Tout à coup, ils comprennent les mathématiques. Ils aiment leurs enfants et leur patrie. Comme toi.

CARMEN, se rengorgeant : Fille d'officier supérieur...

IRMA : Je sais. Il en faut toujours une au bordel. Mais dis-toi que Général, Évêque et Juge sont dans la vie...

CARMEN : Desquels parlez-vous?

IRMA : Des vrais.

CARMEN : Lesquels sont vrais? Ceux de chez nous?

IRMA : Les autres. Ils sont dans la vie, supports d'une parade qu'ils doivent traîner dans la boue du réel et du quotidien. Ici la Comédie, l'Apparence se gardent pures, la Fête intacte.

CARMEN : Les fêtes que je m'offre...

IRMA, l'interrompant : Je les connais : c'est l'oubli des leurs.

CARMEN : Vous me le reprochez?

IRMA : Les leurs sont l'oubli des tiennes. Ils aiment aussi leurs enfants. Après.

> *Nouvelle sonnerie, comme les précédentes. Irma, qui était toujours assise près de l'appareil se retourne, colle son œil au viseur et approche l'écouteur de son oreille. Carmen se remet à ses comptes.*

CARMEN, *sans lever la tête* : Monsieur le Chef de la Police?

IRMA, *décrivant la scène* : Non. Le garçon de restaurant qui vient d'arriver. Il va encore rouspéter... ça y est, il se met en colère parce qu'Élyane lui présente un tablier blanc.

CARMEN : Je vous avais prévenue, il le veut rose.

IRMA : Tu iras au bazar demain, s'il est ouvert. Tu achèteras aussi un plumeau pour l'employé de la S.N.C.F. Un plumeau vert.

CARMEN : Pourvu qu'Élyane n'oublie pas de laisser tomber le pourboire par terre. Il exige une vraie révolte. Et des verres sales.

IRMA : Ils veulent tous que tout soit le plus vrai possible... Moins quelque chose d'indéfinissable, qui fera que ce n'est pas vrai. *(Avec changement de ton.)* Carmen, c'est moi qui ai décidé de nommer mon établissement une maison d'illusions, mais je n'en suis que la directrice, et chacun, quand il sonne, entre, y apporte son scénario parfaitement réglé. Il me reste à louer la salle et à fournir les accessoires, les acteurs et les actrices. Ma fille, j'ai réussi à la détacher de terre — tu vois ce que je veux dire? Je lui ai donné depuis longtemps le coup d'envoi et elle vole. J'ai coupé les amarres. Elle vole. Ou si tu veux, elle vogue dans le ciel où elle m'emporte avec elle, eh bien mon chéri... — tu me permets quelques mots de tendresse — chaque dame de claque a toujours, traditionnellement, un léger penchant pour l'une de ses demoiselles...

CARMEN : Je m'en étais aperçue, madame. Et moi aussi, quelquefois...

Elle regarde d'une façon languide madame Irma.

IRMA, *elle se lève et la regarde* : Je suis troublée, Carmen. *(Long silence.)* Mais reprenons. Mon chéri, la maison décolle vraiment, quitte la terre, vogue au ciel quand je me nomme, dans le secret de mon cœur, mais avec une grande précision, une tenancière de boxon. Chérie, quand, secrètement, dans le silence je me répète en silence : « Tu es une mère maquerelle, une patronne de claque et de bouic, chérie, tout *(Soudain lyrique.)* tout s'envole : lustres, miroirs, tapis, pianos, cariatides et mes salons, mes célèbres salons : le salon dit des Foins, tendu de scènes rustiques, le salon des Tortures, éclaboussé de sang et de larmes, le salon-salle du Trône drapé de velours fleurdelysé, le salon des Miroirs, le salon d'Apparat, le salon des Jets d'eaux parfumées, le salon Urinoir, le salon d'Amphitrite, le salon Clair de Lune, tout s'envole : salons. — Ah! j'oubliais le salon des Mendiants, des Clochards, où la crasse et la misère sont magnifiées. Je reprends : salons, filles... *(Elle se ravise.)* Ah! j'oubliais : le plus beau de tous, parure définitive, couronne de l'édifice — si sa construction est un jour achevée —, je parle du salon funéraire orné d'urnes de marbre, mon salon de la Mort solennelle, le Tombeau! Le salon Mausolée... Je reprends : salons, filles, cristaux, dentelles, balcon, tout fout le camp, s'élève et m'emporte!

> *Long silence. Les deux femmes sont immobiles, debout, l'une devant l'autre.*

CARMEN : Comme vous parlez bien.

IRMA, *modeste :* J'ai poussé jusqu'au brevet.

CARMEN : Je l'avais compris. Mon père, le colonel d'artillerie...

IRMA, *rectifiant avec sévérité :* De cavalerie, ma chère.

CARMEN : Pardon. C'est juste. Le colonel de cavalerie voulait me faire donner de l'instruction. Hélas!... Vous, vous avez réussi. Autour de votre belle personne vous avez pu organiser un théâtre fastueux, une fête dont les splendeurs vous enveloppent, vous dissimulent au monde. À votre putanisme il fallait cet apparat. Et moi, je n'aurais que moi et je ne serais que moi-même? Non, madame. Aidée par le vice et la misère des hommes, moi aussi j'ai eu mon heure de gloire! D'ici, l'écouteur à l'oreille et le viseur à l'œil, vous pouviez me voir dressée, à la fois souveraine et bonne, maternelle et si féminine, mon talon posé sur le serpent en carton et les roses en papier rose, vous pouviez apercevoir aussi le comptable du Crédit Lyonnais à genoux devant moi, et s'évanouissant à mon apparition, hélas, il vous tournait le dos, et vous n'avez pas connu ni son regard d'extase, ni les battements affolés de mon cœur. Mon voile bleu, ma robe bleue, mon tablier bleu, mon œil bleu...

IRMA : Tabac!

CARMEN : Bleu, ce jour-là. J'étais pour lui la descente du Ciel en personne jusqu'à son front. Devant la Madone que j'étais, un Espagnol aurait pu prier et former des serments. Il me chantait, me confondant avec la couleur qu'il chérissait, et quand il m'emportait sur le lit, c'est dans le bleu qu'il pénétrait. Mais je n'aurai plus à apparaître.

IRMA : Je t'ai proposé sainte Thérèse.

CARMEN : Je ne suis pas préparée, madame Irma. Il faut savoir ce que le client va exiger. Est-ce que tout a été bien mis au point?

IRMA : Chaque putain doit pouvoir : tu m'excuses? au point où nous en sommes, parlons entre hommes — chaque putain doit pouvoir affronter n'importe quelle situation.

CARMEN : Je suis une de vos putains, patronne, et une des meilleures, je m'en vante. Dans une soirée, il m'arrive de faire...

IRMA : Je connais tes performances. Mais quand tu t'exaltes à partir du mot putain, que tu te répètes et dont tu te pares comme... comme... comme... *(Elle cherche et trouve.)* ...comme d'une parure, ce n'est pas tout à fait comme lorsque j'utilise ce mot pour désigner une fonction. Mais tu as raison, mon chéri, d'exalter ton métier et d'en faire une gloire. Fais-le briller. Qu'il t'illumine, si tu n'as que lui. *(Tendre.)* Je ferai tout pour t'y aider... Tu n'es pas seulement le plus pur joyau de mes filles, tu es celle sur qui je dépose toute ma tendresse. Mais reste avec moi... Tu oserais me quitter quand tout craque de partout? La mort — la vraie, définitive — est à ma porte, elle est sous mes fenêtres...

Crépitement de mitrailleuse.

Tu entends?

CARMEN : L'Armée se bat avec courage.

IRMA : Les révoltés avec un courage plus grand. Et nous sommes sous les murs de la cathédrale, à deux pas de l'archevêché, ma tête n'est pas mise à prix, non ce serait trop beau, mais on sait que j'offre à souper aux personnalités. Je suis donc visée. Et il n'y a pas d'hommes dans la maison.

CARMEN : Monsieur Arthur est là.

IRMA : Tu te fous de moi! Pas un homme, ça c'est mon accessoire. D'ailleurs, dès sa séance terminée, je vais l'envoyer à la recherche de M. Georges.

CARMEN : Supposons le pire...

IRMA : Si les révoltés gagnent? Je suis perdue. Ce sont des ouvriers. Sans imagination. Prudes, et peut-être chastes.

CARMEN : Ils s'habitueront vite à la débauche. Il suffit d'un peu d'ennui...

IRMA : Tu te trompes. Ou alors, ils ne se permettront pas l'ennui. Mais c'est moi la plus exposée. Vous, les filles, c'est différent. Dans toute révolution, il y a la putain exaltée qui chante une *Marseillaise* et se revirginise. Tu seras celle-là? Les autres apporteront saintement à boire aux mourants. Après... ils vous marieront. Cela te plairait d'être mariée?

CARMEN : Fleur d'oranger, tulle...

IRMA : Bravo, garce! Mariée, pour toi veut dire déguisée. Mon amour, tu es bien de notre monde. Non, moi non plus, je ne te suppose pas mariée. D'ailleurs, ils songent surtout à nous assassiner. Nous aurons une belle mort, Carmen. Elle sera terrible et somptueuse. Il est possible qu'on force mes salons, qu'on brise les cristaux, qu'on déchire les brocarts, et qu'on nous égorge...

CARMEN : Ils auront pitié...

IRMA : Pas du tout. Leur fureur s'exalte de se savoir sacrilège. Casqués, bottés, en casquette et débraillés, ils nous feront crever par le fer et par le feu. Ce sera très beau, nous ne devons pas désirer une autre fin, et toi tu songes à t'en aller...

CARMEN : Mais, madame Irma...

IRMA : Quand la maison va flamber, quand la rose va être poignardée, toi, Carmen, tu te prépares pour la fuite!

CARMEN : Si j'ai voulu m'absenter, vous savez bien pourquoi?

IRMA : Ta fille est morte...

CARMEN : Madame!

IRMA : Morte ou vivante, ta fille est morte. Songe à la tombe, ornée de marguerites et de couronnes en perles, au fond d'un jardin... et ce jardin dans ton cœur, où tu pourras l'entretenir...

CARMEN : J'aurais aimé la revoir...

IRMA, *enchaînant sur sa précédente tirade :* ...son image dans l'image du jardin et le jardin dans ton cœur sous la robe enflam-

mée de sainte Thérèse. Et tu hésites? Je t'offre la plus désirée
des morts, et tu hésites? Tu es lâche?

CARMEN : Vous savez bien que je vous suis attachée.

IRMA : Je t'enseignerai les chiffres! Les merveilleux chiffres
qui nous feront passer des nuits, ensemble, à les calligraphier.

CARMEN, *doucement* : La guerre fait rage. Vous l'avez dit,
c'est la horde.

IRMA, *triomphante* : La horde! mais nous, nous avons nos
cohortes, nos armées, nos milices, légions, bataillons, vaisseaux,
hérauts, clairons, trompettes, nos couleurs, oriflammes, étendards, bannières... et nos chiffres pour nous mener à la catastrophe! La mort? C'est la mort certaine, mais à quelle allure
et dans quelle allure!... *(Mélancolique.)* A moins que Georges
soit encore tout-puissant... Et surtout qu'il puisse traverser
la horde et venir nous sauver. *(Un énorme soupir.)* Tu vas
m'habiller. Mais avant je surveille Rachel.

> *Même sonnerie que tout à l'heure. Irma colle son
> œil au viseur.*

Avec cet engin, je les vois et j'entends même leurs soupirs.
(Silence. Elle regarde.) Le Christ sort avec son attirail. Je n'ai
jamais compris pourquoi il se fait attacher à la croix avec des
cordes qu'il emporte dans une valise? C'est peut-être des cordes
bénites? Arrivé chez lui, où les met-il? M'en fous. Voyons
Rachel. *(Elle appuie sur une autre manette.)* Ah, ils ont fini.
Ils parlent. Ils rangent les fléchettes, l'arc, les bandes de gaze,
le képi blanc... Non, je n'aime pas du tout la façon dont ils se
regardent : ils ont l'œil clair. *(Elle se tourne vers Carmen.)*
Voilà les dangers de l'assiduité. Ce serait la ruine si mes clients
échangeaient avec mes filles un sourire amical, un clin d'œil,
une bourrade, une boutade. Ce serait une catastrophe plus
grande encore que si l'amour s'en mêlait. *(Elle appuie machi-
nalement sur la manette et pose l'écouteur. Pensive.)* Arthur doit
avoir fini sa séance. Il va venir... Habille-moi.

CARMEN : Qu'est-ce que vous mettrez?

IRMA : Le déshabillé crème.

> *Carmen ouvre la porte d'un placard et en tire le
> déshabillé, tandis qu'Irma dégrafe son tailleur.*

Dis-moi, ma Carmen, Chantal?...

CARMEN : Madame?

IRMA : Oui. Dis-moi, Chantal, qu'est-ce que tu sais d'elle?

CARMEN : J'ai passé en revue toutes les filles : Rosine, Élyane, Florence, Marlyse. Elles ont préparé leur petit rapport. Je vais vous le donner. Mais elles ne m'ont pas appris grand-chose. C'est avant, qu'on peut espionner. Pendant la bagarre, ça devient plus difficile. D'abord, les camps sont plus précis, on peut choisir. En pleine paix, c'est assez vague. On ne sait pas au juste qui l'on trahit. Ni même si l'on trahit. Sur Chantal, plus rien. On ne sait pas si elle existe encore.

IRMA : Mais, dis-moi, tu n'aurais pas de scrupules?

CARMEN : Aucun. Entrer au bordel, c'est refuser le monde. J'y suis, j'y reste. Ma réalité, ce sont vos miroirs, vos ordres et les passions. Quels bijoux?

IRMA : Les diam's. Mes bijoux. Je n'ai que cela de vrai. Avec la certitude que tout le reste est toc, j'ai mes bijoux comme d'autres ont une fillette au jardin. Qui trahit? Tu hésites?

CARMEN : Toutes ces dames se méfient de moi. J'enregistre leur petit rapport. Je vous le repasse, vous le repassez à la Police, elle contrôle... Moi, je ne sais rien.

IRMA : Tu es prudente. Donne-moi un mouchoir.

CARMEN, *apportant un mouchoir de dentelle* : Vue d'ici, où de toute manière les hommes se déboutonnent, la vie me paraît si lointaine, si profonde, qu'elle a autant d'irréalité qu'un film ou que la naissance du Christ dans la crèche. Quand un homme, dans la chambre s'oublie jusqu'à me dire : « On va prendre l'arsenal demain soir », j'ai l'impression de lire un graffiti obscène. Son acte devient aussi fou, aussi... volumineux que ceux qu'on décrit d'une certaine façon sur certains murs... Non, je ne suis pas prudente.

> *On frappe. Irma sursaute. Elle se précipite à son appareil qui, grâce à un mécanisme actionné depuis un bouton, rentre dans le mur, invisible. Pendant toute la scène avec Arthur, Carmen déshabille puis habille Irma, de façon que celle-ci soit prête juste à l'arrivée du Chef de la Police.*

IRMA : Entrez!

> *La porte s'ouvre. Entre le Bourreau que, doréna-*

vant, nous nommerons Arthur. Costume classique du maquereau : gris clair, feutre blanc, etc., il achève de nouer sa cravate.

Irma l'examine minutieusement.

La séance est finie? Il a fait vite.

ARTHUR : Oui. Le petit Vieux se reboutonne. Il est à plat. Deux séances en une demi-heure. Avec la fusillade dans les rues, je me demande s'il va arriver jusqu'à son hôtel? *(Il imite le Juge au second tableau.)* Minos te juge... Minos te pèse... Cerbère?... Ouha! Ouha! Ouha! *(Il montre les crocs et rit.)* Le Chef de la Police n'est pas arrivé?

IRMA : Tu n'as pas trop cogné? La dernière fois la pauvre gosse est restée couchée deux jours.

Carmen a apporté le déshabillé de dentelles, Irma est maintenant en chemise.

ARTHUR : Ne joue pas à la bonne fille ni à la fausse garce. La dernière fois et ce soir elle a eu son compte : en fric et en coups. Recta-réglo. Le banquier veut voir le dos zébré, je zèbre.

IRMA : Tu n'y prends pas de plaisir, au moins?

ARTHUR, *emphatique :* Pas avec elle, je n'aime que toi. Et le travail, c'est le travail. Je le fais dans l'austérité.

IRMA, *autoritaire :* Je ne suis pas jalouse de cette fille, mais je n'aimerais pas que tu abîmes le personnel, de plus en plus difficile à renouveler.

ARTHUR : Deux ou trois fois j'ai voulu lui dessiner des marques sur le dos avec de la peinture mauve, mais ça n'a pas marché. En arrivant, le vieux l'examine et il exige que je la livre saine.

IRMA : De la peinture? Qui te l'avait permis? *(A Carmen.)* Les babouches, chérie?

ARTHUR, *haussant les épaules :* Une illusion de plus ou de moins! Je croyais bien faire. Mais rassure-toi, maintenant je fouette, je flagelle, elle gueule, et il rampe.

IRMA : Quant à elle, tu vas lui ordonner de hurler plus bas, la maison est visée.

ARTHUR : La radio vient d'annoncer que tous les quartiers Nord sont tombés cette nuit. Et le Juge veut des cris. L'Évêque est moins dangereux. Il se contente de pardonner les péchés.

CARMEN : Il exige d'abord qu'on les ait commis, si son bonheur est de pardonner. Non, le meilleur, c'est celui qu'on emmaillote, qu'on fesse, qu'on fouette, qu'on berce et qui ronfle.

ARTHUR : Qui le dorlote? *(A Carmen.)* Toi? Tu lui donnes le sein?

CARMEN, *sèchement* : Je fais bien mon métier. Et de toute façon vous portez un costume, monsieur Arthur, qui ne vous permet pas de plaisanter. Le mac a son rictus, jamais le sourire.

IRMA : Elle a raison.

ARTHUR : Tu as fait combien, aujourd'hui?

IRMA, *sur la défensive* : Carmen et moi, nous n'avons pas fini les comptes.

ARTHUR : Moi si. D'après mes calculs, ça va chercher dans les vingt mille.

IRMA : C'est possible. De toute façon, ne crains rien. Je ne triche pas.

ARTHUR : Je te crois, mon amour, mais c'est plus fort que moi : les chiffres s'ordonnent dans ma tête. Vingt mille! La guerre, la révolte, la mitraille, le gel, la grêle, la pluie, la merde en averse, rien ne les arrête! Au contraire. On se tue à côté, le claque est visé : ils foncent tout de même. Moi, je t'ai à domicile, mon trésor, sinon...

IRMA, *nette* : La trouille te paralyserait dans une cave.

ARTHUR, *ambigu* : Je ferais comme les autres, mon amour. J'attendrais d'être sauvé par le Chef de la Police. Tu n'oublies pas mon petit pourcentage?

IRMA : Je te donne de quoi te défendre.

ARTHUR : Mon amour! J'ai commandé mes chemises de soie. Et tu sais de quelle soie? Et de quelle couleur? Dans la soie mauve de tes corsages!

IRMA, *attendrie* : Voyons, finis. Pas devant Carmen.

ARTHUR : Alors? C'est oui?

IRMA, *défaillante* : Oui.

ARTHUR : Combien?

IRMA, *reprenant pied* : On verra. Je dois faire les comptes avec Carmen. *(Câline.)* Ce sera le plus que je pourrai. Pour l'instant, il faut absolument que tu ailles à la rencontre de Georges...

ARTHUR, *d'une insolente ironie* : Tu dis, bien-aimée?

IRMA, *sèche* : Que tu ailles à la rencontre de M. Georges. Jusqu'à la Police s'il le faut et que tu le préviennes que je ne compte que sur lui.

ARTHUR, *légèrement inquiet* : Tu blagues, j'espère?...

IRMA, *soudain très autoritaire* : Le ton de ma dernière réplique devrait te renseigner. Je ne joue plus. Ou plus le même rôle, si tu veux. Et toi tu n'as plus à jouer au mac tendre et méchant. Fais ce que je t'ordonne, mais avant prends le vaporisateur. *(A Carmen qui apporte l'objet.)* Donne-le-lui *(A Arthur.)* Et à genoux!

ARTHUR, *il met un genou en terre et vaporise Irma* : Dans la rue?... Tout seul?... Moi?...

IRMA, *debout devant lui* : Il faut savoir ce que devient Georges. Je ne peux pas rester sans protection.

ARTHUR : Je suis là...

IRMA, *haussant les épaules* : Je dois défendre mes bijoux, mes salons et mes filles. Le Chef de la Police devrait être arrivé depuis une demi-heure...

ARTHUR, *lamentable* : Moi dans la rue?... Mais la grêle... la mitraille... *(Il montre son costume.)* Je m'étais justement habillé pour rester, pour me promener dans tes couloirs et pour me regarder dans les glaces. Et aussi pour que tu me voies habillé en mac... Je n'ai que la soie pour me protéger...

IRMA, *à Carmen* : Donne mes bracelets, Carmen. *(A Arthur.)* Et toi vaporise.

ARTHUR : Je ne suis pas fait pour le dehors, il y a trop longtemps que je vis dans tes murs... Même ma peau ne pourrait pas supporter le grand air... encore si j'avais une voilette!... Suppose qu'on me reconnaisse?...

IRMA, *irritée et pivotant sur elle-même devant le vaporisateur* : Rase les murs. *(Un temps.)* Prends ce revolver.

ARTHUR, *effrayé* : Sur moi?

IRMA : Dans ta poche.

ARTHUR : Ma poche! Imagine que je doive tirer?...

IRMA, *douce :* Te voilà gavé de qui tu es? Repu?

ARTHUR : Repu, oui... *(Un temps.)* Reposé, repu... mais si je sors dans la rue...

IRMA, *autoritaire, mais avec douceur :* Tu as raison. Pas de revolver. Mais enlève ton chapeau, va où je te dis, et reviens me renseigner. Ce soir tu as une séance. Tu es au courant?

Il jette son feutre.

ARTHUR, *il se dirigeait vers la porte :* Une autre! Ce soir? Qu'est-ce que c'est?

IRMA : Je croyais te l'avoir dit : un cadavre.

ARTHUR, *avec dégoût :* Qu'est-ce que j'en ferai?

IRMA : Rien. Tu resteras immobile, et on t'ensevelira. Tu pourras te reposer.

ARTHUR : Ah, parce que c'est moi qui...? ah, bien. Très bien. Et le client? Un nouveau?

IRMA, *mystérieuse :* Très haut personnage, et ne m'interroge plus. Va.

ARTHUR, *il va pour sortir, puis il hésite, et timide :* On ne m'embrasse pas?

IRMA : Quand on reviendra. Si on revient.

Il sort, toujours à genoux.

Mais déjà, la porte de droite s'ouvre et, sans qu'il ait frappé, entre le Chef de la Police. Lourde pelisse. Chapeau. Cigare. Carmen fait le geste de courir rappeler Arthur mais le Chef de la Police s'interpose.

LE CHEF DE LA POLICE : Non, non, restez, Carmen. J'aime votre présence. Quant au gigolo, qu'il s'arrange pour me trouver.

Il garde son chapeau, son cigare et sa pelisse, mais s'incline devant Irma à qui il baise la main.

IRMA, *oppressée :* Mettez votre main là. *(Sur son sein.)* Je suis toute remuée : ça bouge encore. Je vous savais en route, donc en danger. Frissonnante, j'attendais... en me parfumant...

LE CHEF DE LA POLICE, *tout en se débarrassant de son chapeau, de ses gants, de sa pelisse et de son veston :* Passons. Et ne jouons plus. La situation est de plus en plus grave — elle n'est pas désespérée, mais elle le devient — heu-reu-se-ment! Le château royal est cerné. La reine se cache. La ville, que j'ai traversée comme par miracle, est à feu et à sang. La révolte y est tragique et joyeuse, contrairement à cette maison où tout s'écoule dans la mort lente. Donc, je joue ma chance aujourd'hui même. Cette nuit je serai dans la tombe ou sur le socle. Donc, que je vous aime ou que je vous désire est sans importance. Ça marche en ce moment?

IRMA : Merveilleusement. J'ai eu quelques grandes représentations.

LE CHEF DE LA POLICE, *impatient :* Quel genre?

IRMA : Carmen a le génie de la description. Interroge-la.

LE CHEF DE LA POLICE, *à Carmen :* Raconte, Carmen. Toujours?...

CARMEN : Toujours, oui, monsieur. Toujours les piliers de l'Empire.

LE CHEF DE LA POLICE, *ironique :* Nos allégories, nos armes parlantes. Et puis, y a-t-il?...

CARMEN : Comme chaque semaine, un thème nouveau. *(Geste de curiosité du Chef de la Police.)* Cette fois c'est le bébé giflé, fessé, bordé qui pleure et qu'on berce.

LE CHEF DE LA POLICE, *impatient :* Bien. Mais...

CARMEN : Il est charmant, monsieur. Et si triste!

LE CHEF DE LA POLICE, *irrité :* C'est tout?

CARMEN : Et si joli quand on l'a démailloté...

LE CHEF DE LA POLICE, *de plus en plus furieux :* Tu te fous de moi, Carmen? Je te demande si j'y suis?

CARMEN : Si vous y êtes?

IRMA, *ironique, on ne sait à qui :* Vous n'y êtes pas.

LE CHEF DE LA POLICE : Pas encore? *(A Carmen.)* Enfin, oui ou non, y a-t-il le simulacre?

CARMEN, *stupide :* Le simulacre?

LE CHEF DE LA POLICE : Idiote! Oui! Le simulacre du Chef de la Police?

Silence très lourd.

IRMA : Les temps ne sont pas arrivés. Mon cher, votre fonction n'a pas la noblesse suffisante pour proposer aux rêveurs une image qui les consolerait. Faute d'ancêtres illustres, peut-être? Non, cher ami... il faut en prendre votre parti : votre image n'accède pas encore aux liturgies du boxon.

LE CHEF DE LA POLICE : Qui s'y fait représenter?

IRMA, *un peu irritée :* Tu les connais, puisque tu as tes fiches *(Elle énumère sur ses doigts.) :* il y a deux rois de France, avec cérémonies du sacre et rituels différents, un amiral sombrant à la poupe de son torpilleur, un dey d'Alger capitulant, un pompier éteignant un incendie, une chèvre attachée au piquet, une ménagère revenant du marché, un voleur à la tire, un volé attaché et roué de coups, un saint Sébastien, un fermier dans sa grange... pas de chef de la police... ni d'administrateur des colonies, mais un missionnaire mourant sur la croix, et le Christ en personne.

LE CHEF DE LA POLICE, *après un silence :* Tu oublies le mécanicien.

IRMA : Il ne vient plus. A force de serrer des écrous, il risquait de construire une machine. Et qui eût marché. A l'usine!

LE CHEF DE LA POLICE : Ainsi, pas un de tes clients qui ait eu l'idée... l'idée lointaine, à peine indiquée...

IRMA : Rien. Je sais que vous faites ce que vous pouvez : vous tentez la haine et l'amour : la gloire vous boude.

LE CHEF DE LA POLICE, *avec force :* Mon image grandit de plus en plus, je t'assure. Elle devient colossale. Tout, autour de moi, me la repète et me la renvoie. Et tu ne l'as jamais vue représentée chez toi?

IRMA : De toute façon, elle y serait célébrée que je n'en verrais rien. Les cérémonies sont secrètes.

LE CHEF DE LA POLICE : Menteuse. Dans chaque cloison tu as dissimulé des judas. Chaque mur, chaque miroir est truqué. Ici on écoute les soupirs, là-bas l'écho des plaintes. Ce n'est pas moi qui t'apprendrai que les jeux du bordel sont d'abord jeux de glaces... *(Très triste.)* Personne encore! Mais j'obligerai mon image à se détacher de moi, à pénétrer, à forcer tes salons, à se réfléchir, à se multiplier. Irma, ma fonction me pèse. Ici, elle m'apparaîtra dans le soleil terrible du plaisir et de la mort. *(Rêveur.)* De la mort...

IRMA : Il faut tuer encore, mon cher Georges.

LE CHEF DE LA POLICE : Je fais ce que je peux, je t'assure. On me redoute de plus en plus.

IRMA : Pas assez. Il faut t'enfoncer dans la nuit, dans la merde et dans le sang. *(Soudain angoissée.)* Et tuer ce qui peut rester de notre amour...

LE CHEF DE LA POLICE, *net* : Tout est mort.

IRMA : C'est une belle victoire. Alors, il faut tuer autour de toi.

LE CHEF DE LA POLICE, *très irrité* : Je te répète que je fais ce que je peux. En même temps, j'essaye de prouver à la Nation que je suis un chef, un législateur, un bâtisseur...

IRMA, *inquiète* : Tu divagues. Ou tu espères vraiment construire un Empire, et alors tu divagues.

LE CHEF DE LA POLICE, *avec conviction* : La révolte matée, et matée par moi, et moi porté par la Nation, appelé par la reine, rien ne saurait m'arrêter. C'est alors seulement que vous verrez qui je suis maintenant. *(Rêveur.)* Oui ma chère, je veux construire un Empire... pour que l'Empire en échange me construise...

IRMA : Un tombeau...

LE CHEF DE LA POLICE, *légèrement interdit* : Mais, après tout, pourquoi pas? Chaque conquérant n'a pas le sien? Alors? *(Exalté.)* Alexandrie! J'aurai mon tombeau, Irma. Et toi, quand on posera la première pierre, tu seras à la meilleure place.

IRMA : Je te remercie. *(A Carmen.)* Le thé, Carmen.

LE CHEF DE LA POLICE, *à Carmen qui allait sortir* : Une minute encore, Carmen. Que pensez-vous de cette idée?

CARMEN : Que vous voulez confondre votre vie avec de longues funérailles, monsieur.

LE CHEF DE LA POLICE, *agressif* : La vie est autre chose? Vous avez l'air de tout savoir, renseignez-moi. Dans ce somptueux théâtre, où à chaque minute se joue un drame — comme dans le monde dit-on se célèbre une messe — qu'avez-vous observé ?

CARMEN, *après une hésitation :* De très sérieux, et qui mérite d'être rapporté, une seule chose : privé des cuisses qu'il contenait, un pantalon d'usine sur une chaise, c'est beau, monsieur. Vidés de nos petits vieux, nos ornements sont tristes à mourir. Ce sont ceux que l'on pose sur le catafalque des hauts dignitaires. Ils ne recouvrent que des cadavres qui n'en finissent pas de mourir, pourtant...

IRMA, *à Carmen :* Monsieur le Chef de la Police ne vous demande pas ça.

LE CHEF DE LA POLICE : Je me suis habitué aux discours de Carmen. *(A Carmen.)* Vous disiez, pourtant ?...

CARMEN : Pourtant, la joie dans leur œil, je ne me trompe pas, quand ils aperçoivent les oripeaux, c'est bien tout à coup l'éclat de l'innocence...

LE CHEF DE LA POLICE : On prétend que notre maison les expédie à la Mort.

> *Soudain une sonnerie. Irma sursaute. Un silence.*

IRMA : On a ouvert la porte. Qui peut encore venir à cette heure-ci ? *(A Carmen.)* Descendez, Carmen, et fermez la porte.

> *Carmen sort.*

> *Un assez long silence entre Irma et le Chef de la Police restés seuls.*

LE CHEF DE LA POLICE : Mon tombeau !

IRMA : C'est moi qui ai sonné. Je voulais rester seule un moment avec toi.

> *Un silence pendant lequel ils se regardent dans les yeux, gravement.*

Dis-moi, Georges... *(Elle hésite.)* Tu tiens toujours à mener ce jeu ? Non, non, ne t'impatiente pas. Tu n'es pas las ?

LE CHEF DE LA POLICE : Mais... Tout à l'heure je rentre chez moi...

IRMA : Si tu peux. Si la révolte t'en laisse libre.

LE CHEF DE LA POLICE : La révolte est un jeu. D'ici, tu ne

peux rien voir de l'extérieur, mais chaque révolté joue. Et il aime son jeu.

IRMA : Mais si, par exemple, ils se laissaient emporter hors du jeu? Je veux dire, qu'ils se laissent prendre jusqu'à tout détruire et tout remplacer. Oui, oui, je sais, il y a toujours le détail faux qui leur rappelle qu'à un certain moment, à un certain endroit du drame, ils doivent s'arrêter, et même reculer... Mais si, emportés par la passion, ils ne reconnaissent plus rien et qu'ils sautent sans s'en douter dans...

LE CHEF DE LA POLICE : Tu veux dire dans la réalité? Et après? Qu'ils essayent. Je fais comme eux, je pénètre d'emblée dans la réalité que le jeu nous propose, et comme j'ai le beau rôle, je les mate.

IRMA : Ils seront les plus forts.

LE CHEF DE LA POLICE : Pourquoi dis-tu : « Ils seront. » Dans un de tes salons j'ai laissé les hommes de mon escorte, de sorte que je suis toujours en liaison avec mes services. Et puis d'ailleurs, assez là-dessus. Tu es ou tu n'es pas la maîtresse d'une maison d'illusions? Bien. Si je viens chez toi, c'est pour me satisfaire dans tes miroirs et dans tes jeux. *(Tendre.)* Rassure-toi. Tout se passera comme les autres fois.

IRMA : Aujourd'hui, je ne sais pas pourquoi, je suis inquiète. Carmen me paraît étrange. Les révoltés, comment te dire, ont une espèce de gravité...

LE CHEF DE LA POLICE : Leur rôle l'exige.

IRMA : Non, non... de détermination. Ceux qui passent sous les fenêtres sont menaçants, mais ils ne chantent pas. La menace est dans leur œil.

LE CHEF DE LA POLICE : Et alors? En supposant que cela soit, tu me prends pour un lâche? Tu penses que je dois renoncer.

IRMA, *pensive* : Non. D'ailleurs, je crois que c'est trop tard.

LE CHEF DE LA POLICE : As-tu des informations?

IRMA : Par Chantal, avant sa fuite. La centrale électrique sera occupée vers trois heures du matin.

LE CHEF DE LA POLICE : Tu es sûre? Par qui le sait-elle?

IRMA : Par les partisans du quatrième secteur.

LE CHEF DE LA POLICE : C'est plausible. Comment l'a-t-elle su?

IRMA : C'est par elle qu'il y avait des fuites, mais par elle seule. Ne va pas déprécier ma maison.

LE CHEF DE LA POLICE : Ton claque, mon amour.

IRMA : Claque. Bouic. Boxon. Bordel. Foutoir. Bric. J'admets tout. Donc, Chantal est la seule qui soit de l'autre côté... Elle s'est enfuie. Mais avant, elle s'est confiée à Carmen, qui, elle, sait vivre.

LE CHEF DE LA POLICE : Qui l'a mise au courant?

IRMA : Roger. Le plombier. Tu l'imagines comment! Jeune, beau? Non. Quarante ans. Trapu. L'œil ironique et grave. Chantal lui a parlé. Je l'ai mis à la porte : trop tard. Il fait partie du réseau Andromède.

LE CHEF DE LA POLICE : Andromède? Bravo. La révolte s'exalte et s'exile d'ici-bas. Si elle donne à ses secteurs des noms de constellation, elle va vite s'évaporer et se métamorphoser en chants. Souhaitons-les beaux.

IRMA : Et si leurs chants donnent aux révoltés du courage? Et qu'ils veuillent mourir pour eux?

LE CHEF DE LA POLICE : La beauté de leurs chants les amollira. Malheureusement, ils n'en sont pas à ce stade, ni de la beauté ni de la mollesse. En tout cas, les amours de Chantal furent providentielles.

IRMA : Ne mêle pas Dieu...

LE CHEF DE LA POLICE : Je suis franc-maçon. Donc...

IRMA, *stupéfaite, évidemment* : Tu ne me l'avais pas dit. Tu es...

LE CHEF DE LA POLICE, *solennel* : Sublime Prince du Royal Secret!

IRMA, *ironique* : Toi frère Trois-Points! En petit tablier. Avec un petit maillet, une cagoule et un cierge! C'est drôle. *(Un temps.)* Toi aussi?

LE CHEF DE LA POLICE : Pourquoi? Toi aussi?

IRMA, *bouffonnement solennelle* : Gardienne de rites bien plus graves! *(Soudain triste.)* Puisque enfin j'en suis arrivée là.

LE CHEF DE LA POLICE : Comme chaque fois, tu vas essayer de rappeler nos amours.

IRMA, *avec douceur* : Non, pas nos amours, mais le temps que nous nous aimions.

LE CHEF DE LA POLICE : Eh bien? Tu veux en faire l'historique et l'éloge? Tu penses que mes visites auraient moins de saveur si tu n'y mêlais pas le souvenir d'une innocence supposée?

IRMA : C'est de tendresse qu'il s'agit. Ni les plus extravagantes combinaisons de mes clients, ni ma fortune, ni mes recherches pour enrichir mes salons de thèmes nouveaux, ni les tapis, ni les dorures, ni les cristaux, ni le froid n'empêchent qu'il y ait eu des moments où tu te blottissais dans mes bras, et que je m'en souvienne.

LE CHEF DE LA POLICE : Ces moments, tu les regrettes?

IRMA, *avec tendresse* : Je donnerais mon royaume pour le retour d'un seul d'entre eux! Et tu sais lequel. J'ai besoin d'une seule parole de vérité, comme lorsqu'on regarde ses rides le soir, ou quand on se rince la bouche...

LE CHEF DE LA POLICE : C'est trop tard. *(Un temps.)* Et puis, nous ne pouvions pas, éternellement, nous blottir l'un dans l'autre. Enfin, tu ne sais pas vers quoi déjà, secrètement, je me dirigeais, quand j'étais dans tes bras.

IRMA : Je sais que moi je t'aimais...

LE CHEF DE LA POLICE : C'est trop tard. Tu pourrais quitter Arthur?

IRMA, *elle rit, nerveusement* : C'est toi qui me l'as imposé. Tu as exigé qu'un homme soit installé ici — contre mon gré et contre mon avis — dans un domaine qui devait rester vierge... Imbécile, ne ris pas. Vierge. C'est-à-dire stérile. Mais tu voulais un pilier, un axe, un phallus présent, entier, dressé, debout. Il y est. Tu m'as imposé ce tas de viande congestionnée, cette communiante aux bras de lutteur — si tu connais sa force à la foire, tu ignores sa fragilité. Tu me l'as stupidement imposé parce que tu te sentais vieillir.

LE CHEF DE LA POLICE, *la voix pâle* : Tais-toi.

IRMA, *haussant les épaules* : Et tu te délassais ici par l'entremise d'Arthur. Je ne me fais pas d'illusions. C'est moi son homme et c'est sur moi qu'il compte mais j'ai besoin de cet oripeau musculeux, noueux et stupide, empêtré dans mes jupons. Si tu veux, il est mon corps, mais posé à côté de moi.

LE CHEF DE LA POLICE, *ironique* : Et si j'étais jaloux?

IRMA : De cette grosse poupée qui se grime en bourreau pour assouvir un juge découpé dans du vent? Tu te moques de moi, mais cela ne t'a pas toujours ennuyé que je t'apparaisse sous les apparences de ce corps magnifique... Je peux te redire...

LE CHEF DE LA POLICE, *il gifle Irma qui tombe sur le divan* : Et ne chiale pas, ou je t'écrase la gueule, et je fais flamber ta turne. Je vous fais griller par les cheveux et les poils et je vous lâche. J'illumine la ville aux putains incendiées. *(Très doucement.)* Tu m'en crois incapable?

IRMA, *dans un souffle* : Oui, chéri.

LE CHEF DE LA POLICE : Alors, fais-moi les comptes. Défalque si tu veux le crêpe de Chine d'Apollon. Et dépêche-toi, il faut que je rejoigne mon poste. Pour le moment je dois agir. Après... Après, tout ira tout seul. Mon nom agira à ma place. Donc, Arthur?

IRMA, *soumise* : Il sera mort ce soir.

LE CHEF DE LA POLICE : Mort? Tu veux dire... vraiment... vraiment mort?

IRMA, *résignée* : Voyons, Georges, comme on meurt chez nous.

LE CHEF DE LA POLICE : Tiens? Et c'est?

IRMA : Le ministre...

> *Elle est interrompue par la voix de Carmen.*

VOIX DE CARMEN, *en coulisse* : Verrouillez le salon 17! Élyane, dépêchez-vous! Et faites descendre le salon... Non, non, attendez...

> *On entend un bruit de roue dentée et rouillée (comme en font certains vieux ascenseurs).*
>
> *Elle entre.*

CARMEN : Madame, l'envoyé de la Reine est au salon...

> *La porte de gauche s'ouvre et paraît Arthur, tremblant, les vêtements déchirés.*

ARTHUR, *apercevant le Chef de la Police* : Vous êtes là! Vous avez réussi à traverser?

IRMA, *se jetant dans ses bras* : Nigaude! Qu'est-ce qui se passe? Tu es blessé?... Parle!... Oh! ma grosse nigaude!

ARTHUR, *haletant* : J'ai essayé d'aller jusqu'à la Police. Impossible. Toute la ville est illuminée par les incendies. Les révoltés sont les maîtres un peu partout. Je ne crois pas que vous pourrez rentrer chez vous, monsieur le Chef. J'ai réussi à atteindre le Palais Royal, et j'ai vu le Grand Chambellan. Il m'a dit qu'il essaierait de venir. Il m'a serré la main, entre parenthèses. Et je suis reparti. Les femmes sont les plus exaltées. Elles encouragent au pillage et à la tuerie. Mais la plus terrible, c'est une fille qui chantait...

> *On entend un claquement sec. Une vitre de la fenêtre vole en éclats. Un miroir aussi, près du lit.*
>
> *Arthur tombe, frappé au front, d'une balle venue du dehors.*
>
> *Carmen se penche sur lui, puis se relève.*
>
> *Irma, à son tour, se penche sur lui, lui caresse le front.*

LE CHEF DE LA POLICE : En somme, je suis coincé au bordel. C'est donc du bordel qu'il me faudra agir.

IRMA, *pour elle seule, penchée sur Arthur* : Est-ce que tout foutrait le camp? Tout me filerait entre les doigts?... *(Amère.)* Il me reste mes bijoux, mes diam's... et peut-être pas pour longtemps...

CARMEN, *doucement* : Si la maison doit sauter... Le costume de sainte Thérèse est dans la penderie, madame Irma?

IRMA, *se relevant* : A gauche. Mais d'abord qu'on enlève Arthur. Je vais recevoir l'Envoyé.

SIXIÈME TABLEAU

DÉCOR

Le décor représente une place, avec de nombreux pans d'ombre. Au fond, assez loin, on devine la façade du Grand Balcon, *persiennes closes.* Chantal et Roger *sont enlacés.* Trois hommes semblent veiller sur eux. Costumes noirs. Chandails noirs. Ils tiennent des mitraillettes dirigées vers le Grand Balcon.

CHANTAL, *doucement :* Garde-moi, si tu veux, mon amour, mais garde-moi dans ton cœur. Et attends-moi.

ROGER : Je t'aime avec ton corps, avec tes cheveux, ta gorge, ton ventre, tes boyaux, tes humeurs, tes odeurs. Chantal, je t'aime dans mon lit. Eux...

CHANTAL, *souriant :* Ils se fichent bien de moi! Mais moi, sans eux, je ne serais rien.

ROGER : Tu es à moi. Je t'ai...

CHANTAL, *agacée :* Je sais : tirée d'un tombeau. Et à peine débarrassée de mes bandelettes, ingrate, je cours la gueuse. Je me donne à l'aventure et je m'échappe. *(Soudain, tendrement ironique.)* Mais, Roger, je t'aime et je n'aime que toi.

ROGER : Tu viens de le dire, tu m'échappes. Dans ta course héroïque et stupide, je ne peux pas te suivre.

CHANTAL : Oh, oh! Tu es jaloux de qui, ou de quoi? On dit de moi que je plane au-dessus de l'insurrection, que j'en suis l'âme et la voix, et toi tu restes à terre. C'est ce qui te rend triste...

ROGER : Chantal, je t'en prie, ne sois pas vulgaire. Si tu peux aider [1]...

Un des hommes, s'approchant.

L'HOMME, *à Roger* : Alors, c'est oui ou c'est non?

ROGER : Et si elle y reste?

L'HOMME : Je te la demande pour deux heures.

ROGER : Chantal appartient...

CHANTAL : A personne!

ROGER : ... A ma section.

L'HOMME : A l'insurrection!

ROGER : Si vous voulez une entraîneuse d'hommes, fabriquez-en.

L'HOMME : On a cherché. Il n'y en a pas. On a essayé d'en fabriquer une : belle voix, belle poitrine, débraillé comme il faut : pas de flamme dans les yeux, et tu sais, sans la flamme... On a demandé celles des quartiers Nord et celles du quartier de l'Écluse : pas libres.

CHANTAL : Une femme comme moi? Une autre? Je n'ai à ma disposition que mon visage de hibou, ma voix rauque : je les donne ou les prête pour la haine. Je ne suis rien, que mon visage, ma voix, et au-dedans de moi une adorable bonté empoisonnée. J'ai deux rivales populaires, d'autres pouilleuses? Qu'elles y viennent, je leur fais mordre la poussière. Je suis sans rivale.

ROGER, *explosant* : Je l'ai arrachée — arrachée d'un tombeau. Déjà elle m'échappe et grimpe au ciel, si on vous la prête...

L'HOMME : On ne te demande pas ça. Si on l'emmène, on la loue.

CHANTAL, *amusée* : Combien?

ROGER : Même en la louant pour qu'elle aille chanter et entraîner votre faubourg, si elle claque, nous perdons tout. Personne ne la remplacera.

L'HOMME : Elle avait accepté.

---

1. Faire dire cette réplique en latin d'église. Les chefs de révoltes sont tous passés par un séminaire.

ROGER : Elle ne s'appartient plus. Elle est à nous. Elle est notre signe. Vos femmes ne vous servent qu'à arracher et porter des pierres ou recharger vos armes. Je sais que c'est utile, mais...

L'HOMME : Tu veux combien de femmes en échange?

ROGER, *pensif* : C'est donc si précieux, une chanteuse sur les barricades?

L'HOMME : Combien? Dix femmes contre Chantal? *(Silence.)* Vingt?

ROGER : Vingt femmes? Vous seriez prêts à me payer Chantal vingt femmes diminuées, vingt bœufs, vingt têtes de bétail? C'est donc quelqu'un d'exceptionnel, Chantal? Et tu sais d'où elle sort?

CHANTAL, *à Roger, violente* : Chaque matin je rentre — car je flamboie la nuit — je rentre dans un taudis pour y dormir — chastement, mon amour et m'y écraser de vin rouge. Et moi, avec ma voix râpeuse, ma colère feinte, mes yeux de camée, mon illumination peinte, mes cheveux andalous, je console et j'enchante les pouilleux. Ils vaincront, et c'est une drôle de chose que sera ma victoire.

ROGER, *pensif* : Vingt femmes contre Chantal?

L'HOMME, *net* : Cent.

ROGER, *toujours pensif* : Et c'est par elle sans doute qu'on vaincra. Déjà elle incarne la Révolution...

L'HOMME : Cent. Tu es d'accord?

ROGER : Où l'emmènes-tu? Et qu'est-ce qu'elle devra faire?

CHANTAL : Rassure-toi, j'ai mon étoile. Pour le reste, tu connais mon pouvoir. On m'aime, on m'écoute, on me suit.

ROGER : Que fera-t-elle?

L'HOMME : Presque rien. A l'aube, comme tu le sais, nous attaquons le Palais. Chantal entrera la première, d'un balcon elle chantera. C'est tout.

ROGER : Cent femmes. Mille et peut-être davantage. Elle n'est plus une femme. Celle qu'on fait d'elle par rage et par désespoir a son prix. C'est pour lutter contre une image que Chantal s'est figée en image. La lutte ne se passe plus dans la réalité, mais en champ clos. Sur champ d'azur. C'est le combat des allégories. Ni les uns ni les autres nous ne voyons plus les raisons de notre révolte. C'est donc qu'elle devait en arriver là.

L'HOMME : Alors? C'est oui? Chantal, réponds. C'est à toi de répondre.

CHANTAL, *à l'homme* : Éloigne-toi. J'ai encore quelques mots à dire.

Les trois hommes s'écartent, rentrent dans l'ombre.

ROGER, *avec violence* : Je ne t'ai pas volée pour que tu deviennes une licorne ou un aigle à deux têtes.

CHANTAL : Tu n'aimes pas les licornes?

ROGER : Je n'ai jamais su faire l'amour avec elles. *(Il la caresse.)* Ni avec toi non plus, d'ailleurs.

CHANTAL : Tu veux dire que moi, je ne sais pas aimer. Je te déçois. Pourtant je t'aime. Et toi tu m'as louée contre cent terrassières.

ROGER : Pardonne-moi. J'en ai besoin. Et pourtant je t'aime. Je t'aime et je ne sais pas te le dire, je ne sais pas chanter. Et le dernier recours, c'est le chant.

CHANTAL : Avant que le jour paraisse, il faudra que je parte. Si la Section du quartier Nord a réussi, dans une heure la Reine sera morte. Le Chef de la Police aura perdu. Sinon, nous ne sortirons jamais de ce bordel.

ROGER : Encore une minute, mon amour, ma vie. C'est encore la nuit.

CHANTAL : C'est l'heure où la nuit se défait du jour, ma colombe, laisse-moi partir.

ROGER : Je ne supporterai pas les minutes que je passerai sans toi.

CHANTAL : Nous ne serons pas séparés, je te le jure. Je leur parlerai d'un ton glacial, en même temps que pour toi je murmurerai des mots d'amour. D'ici tu les entendras et j'écouterai ceux que tu me diras.

ROGER : Ils peuvent te garder, Chantal. Ils sont forts. C'est à propos d'eux que l'on dit qu'ils sont forts comme la mort.

CHANTAL : Ne crains rien, mon amour. Je connais leur pouvoir. Celui de ta douceur et de ta tendresse est plus fort. Je leur parlerai d'une voix sévère, je leur dirai ce que le peuple exige. Ils m'écouteront car ils auront peur. Laisse-moi partir.

ROGER, *dans un cri* : Chantal, je t'aime!

CHANTAL : C'est parce que je t'aime que je dois me dépêcher.

ROGER : Tu m'aimes?

CHANTAL : Je t'aime, parce que tu es tendre et doux, toi le plus dur et le plus sévère des hommes. Et ta douceur et ta tendresse sont telles qu'elles te rendent léger comme un lambeau de tulle, subtil comme un flocon de brume, aérien comme un caprice. Tes muscles épais, tes bras, tes cuisses, tes mains sont plus irréels que le passage du jour à la nuit. Tu m'enveloppes et je te contiens.

ROGER : Chantal, je t'aime, parce que tu es dure et sévère, toi, la plus tendre et la plus douce des femmes. Ta douceur et ta tendresse sont telles qu'elles te rendent sévère comme une leçon, dure comme la faim, inflexible comme un glaçon. Tes seins, ta peau, tes cheveux sont plus réels que la certitude de midi. Tu m'enveloppes et je te contiens.

CHANTAL : Quand je serai là-bas, quand je leur parlerai, j'écouterai en moi tes soupirs et tes plaintes et battre ton cœur. Laisse-moi partir.

Il la retient.

ROGER : Tu as encore le temps. Il reste un peu d'ombre autour des murs. Tu passeras derrière l'Archevêché. Tu connais le chemin.

UN DES RÉVOLTÉS, *à voix basse* : C'est l'heure, Chantal. Le jour est levé.

CHANTAL : Tu entends, ils m'appellent.

ROGER, *soudain irrité* : Mais pourquoi toi? Jamais tu ne sauras leur parler.

CHANTAL : Je saurai mieux que personne. Je suis douée.

ROGER : Ils sont savants, retors...

CHANTAL : J'inventerai les gestes, les attitudes, les phrases. Avant qu'ils aient dit un mot, j'aurai compris, et tu seras fier de ma victoire.

ROGER : Que les autres y aillent. *(Aux révoltés, il crie.)* Allez-y,

vous. Ou moi, si vous avez peur. Je leur dirai qu'ils doivent se
soumettre, car nous sommes la Loi.

CHANTAL : Ne l'écoutez pas, il est saoul. *(A Roger.)* Eux,
ils ne savent que se battre et toi que m'aimer. C'est le rôle
que vous avez appris à jouer. Moi, c'est autre chose. Le bordel
m'aura au moins servi, car c'est lui qui m'a enseigné l'art de
feindre et de jouer. J'ai eu tant de rôles à tenir, que je les
connais presque tous. Et j'ai eu tant de partenaires...

ROGER : Chantal!

CHANTAL : Et de si savants et de si retors, de si éloquents
que ma science, ma rouerie, mon éloquence sont incomparables.
Je peux tutoyer la Reine, le Héros, le Juge, l'Évêque, le Général,
la Troupe héroïque... et les tromper.

ROGER : Tu connais tous les rôles, n'est-ce pas? Tout à l'heure,
tu me donnais la réplique.

CHANTAL : Cela s'apprend vite. Et toi-même...

Les trois révoltés se sont rapprochés.

UN DES RÉVOLTÉS, *tirant Chantal* : Assez de discours. Va.

ROGER : Chantal, reste!

Chantal s'éloigne, emmenée par les révoltés.

CHANTAL, *ironique* : Je t'enveloppe et je te contiens, mon
amour...

*Elle disparaît en direction du Balcon, poussée par
les trois hommes.*

ROGER, *seul, imitant la voix de Chantal* : Et j'ai eu tant de
partenaires et de si savants, de si retors... *(Reprenant sa voix
propre.)* Il fallait bien qu'elle s'applique à leur donner une
réponse. Celle qu'ils voulaient. Elle aura tout à l'heure des
partenaires retors et savants. Elle sera la réponse qu'ils attendent.

*A mesure qu'il parle, le décor s'éloigne vers la
gauche, l'obscurité se fait, lui-même s'éloigne en parlant et rentre dans la coulisse. Quand la lumière revient,
le décor du tableau suivant est en place.*

SEPTIÈME TABLEAU

DÉCOR

Le salon funéraire dont il est question dans l'énumération des salons par Mme Irma. Ce salon est en ruine. Les étoffes — guipures noires et velours — pendent, déchirées. Les couronnes de perles sont défaites. Impression de désolation. La robe d'Irma est en lambeaux. Le costume du Chef de la Police aussi. Cadavre d'Arthur sur une sorte de faux tombeau de faux marbre noir. Tout près, un nouveau personnage : l'Envoyé de la Cour. Uniforme d'ambassadeur. Lui seul est en bonne condition. Carmen est vêtue comme au début. Une formidable explosion. Tout tremble.

L'ENVOYÉ, *désinvolte et grave à la fois :* Il y a je ne sais combien de siècles que les siècles s'usent à me raffiner... à me subtiliser... *(Il sourit.)* A je ne sais quoi dans cette explosion, à sa puissance où se mêle un cliquetis de bijoux et de miroirs cassés, il me semble qu'il s'agit du Palais Royal... *(Tout le monde se regarde, atterré.)* N'en montrons aucune émotion. Tant que nous ne serons pas comme ça... *(Il indique le cadavre d'Arthur.)*

IRMA : Il ne croyait pas qu'il pourrait ce soir jouer si bien son rôle de cadavre.

L'ENVOYÉ, *souriant :* Notre cher Ministre de l'Intérieur eût été ravi, si lui-même n'avait eu le même sort. C'est malheureusement moi qui dois le remplacer dans sa mission auprès de vous, et je n'ai plus aucun goût pour ces sortes de volupté. *(Il touche du pied le cadavre d'Arthur.)* Oui, ce corps l'eût fait se pâmer, notre cher Ministre.

IRMA : N'en croyez rien, monsieur l'Envoyé. Ce que veulent ces messieurs, c'est le trompe-l'œil. Le Ministre désirait un faux cadavre. Et Arthur est un vrai mort. Regardez-le : il est plus vrai que vivant. Tout en lui se dépêchait vers l'immobilité.

L'ENVOYÉ : Il était donc fait pour la grandeur.

LE CHEF DE LA POLICE : Lui? Plat et veule...

L'ENVOYÉ : Lui comme nous, il était travaillé par une recherche de l'immobilité. Par ce que nous nommons le hiératique. Et, en passant, laissez-moi saluer l'imagination qui ordonna dans cette maison un salon funéraire.

IRMA, *avec orgueil :* Et vous n'en voyez qu'une partie!

L'ENVOYÉ : Qui en eut l'idée?

IRMA : La sagesse des Nations, monsieur l'Envoyé.

L'ENVOYÉ : Elle fait bien les choses. Mais reparlons de la Reine que j'ai pour mission de protéger.

LE CHEF DE LA POLICE, *agacé :* Vous le faites curieusement. Le Palais, d'après ce que vous dites...

L'ENVOYÉ, *souriant :* Pour le moment Sa Majesté est en lieu sûr. Mais le temps presse. Le prélat, dit-on, aurait été décapité. L'Archevêché est saccagé. Le Palais de Justice, l'État-Major sont en déroute...

LE CHEF DE LA POLICE : Mais la Reine?

L'ENVOYÉ, *sur un ton très léger :* Elle brode. Un moment elle a eu l'idée de soigner les blessés. Mais on lui a représenté que le Trône étant menacé, elle devait porter à l'extrême les prérogatives royales.

IRMA : Qui sont?

L'ENVOYÉ : L'Absence. Sa Majesté est retirée dans une chambre, solitaire. La désobéissance de son peuple l'attriste. Elle brode un mouchoir. En voici le dessin : les quatre coins seront ornés de têtes de pavots. Au centre du mouchoir, toujours brodé en soie bleu pâle, il y aura un cygne, arrêté sur l'eau. C'est ici seulement que Sa Majesté s'inquiète : sera-ce l'eau d'un lac, d'un étang, d'une mare? Ou simplement d'un bac ou d'une tasse? C'est un grave problème. Nous l'avons choisi parce qu'il est insoluble et que la Reine peut s'abstraire dans une méditation infinie.

IRMA : La Reine s'amuse?

L'ENVOYÉ : Sa Majesté s'emploie à devenir tout entière ce qu'elle doit être : la Reine. *(Il regarde le cadavre.)* Elle aussi, elle va vite vers l'immobilité.

IRMA : Et elle brode?

L'ENVOYÉ : Non, madame. Je dis que la Reine brode un mouchoir, car s'il est de mon devoir de la décrire, il est encore de mon devoir de la dissimuler.

IRMA : Voulez-vous dire qu'elle ne brode pas?

L'ENVOYÉ : Je veux dire que la Reine brode et qu'elle ne brode pas. Elle se cure les trous de nez, examine la crotte extirpée, et se recouche. Ensuite, elle essuie la vaisselle.

IRMA : La Reine?

L'ENVOYÉ : Elle ne soigne pas les blessés. Elle brode un invisible mouchoir...

LE CHEF DE LA POLICE : Nom de Dieu! Qu'avez-vous fait de Sa Majesté? Répondez, et sans détours. Je ne m'amuse pas moi...

L'ENVOYÉ : Elle est dans un coffre. Elle dort. Enroulée dans les replis de la royauté, elle ronfle...

LE CHEF DE LA POLICE, *menaçant :* La Reine est morte?

L'ENVOYÉ, *impassible :* Elle ronfle et elle ne ronfle pas. Sa tête, minuscule, supporte, sans fléchir, une couronne de métal et de pierres.

LE CHEF DE LA POLICE, *toujours plus menaçant :* Passons. Vous m'avez dit que le Palais était en danger... Que faut-il faire? J'ai encore avec moi la presque totalité de la police. Les hommes qui me restent se feront tuer pour moi... Ils savent qui je suis et ce que je ferai pour eux... Moi aussi j'ai mon rôle à jouer. Mais si la Reine est morte, tout est remis en cause. C'est sur elle que je m'appuie, c'est en son nom que je travaille à me faire un nom. Où en est donc la révolte? Soyez clair.

L'ENVOYÉ : Jugez-en par l'état de cette maison. Et par le vôtre... Tout semble perdu.

IRMA : Vous êtes de la Cour, Excellence. Avant que d'être ici, j'étais avec la troupe où j'ai fait mes premières armes. Je peux vous assurer que j'ai trouvé des situations pires. La populace — d'où, d'un coup de talon je me suis arrachée — , la populace hurle sous mes fenêtres multipliées par les bombes : ma maison tient bon. Mes chambres ne sont pas intactes, mais elles tiennent le coup. Mes putains, sauf une folle, continuent leur travail. Si le centre du Palais est une femme comme moi...

L'ENVOYÉ, *imperturbable* : La Reine est debout sur une jambe au milieu d'une chambre vide et elle...

LE CHEF DE LA POLICE : Assez! J'en ai marre de vos devinettes. Pour moi, la Reine doit être quelqu'un. Et la situation concrète. Décrivez-la avec exactitude. Je n'ai pas de temps à perdre.

L'ENVOYÉ : Qui voulez-vous sauver?

LE CHEF DE LA POLICE : La Reine!

CARMEN : Le drapeau!

IRMA : Ma peau!

L'ENVOYÉ, *au Chef de la Police* : Si vous tenez à sauver la Reine — et plus loin qu'elle notre drapeau, et toutes ses franges d'or, et son aigle, ses cordes et sa hampe, voulez-vous me les décrire?

LE CHEF DE LA POLICE : Jusqu'à présent, j'ai admirablement servi ce que vous dites, et sans me soucier d'en connaître autre chose que ce que je voyais. Je continuerai. Où en est la révolte?

L'ENVOYÉ, *résigné* : Les grilles des jardins, pour un moment encore, vont contenir la foule. Les gardes sont dévoués, comme nous, d'un obscur dévouement. Ils se feront tuer pour leur souveraine. Ils donneront leur sang, hélas, il n'y en aura pas assez pour noyer la révolte. On a empilé des sacs de terre devant les portes. Afin de dérouter même la raison, Sa Majesté se transporte d'une chambre secrète à une autre, de l'office à la salle du Trône, des latrines au poulailler, à la chapelle, au corps de garde... Elle se rend introuvable et regagne ainsi une invisibilité menacée. Voilà pour l'intérieur du Palais.

LE CHEF DE LA POLICE : Le Généralissime?

L'ENVOYÉ : Fou. Égaré dans la foule où personne ne lui fera du mal, sa folie le protège.

LE CHEF DE LA POLICE : Le Procureur?

L'ENVOYÉ : Mort de peur.

LE CHEF DE LA POLICE : L'Évêque?

L'ENVOYÉ : Son cas est plus difficile. L'Église est secrète. On ne sait rien de lui. Rien de précis. On a cru voir sa tête coupée sur le guidon d'un vélo, c'était faux, naturellement. On ne compte donc que sur vous. Mais vos ordres arrivent mal.

LE CHEF DE LA POLICE : En bas, dans les couloirs et dans les salons, j'ai assez d'hommes dévoués pour nous protéger tous. Ils peuvent rester en liaison avec mes services...

L'ENVOYÉ, *l'interrompant* : Vos hommes sont en uniforme?

LE CHEF DE LA POLICE : Bien sûr. Il s'agit de mon escorte. Vous m'imaginez avec une escorte en veston sport? En uniformes. Noirs. Avec mon fanion. Dans son étui pour le moment. Ils sont braves. Eux aussi ils veulent vaincre.

L'ENVOYÉ : Pour sauver quoi? *(Un temps.)* Vous ne répondez pas? Cela vous gênerait de voir juste? De poser un regard tranquille sur le monde et d'accepter la responsabilité de votre regard, quoi qu'il vît.

LE CHEF DE LA POLICE : Mais enfin, en venant me trouver, vous songiez bien à quelque chose de précis? Vous aviez un plan? Dites-le.

> *Soudain, on entend une formidable explosion. Tous les deux, mais non Irma, s'aplatissent, puis ils se relèvent, s'époussettent mutuellement.*

L'ENVOYÉ : Il se pourrait que ce fût le Palais Royal. Vive le Palais Royal!

IRMA : Mais alors, tout à l'heure... l'explosion?...

L'ENVOYÉ : Un palais royal n'en finit jamais de sauter. Il est même tout entier cela : une explosion ininterrompue.

> *Entre Carmen : elle jette un drap noir sur le cadavre d'Arthur, et remet un peu d'ordre.*

LE CHEF DE LA POLICE, *consterné* : Mais la Reine... La Reine alors est sous les décombres?...

L'ENVOYÉ, *souriant mystérieusement* : Rassurez-vous, Sa Majesté est en lieu sûr. Et mort, ce phénix saurait s'envoler des cendres d'un palais royal. Je comprends que vous soyez impatient de lui prouver votre vaillance, votre dévouement... mais la Reine attendra le temps qu'il faut. *(A Irma.)* Je dois rendre hommage, madame, à votre sang-froid. Et à votre courage. Ils sont dignes des plus hauts égards... *(Rêveur.)* Des plus hauts...

IRMA : Vous oubliez à qui vous parlez. C'est vrai que je tiens un bordel, mais je ne suis pas née des noces de la lune et d'un caïman : je vivais dans le peuple... Tout de même, le coup a été rude. Et le peuple...

L'ENVOYÉ, *sévère* : Laissez cela. Quand la vie s'en va, les mains se rattachent à un drap. Que signifie ce chiffon quand vous allez pénétrer dans la fixité providentielle?

IRMA : Monsieur? Vous voulez me dire que je suis à l'agonie...

L'ENVOYÉ, *l'examinant, la détaillant* : Bête superbe! Cuisses d'aplomb! Épaules solides!... Tête...

IRMA, *riant* : On l'a déjà prétendu, figurez-vous, et cela ne m'a pas fait perdre la tête. En somme, je ferai une morte présentable, si les révoltés se dépêchent, et s'ils me laissent intacte. Mais si la Reine est morte...

L'ENVOYÉ, *s'inclinant* : Vive la Reine, madame.

IRMA, *d'abord interloquée, puis irritée* : Je n'aime pas qu'on se foute de moi. Rengainez vos histoires. Et au trot.

L'ENVOYÉ, *vivement* : Je vous ai dépeint la situation. Le peuple dans sa fureur et dans sa joie, est au bord de l'extase : à nous de l'y précipiter.

IRMA : Au lieu de rester là, à dire vos âneries, allez fouiller les décombres du Palais pour retirer la Reine. Même un peu rôtie...

L'ENVOYÉ, *sévère* : Non. Une reine cuite et en bouillie n'est pas présentable. Et même vivante, elle était moins belle que vous.

IRMA, *se regardant dans un miroir, avec complaisance* : Elle venait de plus loin... Elle était plus vieille... Et enfin, elle avait peut-être aussi peur que moi.

LE CHEF DE LA POLICE : C'est pour s'approcher d'elle, c'est pour être digne d'un de ses regards qu'on se donne tant de mal. Mais si l'on est Elle-même?...

Carmen s'arrête pour écouter.

IRMA, *bêtement intimidée* : Je ne sais pas parler. Ma langue bute à chaque seconde.

L'ENVOYÉ : Tout doit se dérouler dans un silence que l'étiquette ne permet à personne de rompre.

LE CHEF DE LA POLICE : Je vais faire ce qu'il faut pour qu'on déblaie le Palais Royal. Si la Reine était enfermée, comme vous le dites, dans un coffre, on peut la délivrer...

L'ENVOYÉ, *haussant les épaules* : En bois de rose le coffre! Et si vieux, si usé!... *(A Irma et lui passant la main sur la nuque.)* Oui, il faut des vertèbres solides... il s'agit de porter plusieurs kilos...

LE CHEF DE LA POLICE : Et résister au couperet n'est-ce pas? Irma, ne l'écoute pas! *(A l'Envoyé.)* Et moi, alors, qu'est-ce que je deviens? Je suis l'homme fort du pays, c'est vrai, mais parce que je me suis appuyé sur la couronne. J'en impose au plus grand nombre, mais parce que j'ai eu la bonne idée de servir la Reine... même si quelquefois j'ai simulé des goujateries... simulé vous entendez?... Ce n'est pas Irma...

IRMA, *à l'Envoyé* : Je suis bien faible, monsieur, et bien fragile, au fond. Tout à l'heure je crânais...

L'ENVOYÉ, *avec autorité* : Autour de cette amande délicate et précieuse nous forgerons un noyau d'or et de fer. Mais il faut vous décider vite.

LE CHEF DE LA POLICE, *furieux* : Avant moi! Ainsi Irma passerait avant moi! Tout le mal que je me suis donné pour être le maître ne servirait à rien. Tandis qu'elle, bien calfeutrée dans ses salons, n'aurait qu'à faire un signe de tête... Si je suis au pouvoir, je veux bien imposer Irma...

L'ENVOYÉ : Impossible. C'est d'elle que vous tiendrez votre autorité. Elle apparaîtra de droit divin. N'oubliez pas que vous n'êtes pas encore représenté dans ses salons.

IRMA : Laissez-moi encore un peu de répit...

L'ENVOYÉ : Quelques secondes, le temps presse.

LE CHEF DE LA POLICE : Si seulement nous pouvions savoir ce qu'en pense la souveraine défunte? Nous ne pouvons pas décider aussi facilement. Capter un héritage...

L'ENVOYÉ, *méprisant* : Vous flanchez. S'il n'y a pas au-dessus de vous une autorité qui décide, vous tremblez? Mais c'est à Mme Irma de prononcer...

IRMA, *d'une voix prétentieuse* : Dans les archives de notre famille, qui date de très longtemps, il était question...

L'ENVOYÉ, *sévère* : Sornettes, madame Irma. Dans nos caves, des généalogistes travaillent jour et nuit. L'Histoire leur est soumise. J'ai dit que nous n'avons pas une minute à perdre pour vaincre le peuple, mais attention! S'il vous adore, son orgueil pathétique est capable de vous sacrifier. Il vous voit rouge, soit de pourpre, soit de sang. Du vôtre. S'il tue ses idoles et les pousse à l'égout, il vous y traînera avec elles...

> *On entend encore la même explosion. L'Envoyé sourit.*

LE CHEF DE LA POLICE : Le risque est énorme.

CARMEN, *elle intervient. A Irma* : Les ornements sont prêts.

IRMA, *à l'Envoyé* : Vous êtes sûr, au moins, de ce que vous dites? Êtes-vous bien au courant? Vos espions?

L'ENVOYÉ : Ils nous renseignent avec autant de fidélité que vos judas plongeant dans vos salons. *(Souriant.)* Et je dois dire que nous les consultons avec le même délicieux frisson. Mais il faut faire vite. Une course contre la montre est engagée. Eux ou nous. Madame Irma, pensez avec vélocité.

IRMA, *la tête dans ses mains* : Je me dépêche, monsieur. Je m'approche, aussi vite que possible, de mon destin... *(A Carmen.)* Va voir ce qu'ils font.

CARMEN : Je les tiens sous clé.

IRMA : Prépare-les.

L'ENVOYÉ, *à Carmen* : Et de vous, que fera-t-on de vous?

CARMEN : Je suis là pour l'éternité, monsieur.

> *Elle sort.*

L'ENVOYÉ : Autre chose, et c'est plus délicat. J'ai parlé d'une image qui depuis quelques jours monte au ciel de la révolte...

IRMA : La révolte aussi a son ciel?

L'ENVOYÉ : Ne l'enviez pas. L'image de Chantal circule dans les rues. Une image qui lui ressemble et ne lui ressemble pas. Elle domine les combats. On luttait d'abord contre les tyrans illustres et illusoires, ensuite pour la Liberté; demain, c'est pour Chantal qu'on se fera tuer.

IRMA : L'ingrate! Elle qui était une Diane de Poitiers si recherchée.

LE CHEF DE LA POLICE : Elle ne tiendra pas. Elle est comme moi, elle n'a ni père ni mère. Et si elle devient une image nous nous en servirons. *(Un temps.)* ... Un masque...

L'ENVOYÉ : Ce qu'il y a de beau sur la terre, c'est aux masques que vous le devez.

> *Soudain une sonnerie. Madame Irma va pour se précipiter, mais elle se ravise. Au Chef de la Police.*

IRMA : C'est Carmen. Que dit-elle? Que font-ils?

> *Le Chef de la Police prend un des écouteurs.*

LE CHEF DE LA POLICE, *transmettant :* En attendant le moment de rentrer chez eux, ils se regardent dans les miroirs.

IRMA : Qu'on brise ou qu'on voile les miroirs.

> *Un silence. On entend un crépitement de mitrailleuse.*

Ma décision est prise. Je suppose que j'étais appelee de toute éternité, et que Dieu me bénira. Je vais aller me préparer dans la prière...

L'ENVOYÉ, *grave :* Vous avez des toilettes?

IRMA : Comme mes salons, mes placards sont célèbres. *(Soudain inquiète.)* Il est vrai que tout doit être dans un triste état! Les bombes, le plâtre, la poussière. Prévenez Carmen! Qu'elle fasse brosser les costumes. *(Au Chef de la Police.)* Georges... cette minute est la dernière que nous passons ensemble! Après, ce ne sera plus nous...

> *Discrètement, l'Envoyé s'écarte et s'approche de la fenêtre.*

LE CHEF DE LA POLICE, *avec tendresse :* Mais je t'aime.

L'ENVOYÉ, *se retournant, et d'un ton très détaché :* Pensez à cette montagne au nord de la ville. Tous les ouvriers étaient à l'ouvrage quand la révolte a éclaté... *(Un temps.)* Je parle d'un projet de tombeau...

LE CHEF DE LA POLICE, *avec gourmandise :* Le plan!

L'ENVOYÉ : Plus tard. Une montagne de marbre rouge creusée de chambres et de niches, et au milieu une minuscule guérite de diamants.

LE CHEF DE LA POLICE : J'y pourrai veiller debout ou assis toute ma mort?

L'ENVOYÉ : Celui qui l'aura y sera, mort, pour l'éternité. Autour, le monde s'ordonnera. Autour, les planètes tourneront et les soleils. D'un point secret de la troisième chambre partira un chemin qui aboutira, après bien des complications, à une autre chambre où des miroirs renverront à l'infini... je dis l'infini...

LE CHEF DE LA POLICE, *dans le sens : « d'accord » :* Je marche!

L'ENVOYÉ : L'image d'un mort.

IRMA, *serrant contre elle le Chef de la Police :* Ainsi je serai vraie? Ma robe sera vraie? Mes dentelles, mes bijoux seront vrais? Le reste du monde...

> *Crépitement de mitrailleuse.*

L'ENVOYÉ, *après avoir jeté un dernier coup d'œil à travers les volets :* Oui, mais dépêchez-vous. Allez dans vos appartements. Brodez un interminable mouchoir... *(Au Chef de la Police.)* Vous, donnez vos derniers ordres à vos derniers hommes.

> *Il va à un miroir. De sa poche, il sort toute une collection de décorations, et il les accroche sur sa tunique.*
>
> *D'un ton canaille.*

Et faites vite. Je perds mon temps à écouter vos conneries.

HUITIÈME TABLEAU

DÉCOR

C'est le balcon lui-même, se détachant sur la façade d'une maison close. Volets tirés, face au public. Soudain, tous les volets s'ouvrent d'eux-mêmes. Le rebord du balcon se trouve tout au bord de la rampe. Par les fenêtres, on aperçoit l'Évêque, le Général, le Juge, qui se préparent. Enfin la fenêtre s'ouvre à deux battants. Ils pénètrent sur le balcon. D'abord l'Évêque, puis le Général, puis le Juge. Enfin le Héros. Puis la Reine : madame Irma, diadème sur le front, manteau d'hermine. Tous les personnages s'approchent et s'installent avec une grande timidité. Ils sont silencieux. Simplement, ils se montrent. Tous sont de proportion démesurée, géante — sauf le Héros, c'est-à-dire le Chef de la Police — et revêtus de leurs costumes de cérémonie, mais déchirés et poussiéreux. Apparaît alors près d'eux, mais hors du balcon, le Mendiant.

LE MENDIANT, *il crie d'une voix douce :* Vive la Reine!

> *Il s'en va timidement, comme il est venu. Enfin, un grand vent fait bouger les rideaux : paraît Chantal. L'Envoyé la présente, en silence, à la Reine. La Reine lui fait une révérence. Un coup de feu. Chantal tombe. Le Général et la Reine l'emportent, morte.*

NEUVIÈME TABLEAU

DÉCOR

La scène représente la chambre d'Irma, mais comme après un ouragan. Au fond, un grand miroir à deux pans formant le mur. A droite, une porte, à gauche, une autre. Trois appareils photographiques sur pieds, sont installés. Auprès de chaque appareil un photographe, qui est un jeune homme très déluré d'aspect, blouson noir et blue-jeans collants. Visages ironiques. Puis, à tour de rôle, et très timidement, apparaissent, venant de droite l'Évêque, de gauche, le Juge et le Général. Dès qu'ils se voient, ils se font une profonde révérence. Puis, le Général salue militairement l'Évêque, celui-ci bénit le Général.

LE JUGE, *avec un soupir de soulagement :* On revient de loin!

LE GÉNÉRAL : Et ce n'est pas fini! C'est toute une vie qu'il faut inventer... Difficile...

L'ÉVÊQUE, *ironique :* ...ou non, il faudra la vivre. Aucun de nous ne peut plus reculer. Avant de monter dans le carrosse...

LE GÉNÉRAL : La lenteur du carrosse!

L'ÉVÊQUE : ...de monter dans le carrosse, s'évader était encore possible. Mais maintenant...

LE JUGE : Vous pensez qu'on nous aura reconnus? J'étais au milieu, donc masqué par vos deux profils. En face de moi Irma... *(Il s'étonne de ce nom.)* Irma? La Reine... La Reine cachait ma face... Vous?

L'ÉVÊQUE : Aucun danger. Vous savez qui j'ai vu... à droite...
(Il ne peut s'empêcher de rire.) Avec sa bonne gueule grasse
et rose malgré la ville en miettes *(Sourire des deux autres
comparses)*, avec ses fossettes et ses dents gâtées? Et qui s'est
jeté sur ma main... J'ai cru pour me mordre et j'allais retirer
mes doigts... pour baiser mon anneau? Qui? Mon fournisseur
d'huile d'arachides!

Le Juge rit.

LE GÉNÉRAL, *sombre* : La lenteur du carrosse! Les roues du
carrosse sur les pieds, sur les mains du peuple! La poussière!

LE JUGE, *avec inquiétude* : J'étais en face de la Reine. Par
la glace du fond, une femme...

L'ÉVÊQUE, *l'interrompant* : Je l'ai vue aussi, à la portière de
gauche, elle se dépêchait pour nous jeter des baisers!

LE GÉNÉRAL, *toujours plus sombre* : La lenteur du carrosse!
Nous avancions si doucement parmi la foule en sueur! Ses
hurlements comme des menaces : ce n'étaient que vivats. Un
homme aurait pu couper le jarret des chevaux, tirer un coup
de pistolet, détacher l'attelage, nous harnacher, nous attacher
aux brancards ou aux chevaux, nous écarteler ou nous transformer en percherons : rien. Quelques fleurs d'une fenêtre et
un peuple qui s'incline devant la Reine, droite sous sa couronne
dorée... *(Un temps.)* Et les chevaux qui allaient au pas... Et
l'Envoyé debout sur le marchepied!

Un silence.

L'ÉVÊQUE : Personne ne pouvait nous reconnaître, nous étions
dans les dorures. Aveuglé, tout le monde en avait un éclat
dans l'œil...

LE JUGE : Il s'en est fallu de peu...

L'ÉVÊQUE, *toujours ironique* : Épuisés par les combats, étouf-
fés par la poussière, les braves gens attendaient le cortège. Ils
n'ont vu que le cortège. En tout cas, nous ne pouvons plus
reculer. Nous avons été choisis...

LE GÉNÉRAL : Par qui?

L'ÉVÊQUE, *soudain emphatique* : La Gloire en personne.

LE GÉNÉRAL : Cette mascarade?

L'ÉVÊQUE : Il dépend de nous que cette mascarade change

de signification. Employons d'abord des mots qui magnifient. Agissons vite, et avec précision. Pas d'erreurs permises. *(Avec autorité.)* Pour moi, chef symbolique de l'Église de ce pays, j'en veux devenir le chef effectif. Au lieu de bénir, bénir et bénir jusqu'à plus soif, je vais signer des décrets et nommer des curés. Le clergé s'organise. Une basilique est en chantier. Tout est là. *(Il montre un dossier qu'il tenait sous le bras.)* Bourré de plans, de projets. *(Au Juge.)* Et vous?

LE JUGE, *regardant sa montre-bracelet :* J'ai rendez-vous avec plusieurs magistrats. Nous préparons des textes de lois, une révision du Code. *(Au Général.)* Vous?

LE GÉNÉRAL : Oh, moi, vos idées traversent ma pauvre tête comme la fumée traverse une cabane en planches. L'Art de la Guerre ne se réussit pas de chic. Les États-Majors...

L'ÉVÊQUE, *coupant :* Comme le reste. Le sort des armes est lisible dans vos étoiles. Déchiffrez vos étoiles, nom de Dieu!

LE GÉNÉRAL : Facile à dire. Mais quand le Héros reviendra posé solide sur son cul comme sur un cheval... Car, naturellement, il n'y a toujours rien?

L'ÉVÊQUE : Rien. Mais qu'on ne se réjouisse pas trop vite. Si son image ne connaît pas encore la consécration du bordel, cela peut venir. Ce sera alors notre perte. A moins que vous fassiez l'effort suffisant pour vous emparer du pouvoir.

Soudain il s'interrompt. Un des photographes a raclé sa gorge, comme pour cracher, un autre a claqué des doigts comme une danseuse espagnole.

L'ÉVÊQUE, *sévère :* Vous êtes là, en effet. Il vous faudra opérer vite, et en silence si possible. Vous prendrez chacun de nos profils, l'un souriant, l'autre plus sombre.

LE 1er PHOTOGRAPHE : On a bien l'intention de faire notre métier. *(A l'Évêque.)* Pour la prière, en place! puisque c'est sous l'image d'un homme pieux qu'on doit noyer le monde.

L'ÉVÊQUE, *sans bouger :* Dans une méditation ardente.

LE 1er PHOTOGRAPHE : Ardente? Arrangez-vous pour l'ardeur.

L'ÉVÊQUE, *mal à son aise :* Mais... comment?

LE 1er PHOTOGRAPHE, *rieur :* Vous ne savez pas vous disposer pour la prière? Alors, à la fois face à Dieu et face à l'objectif. Les mains jointes. La tête levée. Les yeux baissés. C'est la pose classique. Retour à l'ordre, retour au classicisme.

L'ÉVÊQUE, *s'agenouillant :* Comme ceci?

LE 1er PHOTOGRAPHE, *le regardant avec curiosité :* Oui... *(Il regarde l'appareil.)* Non, vous n'êtes pas dans le champ... *(En se traînant sur les genoux l'Évêque entre dans le champ de l'appareil.)* Bien.

LE 2e PHOTOGRAPHE, *au Juge :* S'il vous plaît, allongez un peu les traits de votre visage. Vous n'avez pas tout à fait l'air d'un juge. Une figure plus longue...

LE JUGE : Chevaline? Morose?

LE 2e PHOTOGRAPHE : Chevaline et morose, monsieur le Procureur. Et les deux mains de devant sur votre dossier... Ce que je veux c'est prendre le Juge. Le bon photographe c'est celui qui propose l'image dé-fi-ni-ti-ve. Parfait.

LE 1er PHOTOGRAPHE, *à l'Évêque :* Tournez-vous... un peu...

Il lui tourne la tête.

L'ÉVÊQUE, *en colère :* Vous dévissez le cou d'un prélat!

LE 1er PHOTOGRAPHE : Monseigneur, vous devez prier de trois quarts.

LE 2e PHOTOGRAPHE, *au Juge :* Monsieur le Procureur, si c'était possible, un peu plus de sévérité... la lèvre pendante... *(Dans un cri.)* Oh! parfait! Ne touchez à rien!

Il court derrière l'appareil, mais déjà, il y a un éclair de magnésium : c'est le 1er Photographe qui vient d'opérer. Le 2e se glisse sous le voile noir de son appareil.

LE GÉNÉRAL, *au 3e Photographe :* La plus belle attitude c'est celle de Turenne...

LE 3e PHOTOGRAPHE, *prenant une pose :* Avec l'épée?

LE GÉNÉRAL : Non, non. Ça c'est Bayard. Non, le bras tendu et le bâton de maréchal...

LE 3e PHOTOGRAPHE : Ah, vous voulez dire Wellington?

LE GÉNÉRAL : Malheureusement je n'ai pas de bâton...

*Cependant le 1ᵉʳ Photographe est revenu auprès
de l'Évêque qui n'a pas bougé, et il l'examine en
silence.*

LE 3ᵉ PHOTOGRAPHE, *au Général :* Nous avons ce qu'il faut.
Tenez, et prenez la pose.

*Il roule une feuille de papier en forme de bâton
de maréchal, il le tend au Général qui prend la pose,
puis il court à son appareil; un éclair de magnésium :
c'est le 2ᵉ Photographe qui vient d'opérer.*

L'ÉVÊQUE, *au 1ᵉʳ Photographe :* J'espère que le cliché sera
réussi. Maintenant, il faudrait inonder le monde de mon image
alors que je reçois l'Eucharistie. Hélas, nous n'avons pas d'hostie sous la main...

LE 1ᵉʳ PHOTOGRAPHE : Faites-nous confiance, monseigneur.
Dans la corporation, il y a de la ressource. *(Il appelle.)* Monsieur
le Procureur? *(Le Juge s'approche.)* Pour un chouette de
cliché, vous me prêtez votre main une minute *(D'autorité il
le prend par la main et le place.)*, mais que votre main seule
paraisse... Là... retroussez un peu votre manche... au-dessus
de la langue de Monseigneur vous allez tenir... *(Il cherche dans
sa poche. A l'Évêque.)* Tirez la langue. Plus grand. Bien. *(Il
cherche toujours dans ses poches. Un éclair de magnésium : c'est
le Général qu'on vient de photographier, et qui se relève.)* Merde!
J'ai rien du tout! *(Il regarde autour de lui. A l'Évêque.)* Ne
bougez pas, c'est parfait. Vous permettez?

*Sans attendre la réponse il retire de l'orbite du
Général son monocle, revient au groupe formé par
l'Évêque et le Juge. Il oblige le Juge à tenir le monocle
au-dessus de la langue de l'Évêque, comme s'il s'agissait d'une hostie, et il court à son appareil. Un éclair
de magnésium.*

*Depuis un moment, la Reine, qui vient d'entrer
avec l'Envoyé, regarde la scène.*

L'ENVOYÉ, *toujours le ton casse-couilles. Qui sait tout depuis
ses langes :* C'est une image vraie, née d'un spectacle faux.

LE 1ᵉʳ PHOTOGRAPHE, *gouailleur :* C'est dans les habitudes,
Majesté. Quand les révoltés furent faits prisonniers, nous avons
payé un gendarme pour qu'il abatte devant nous un homme

qui allait me chercher un paquet de cigarettes. La photo représentait un révolté descendu alors qu'il tentait de s'évader.

LA REINE : Monstrueux!

L'ENVOYÉ : Ce qui compte, c'est la lecture ou l'Image. L'Histoire fut vécue afin qu'une page glorieuse soit écrite puis lue. *(Aux photographes.)* La Reine me dit qu'elle vous félicite, messieurs. Elle vous demande de gagner vos postes.

> *Les trois photographes se placent sous le voile noir de leur appareil.*

> *Un silence.*

LA REINE, *tout bas, comme pour elle-même :* Il n'est pas là?

L'ENVOYÉ, *aux Trois Figures :* La Reine voudrait savoir ce que vous faites, ce que vous comptez faire?

L'ÉVÊQUE : Nous récupérions le plus de morts possibles. Nous comptions les embaumer et les déposer dans notre ciel. Votre Grandeur exige que vous ayez fait une hécatombe parmi les rebelles. Nous ne garderons pour nous, tombés dans nos rangs, que quelques martyrs à qui nous rendrons des honneurs qui nous honorent.

LA REINE, *à l'Envoyé :* Cela servira ma gloire, n'est-ce pas?

L'ENVOYÉ, *souriant :* Les massacres sont encore une fête où le peuple s'en donne à cœur joie de nous haïr. Je parle bien sûr de « notre » peuple. Il peut, enfin, dans son cœur nous dresser une statue pour la larder de coups. Je l'espère du moins.

LA REINE : La mansuétude ni la bonté ne peuvent donc rien?

L'ENVOYÉ, *ironique :* Un salon Saint-Vincent-de-Paul?

LA REINE, *agacée :* Vous, monsieur le Juge, que fait-on? J'avais ordonné moins de condamnations à mort et davantage aux travaux forcés. J'espère que les galeries souterraines sont achevées? *(A l'Envoyé.)* C'est ce mot de galériens que vous avez prononcé, qui me fait songer aux galeries du mausolée. Achevées?

LE JUGE : Complètement. Ouvertes au public, qui visite le dimanche. Certaines voûtes sont tout entières ornées des squelettes des condamnés morts au terrassement.

LA REINE, *vers l'Évêque :* Et l'église? Quiconque n'a pas travaillé au moins une semaine à cette extraordinaire chapelle est en état de péché mortel, je suppose? *(L'Évêque s'incline. Au Général.)* Quant à vous, je connais votre sévérité : vos soldats surveillent les ouvriers, et ils ont bien mérité le beau nom de bâtisseurs. *(Souriant tendrement avec une feinte fatigue.)* Car vous le savez, messieurs, que je veux offrir ce tombeau au Héros. Vous connaissez sa tristesse, n'est-ce pas, et comme il peut souffrir de n'être pas encore représenté.

LE GÉNÉRAL, *s'enhardissant* : Il aura beaucoup de mal pour arriver à la gloire. Les places sont prises depuis longtemps Chaque niche a sa statue. *(Avec fatuité.)* Nous, au moins...

LE JUGE : C'est toujours ainsi quand on veut partir de très bas. Et surtout, en niant, ou en négligeant les données traditionnelles. L'acquit, en quelque sorte.

LA REINE, *soudain vibrante* : Pourtant c'est lui qui a tout sauvé. Il vous a permis de poursuivre vos cérémonies.

L'ÉVÊQUE, *arrogant* : Pour être francs, madame, nous n'y songeons déjà plus. Moi, mon jupon m'embarrasse et je me prends les pattes dans la guipure. Il va falloir agir.

LA REINE, *indignée* : Agir? Vous? Vous voulez dire que vous allez nous déposséder de notre pouvoir?

LE JUGE : Il faut bien que nous remplissions nos fonctions?

LA REINE : Fonctions! Vous songez à l'abattre, à le diminuer, prendre sa place! Fonctions! Fonctions!

L'ÉVÊQUE : Dans le temps, — dans le temps ou dans un lieu! — il existe peut-être de hauts dignitaires chargés de l'absolue dignité, et revêtus d'ornements véritables...

LA REINE, *très en colère* : Véritables! Et ceux-là, alors? Ceux qui vous enveloppent et vous bandent — toute mon orthopédie! — et qui sortent de mes placards, ils ne sont pas véritables. Pas véritables! Pas véritables!

L'ÉVÊQUE, *montrant l'hermine du Juge, la soie de sa robe, etc.* : Peau de lapin, satinette, dentelle à la machine... vous croyez que toute notre vie nous allons nous contenter d'un simulacre?

LA REINE, *outrée* : Mais ce matin...

> *Elle s'interrompt. Doucement, humblement, entre le Chef de la Police.*

Georges, méfie-toi d'eux!

LE CHEF DE LA POLICE, *essayant de sourire :* Je crois que...
la victoire... nous tenons la victoire... Je peux m'asseoir?
*Il s'assied. Puis, du regard, il semble interroger
tout le monde.*

L'ENVOYÉ, *ironique :* Non, personne n'est encore venu. Personne n'a encore éprouvé le besoin de s'abolir dans votre fascinante image.

LE CHEF DE LA POLICE : Les projets que vous m'avez soumis ont donc peu d'efficacité. *(A la Reine.)* Rien? Personne?

LA REINE, *très douce, comme on console un gosse :* Personne.
Pourtant, on a refermé les persiennes, les hommes devraient
venir. D'ailleurs le dispositif est en place et nous serons prévenus par un carillon.

L'ENVOYÉ, *au Chef de la Police :* Mon projet de ce matin vous
a déplu. Or c'est cette image de vous-même qui vous hante et
qui doit hanter les hommes.

LE CHEF DE LA POLICE : Inefficace.

L'ENVOYÉ, *montrant un cliché :* Le manteau rouge du bourreau, et sa hache. Je proposais le rouge amarante, et la hache
d'acier.

LA REINE, *irritée :* Salon 14, dit Salon des Exécutions capitales. Déjà représenté.

LE JUGE, *aimable, au Chef de la Police :* On vous craint,
cependant.

LE CHEF DE LA POLICE : J'ai peur qu'on craigne, qu'on jalouse
un homme, mais... *(Il cherche.)* mais non une ride, par exemple,
ou une boucle de cheveux... ou un cigare... ou une cravache.
Le dernier projet d'image qu'on m'a soumis... j'ose à peine
vous en parler.

LE JUGE : C'était... très audacieux?

LE CHEF DE LA POLICE : Très. Trop. Jamais je n'oserai vous
le dire. *(Soudain il semble se décider.)* Messieurs, j'ai assez de
confiance dans votre jugement et dans votre dévouement.
Après tout, je veux mener le combat aussi par l'audace des
idées. Voici : on m'a conseillé d'apparaître sous la forme d'un
phallus géant, d'un chibre de taille.

Les Trois Figures et la Reine sont consternées.

LA REINE : Georges! Toi?

LE CHEF DE LA POLICE : Si je dois symboliser la nation, ton claque...

L'ENVOYÉ, *à la Reine* : Laissez, madame. C'est le ton de l'époque.

LE JUGE : Un phallus? Et de taille? Vous voulez dire : énorme?

LE CHEF DE LA POLICE : De ma taille.

LE JUGE : Mais c'est très difficile à réaliser.

L'ENVOYÉ : Pas tellement. Les techniques nouvelles, notre industrie du caoutchouc permettraient de très belles mises au point. Non, ce n'est pas cela qui m'inquiète, mais plutôt... *(Se tournant vers l'Évêque.)* ...ce qu'en penserait l'Église?

L'ÉVÊQUE, *après réflexion, et haussant les épaules* : Rien de définitif ne peut être prononcé ce soir. Certes, l'idée est audacieuse *(Au Chef de la Police.)*, mais si votre cas est désespéré, nous devrons examiner la question. Car... ce serait une redoutable figuration, et si vous deviez vous transmettre sous cette forme, à la postérité...

LE CHEF DE LA POLICE, *doucement* : Vous voulez voir la maquette?

LE JUGE, *au Chef de la Police* : Vous avez tort de vous impatienter. Nous, nous avons attendu deux mille ans pour mettre au point notre personnage. Espérez...

LE GÉNÉRAL, *l'interrompant* : La gloire s'obtient dans les combats. Vous n'avez pas assez de soleils d'Austerlitz. Combattez, ou asseyez-vous et attendez les deux mille ans réglementaires.

Tout le monde rit.

LA REINE, *avec violence* : Vous vous foutez de sa peine. Et c'est moi qui vous ai désignés! Moi qui vous ai dénichés dans la chambre de mon bordel et embauchés pour sa gloire. Et vous avez accepté de me servir.

Un silence.

L'ÉVÊQUE, *décidé* : C'est ici que se pose, et très sérieusement, la question : allez-vous vous servir de ce que nous représentons, ou bien nous... *(Il montre les deux autres Figures.)* ...allons-nous vous faire servir ce que nous représentons?

LA REINE, *soudain en colère* : Des pantins qui sans leur peau de lapin, comme vous dites, ne seraient rien, vous un homme qu'on a fait danser nu — c'est-à-dire dépiauté! sur les places publiques de Tolède et de Séville! et qui dansait! Au bruit des castagnettes! Vos conditions, monseigneur?

L'ÉVÊQUE : Ce jour-là, il fallait danser. Quant à la peau de lapin, si elle est ce qu'elle doit être : l'image sacrée de l'hermine, elle en a la puissance indiscutable.

LE CHEF DE LA POLICE ı Pour le moment.

L'ÉVÊQUE, *s'échauffant* : Justement. Tant que nous étions dans une chambre de bordel, nous appartenions à notre propre fantaisie : de l'avoir exposée, de l'avoir nommée, de l'avoir publiée, nous voici liés avec les hommes, liés à vous, et contraints de continuer cette aventure selon les lois de la visibilité.

LE CHEF DE LA POLICE : Vous n'avez aucun pouvoir. Moi seul...

L'ÉVÊQUE : Alors, nous rentrons dans nos chambres y poursuivre la recherche d'une dignité absolue. Nous y étions bien et c'est vous qui êtes venu nous en tirer. Car c'était un bon état. Une situation de tout repos : dans la paix, dans la douceur, derrière des volets, derrière des rideaux molletonnés, protégés par des femmes attentives, protégés par une police qui protège les boxons, nous pouvions être juge, général, évêque, jusqu'à la perfection et jusqu'à la jouissance! De cet état adorable, sans malheur, vous nous avez tirés brutalement.

LE GÉNÉRAL, *interrompant l'Évêque* : Ma culotte! Quand j'enfilais ma culotte, quel bonheur! A présent, je dors avec ma culotte de général, je mange avec ma culotte, je valse — quand je valse! — dans ma culotte, je vis dans ma culotte de général. Je suis général comme on est évêque!

LE JUGE : Je ne suis qu'une dignité représentée par un jupon.

LE GÉNÉRAL, *à l'Évêque* : A aucun moment je ne peux me préparer! — autrefois c'était un mois à l'avance! — me préparer à enfiler ma culotte ni mes bottes de général. Je les ai, pour l'éternité, autour des pattes. Je ne rêve plus, ma parole.

L'ÉVÊQUE, *au Chef de la Police* : Vous voyez, il ne rêve plus. La pureté ornementale, notre luxueuse et stérile — et sublime

— apparence est rongée. Elle ne se retrouvera plus : soit. Mais cette douceur amère de la responsabilité, son goût nous est resté et nous le trouvons agréable. Nos chambres ne sont plus secrètes. Vous parliez de danser? Vous évoquiez cette soirée fameuse où dépouillé — ou dépiauté, prenez le mot qui vous amuse — de nos ornements sacerdotaux, nous avons dû danser nu sur les places espagnoles. J'ai dansé, je le reconnais, sous les rires, mais au moins, je dansais. Tandis qu'à présent, si un jour j'en ai envie, il faudra qu'en cachette, je me rende au *Balcon*, où il doit y avoir une chambre préparée pour les prélats qui se veulent ballerines quelques heures par semaine. Non, non... Nous allons vivre dans la lumière, mais avec ce que cela implique. Magistrat, soldat, prélat, nous allons agir afin de réduire sans cesse nos ornements! Nous allons les faire servir! Mais pour qu'ils servent, et nous servent — puisque c'est votre ordre que nous avons choisi de défendre, il faut que vous les reconnaissiez le premier et leur rendiez hommage.

LE CHEF DE LA POLICE, *calme* : Non le cent millième reflet d'un miroir qui se répète, je serai l'Unique, en qui cent mille veulent se confondre. Sans moi vous étiez tous foutus. Et l'expression « à plates coutures » avait un sens. *(Il va reprendre de plus en plus d'autorité.)*

LA REINE, *à l'Évêque, insinuante* : C'est vous ce soir qui portez cette robe, parce que vous n'avez pas pu déguerpir à temps de mes salons. Vous n'arriviez pas à vous arracher d'un de vos cent mille reflets, mais la clientèle rapplique... On ne se bouscule pas encore, mais Carmen a enregistré plusieurs entrées... *(Au Chef de la Police.)* Ne te laisse pas intimider. Avant la révolte ils étaient nombreux... *(A l'Évêque.)* Si vous n'aviez pas eu l'idée abominable de faire assassiner Chantal...

L'ÉVÊQUE, *faussement apeuré* : Balle perdue!

LA REINE : Perdue ou non la balle, Chantal a été assassinée sur le Balcon, sur MON Balcon! Alors qu'elle revenait ici pour me voir, pour revoir sa patronne...

L'ÉVÊQUE : J'ai eu la présence d'esprit d'en faire une de nos saintes.

LE CHEF DE LA POLICE : Attitude traditionnelle. Réflexe d'homme d'Église. Mais il ne faut pas vous en féliciter. Son image, clouée sur notre drapeau, n'a guère de pouvoir. Ou plutôt... on me rapporte de partout que d'avoir pu prêter à l'équivoque, Chantal est condamnée par ceux qu'elle devait sauver...

LA REINE, *inquiète* : Mais alors, tout recommence!

> *A partir de cet instant la Reine et le Chef de la Police paraîtront très agités. La Reine ira tirer les rideaux d'une fenêtre après avoir essayé de regarder dans la rue.*

L'ENVOYÉ : Tout.

LE GÉNÉRAL : Il va falloir... remonter en carrosse? La lenteur du carrosse!

L'ÉVÊQUE : Chantal, si je l'ai fait abattre, puis canoniser, si j'ai fait écarteler son image sur le drapeau...

LA REINE : C'est mon image qui devrait s'y trouver...

L'ENVOYÉ : Vous êtes déjà sur les timbres-poste, sur les billets de banque, sur les cachets des commissariats.

LE GÉNÉRAL : La lenteur du carrosse...

LA REINE : Je ne serai donc jamais qui je suis?

L'ENVOYÉ : Jamais plus.

LA REINE : Chaque événement de ma vie : mon sang qui perle si je m'égratigne...

L'ENVOYÉ : Tout s'écrira pour vous avec une majuscule.

LA REINE : Mais c'est la Mort?

L'ENVOYÉ : C'est Elle.

LE CHEF DE LA POLICE, *soudain autoritaire* : Pour vous tous, c'est la Mort, et c'est pourquoi je suis sûr de vous. Au moins, tant que je ne serai pas représenté. Car après, je n'aurai plus qu'à me reposer. *(Inspiré.)* D'ailleurs, à une soudaine faiblesse de mes muscles, je saurai que mon image s'échappe de moi et va hanter les hommes. Alors, ma fin visible sera prochaine. Pour le moment, et s'il faut agir... *(A l'Évêque.)* qui prendra de véritables responsabilités? Vous? *(Il hausse les épaules.)* Soyez logiques : si vous êtes ce que vous êtes, juge, général, évêque, c'est que vous avez désiré le devenir, et désiré qu'on sache que vous l'êtes devenu. Vous avez donc fait ce qu'il fallait pour vous porter là, et vous y porter aux yeux de tous. C'est cela?

LE GÉNÉRAL : A peu près.

LE CHEF DE LA POLICE : Bien. Vous n'avez donc jamais accompli un acte pour l'acte lui-même, mais toujours pour que cet acte, accroché à d'autres, fasse un évêque, un juge, un général...

L'ÉVÊQUE : C'est vrai et c'est faux. Car chaque acte contenait en lui-même son ferment de nouveauté.

LE JUGE : Nous en acquérions une dignité plus grave.

LE CHEF DE LA POLICE : Sans doute, monsieur le Juge, mais cette dignité, qui est devenue aussi inhumaine qu'un cristal, vous rend impropre au gouvernement des hommes. Au-dessus de vous, plus sublime que vous, il y a la Reine. C'est d'elle que, pour le moment, vous tirez votre pouvoir et votre droit. Au-dessus d'elle, à qui elle se réfère, il y a notre étendard où j'ai fait écarteler l'image de Chantal victorieuse, notre sainte.

L'ÉVÊQUE, *agressif* : Au-dessus de Sa Majesté — que nous vénérons — et de son drapeau, il y a Dieu, qui parle par ma voix.

LE CHEF DE LA POLICE, *irrité* : Et au-dessus de Dieu?

Silence.

Eh bien, messieurs, il y a vous, sans qui Dieu ne serait rien. Et au-dessus de Vous, il y a Moi, sans qui...

LE JUGE : Et le peuple? Les photographes?

LE CHEF DE LA POLICE, *il devient sarcastique* : A genoux devant le peuple qui est à genoux devant Dieu, donc... *(Tous éclatent de rire.)* C'est pourquoi je veux que vous me serviez. Mais, tout à l'heure vous parliez bien? Je dois donc rendre hommage à votre éloquence, à votre facilité d'élocution, à la limpidité de votre timbre, à la puissance de votre organe. Or, je n'étais qu'un homme d'action, empêtré dans mes mots et dans mes idées quand elles ne sont pas immédiatement appliquées, c'est pourquoi, je me demande si je vous renverrais à la niche. Je ne le ferai pas. En tout cas, pas tout de suite car... vous y êtes déjà.

LE GÉNÉRAL : Monsieur!

LE CHEF DE LA POLICE, *il pousse le Général qui culbute et reste assis par terre, ahuri* : Couché! Couché, général!

LE JUGE : Ma jupe peut se retrousser...

LE CHEF DE LA POLICE, *il pousse le Juge qui culbute :* Couché! Puisque vous désirez être reconnu comme juge, vous voulez le demeurer selon l'idée que j'en ai? Et selon le sens général qui s'attache à vos dignités. Bien. Il faut donc que j'aille vers toujours plus de reconnaissance en ce sens. Oui ou non?

Personne ne répond.

Eh bien? Oui ou non?

L'Évêque s'écarte, prudemment.

LA REINE, *mielleuse :* Excusez-le, s'il s'emporte. Je sais bien, moi, messieurs, ce que vous veniez chercher chez moi : vous, monseigneur, par des voies rapides, décisives, une évidente sainteté. L'or de mes chasubles était pour peu de chose, j'en suis sûre. Ce n'est pas une grossière ambition qui vous amenait derrière mes volets fermés. L'Amour de Dieu s'y trouvait caché. Je le sais. Vous, monsieur le Procureur, vous étiez bel et bien guidé par un souci de justice puisque c'est l'image d'un justicier que vous vouliez voir renvoyée mille fois par mes glaces, et vous, général, c'est la gloire militaire, c'est le courage et le fait héroïque qui vous hantaient. Alors, laissez-vous aller, doucement, sans trop de scrupules...

Les uns après les autres, les trois hommes laissent fuser un immense soupir.

LE CHEF DE LA POLICE : Cela vous soulage, n'est-ce pas? En réalité, vous ne teniez pas à sortir de vous-même, ni à communiquer, fût-ce par des actes méchants, avec le monde. Je vous comprends. *(Amical.)* Mon personnage, hélas, est encore en mouvement. Bref, comme vous devez le savoir, il n'appartient pas à la nomenclature des bordels.

LA REINE : Au guide rose.

LE CHEF DE LA POLICE : Oui, au guide rose. *(Aux Trois Figures.)* Voyons, messieurs, vous n'auriez pas pitié du pauvre homme que je suis? *(Il les regarde tour à tour.)* Voyons, messieurs, votre cœur serait donc sec? C'est pour vous, que furent mis au point, par d'exquis tâtonnements, ces salons et ces Rites illustres. Ils ont nécessité un long travail, une infinie patience, et vous remonteriez à l'air libre? *(Presque humblement et paraissant soudain très fatigué.)* Attendez encore un peu. Pour le moment, je suis encore bourré d'actes à venir, bourré d'actions... mais dès que je me sentirai me multiplier infiniment, alors... alors, cessant d'être dur, j'irai pourrir dans les consciences. Et vous, alors, vous, retrouvez vos jupons si vous voulez, et mettez-vous en route pour le boulot. *(A l'Évêque.)* Vous vous taisez... *(Un long silence.)* Vous avez raison... Taisons-nous, et attendons... *(Un long et lourd silence.)* ... C'est peut-être maintenant... *(A voix basse et humble.)* que se prépare mon apothéose...

> *Tout le monde attend, c'est visible. Puis, comme furtivement, par la porte de gauche, paraît Carmen. C'est d'abord l'Envoyé qui la voit, il la montre silencieusement à la Reine. La Reine fait signe à Carmen de se retirer, mais Carmen au contraire avance d'un pas.*

LA REINE, *à voix presque basse :* J'avais interdit qu'on nous dérange. Que veux-tu?

> *Carmen s'approche.*

CARMEN : J'ai voulu sonner, mais les dispositifs ne fonctionnent pas bien. Excusez-moi. Je voudrais vous parler.

LA REINE : Eh bien oui, parle, décide-toi.

CARMEN, *hésitant :* C'est... je ne sais pas...

LA REINE, *résignée :* Alors, à la Cour comme à la Cour, et parlons bas.

> *Elle prête ostensiblement l'oreille à Carmen qui se penche et murmure quelques mots. La Reine paraît très troublée.*

LA REINE : Tu es sûre?

CARMEN : Oui, madame.

> *La Reine, précipitamment sort à gauche, suivie de Carmen. Le Chef de la Police veut les suivre, mais l'Envoyé intervient.*

L'ENVOYÉ : On ne suit pas Sa Majesté.

LE CHEF DE LA POLICE : Mais que se passe-t-il? Où va-t-elle?

L'ENVOYÉ, *ironique :* Broder. La Reine brode et elle ne brode pas... Vous connaissez le refrain? La Reine gagne sa réalité quand elle s'éloigne, s'absente, ou meurt.

LE CHEF DE LA POLICE : Et dehors, que se passe-t-il? *(Au Juge.)* Vous avez des nouvelles?

LE JUGE : Ce que vous nommez le dehors est aussi mystérieux pour nous que nous le sommes pour lui.

L'ÉVÊQUE : Je tâcherai de vous dire la désolation de ce peuple qui croyait, en se révoltant, s'être libéré. Hélas — ou plutôt grâce au Ciel! — il n'y aura jamais de mouvement assez puissant pour détruire notre imagerie.

LE CHEF DE LA POLICE, *presque tremblant :* Vous croyez donc que j'ai ma chance?

L'ÉVÊQUE : Vous êtes on ne peut mieux placé. Partout, dans toutes les familles, dans toutes les institutions, c'est la consternation. Les hommes ont tremblé si fort que votre image commence à les faire douter d'eux-mêmes.

LE CHEF DE LA POLICE : Ils n'ont plus d'espoir qu'en moi?

L'ÉVÊQUE : Ils n'ont plus d'espoir qu'en un naufrage définitif.

LE CHEF DE LA POLICE : En somme je suis comme un étang où ils viendraient se regarder?

LE GÉNÉRAL, *ravi, et éclatant de rire :* Et s'ils se penchent un peu trop, ils tombent et se noient. D'ici peu vous serez plein de noyés! *(Personne ne semble partager sa gaieté.)* Enfin... ils ne sont pas encore au bord!... *(Gêné.)* Attendons.

Un silence.

LE CHEF DE LA POLICE : Vous pensez vraiment que le peuple a connu un espoir fou? Et que perdant tout espoir il perdrait tout? Et que perdant tout il viendra se perdre en moi?...

L'ÉVÊQUE : Cela risque de se produire. Et c'est à notre corps défendant, croyez-le.

LE CHEF DE LA POLICE : Quand cette consécration définitive me sera offerte...

L'ENVOYÉ, *ironique :* Pour vous, mais pour vous seul, pendant une seconde la Terre cessera de tourner.

Soudain la porte de gauche s'ouvre, et paraît la Reine rayonnante.

LA REINE : Georges!

Elle tombe dans les bras du Chef de la Police.

LE CHEF DE LA POLICE, *incrédule :* Ce n'est pas vrai? *(La Reine fait avec la tête le signe « oui ».)* Mais où?... Quand?

LA REINE, *très émue :* Là!... Maintenant... salon...

LE CHEF DE LA POLICE : Tu te fiches de moi, je n'ai rien entendu.

> *Soudain une sonnerie énorme, une sorte de carillon.*

Alors, c'est vrai? C'est pour moi?

> *Il repousse la Reine, et solennel alors que la sonnerie s'est arrêtée.*

Messieurs, j'appartiens à la Nomenclature! *(A la Reine.)* Mais tu es sûre, au moins?

> *La sonnerie reprend, puis elle s'arrête.*

LA REINE : C'est moi qui l'ai reçu et qui l'ai introduit dans le salon du Mausolée. Celui que l'on construisait en ton honneur. J'ai laissé Carmen faire les préparatifs, et j'ai couru pour te prévenir. Je suis en nage...

> *La sonnerie reprend, puis s'arrête.*

L'ÉVÊQUE, *sombre :* Nous sommes foutus.

LE CHEF DE LA POLICE : Les dispositifs fonctionnent? On peut voir...

> *Il se dirige à gauche, suivi de la Reine.*

L'ENVOYÉ : Ce n'est pas l'usage... C'est sale...

LE CHEF DE LA POLICE, *haussant les épaules :* Où est le mécanisme? *(A la Reine.)* Regarde avec moi.

> *Il se place à gauche, en face d'une petite lucarne. Après une courte hésitation, le Juge, le Général et l'Évêque se placent à droite, à une autre lucarne, symétrique à la première. Puis, très silencieusement, le double miroir formant le fond de la scène s'écarte et montre l'intérieur du salon Spécial. Résigné, à son tour, l'Envoyé va se placer auprès de la Reine et du Chef de la Police.*

DESCRIPTION DU SALON DU MAUSOLÉE

Quelque chose comme l'intérieur d'une tour — ou d'un puits. Les pierres du mur, circulaire, sont visibles. Un escalier, dans le fond, descend. Au centre de ce puits semble s'en trouver un autre, où s'amorce un escalier. Aux murs, quatre couronnes de laurier, ornées d'un crêpe. Quand le panneau s'est écarté, Roger est au milieu de l'escalier, qu'il descend. Carmen semble le guider. Roger est vêtu comme le Chef de la Police, mais monté sur les mêmes patins que les Trois Figures, il paraît plus grand. Ses épaules aussi sont élargies. Il descend l'escalier au son d'un tambour qui rythme sa descente.

CARMEN, *s'approchant et lui tendant un cigare :* Offert par la maison.

ROGER, *il met le cigare à sa bouche :* Merci.

CARMEN, *intervenant :* Le feu : là. Ici, la bouche. *(Elle tourne le cigare dans le bon sens.)* C'est votre premier cigare?

ROGER : Oui... *(Un temps.)* Je ne te demande pas ton avis. Tu es là pour me servir. J'ai payé...

CARMEN : Excusez-moi, monsieur.

ROGER : L'esclave?

CARMEN : On le détache.

ROGER : Il est au courant?

CARMEN : De tout. Vous êtes le premier, vous inaugurez ce salon, mais vous savez, les scénarios sont tous réductibles à un thème majeur...

ROGER : Et c'est?

CARMEN : La mort.

ROGER, *touchant les murs :* Ainsi, c'est mon tombeau?

CARMEN, *rectifiant :* Mausolée.

ROGER : Combien d'esclaves y travaillent?

CARMEN : Le peuple entier, monsieur. Une moitié de la population, la nuit, l'autre le jour. Comme vous l'avez demandé, c'est toute la montagne qui sera ouvragée. L'intérieur aura la complexité d'un nid de termites ou de la basilique de Lourdes, on ne sait pas encore. Du dehors personne ne verra rien. On saura seulement que la montagne est sacrée, mais dedans, déjà les tombeaux s'enchâssent dans les tombeaux, les cénotaphes dans les cénotaphes, les cercueils dans les cercueils, les urnes...

ROGER : Et là, où je suis ?

CARMEN *geste de dénégation* : Une antichambre. Une antichambre qui se nomme Vallée de los Caïdos. *(Elle monte l'escalier souterrain.)* Tout à l'heure, vous descendrez plus bas.

ROGER : Je ne dois pas espérer remonter à l'air ?

CARMEN : Mais... vous en auriez gardé l'envie.

Un silence.

ROGER : Vraiment, personne n'est venu avant moi ?

CARMEN : Dans ce... tombeau, ou dans ce... salon ?

Un silence.

ROGER : Il n'y a vraiment rien qui cloche ? Mon costume ? Ma perruque ?

Auprès de sa lucarne, le Chef de la Police se tourne vers la Reine.

LE CHEF DE LA POLICE : Il savait que je porte perruque ?

L'ÉVÊQUE, *ricanant, au Juge et au Général* : Lui seul ne sait pas qu'on le sait.

CARMEN, *à Roger* : Il y a longtemps qu'on y a réfléchi. Tout est au point. C'est à vous de faire le reste.

ROGER, *inquiet* : Tu sais, je cherche, moi aussi. Il faut que je me fasse une idée du Héros, et Il ne s'est jamais beaucoup manifesté.

CARMEN : C'est pourquoi nous vous avons conduit au salon du Mausolée. Ici, pas trop d'erreurs possibles, ni de fantaisies.

Un temps.

ROGER : Je serai seul ?

CARMEN : Tout est calfeutre. Les portes sont capitonnées, les murs aussi.

ROGER, *hésitant* : Et... le mausolée ?

CARMEN, *avec force* : Taillé dans le roc. La preuve, l'eau qui suinte des parois. Le silence? Mortel. La lumière? L'obscurité est si compacte que vos yeux ont su développer des qualités incomparables. Le froid? Oui, celui de la mort. Un travail gigantesque a forcé le massif. Les hommes continuent à gémir pour vous creuser une niche de granit. Tout prouve que vous êtes aimé et vainqueur.

ROGER : A gémir? Est-ce que... est-ce que je pourrai entendre des gémissements?

> *Elle se tourne vers un trou percé au pied de la muraille et d'où sort la tête du Mendiant, celui qu'on a vu au huitième tableau. Il est maintenant l'Esclave.*

CARMEN : Approche!

> *L'Esclave entre en rampant.*

ROGER, *considérant l'Esclave* : C'est ça?

CARMEN : Il est beau, n'est-ce pas? Il est maigre, il a des poux et des plaies. Il rêve de mourir pour vous. Maintenant, je vous laisse seul?

ROGER : Avec lui? Non, non. *(Un temps.)* Reste. Tout se passe toujours en présence d'une femme. C'est pour que le visage d'une femme soit témoin, que, d'habitude...

> *Soudain on entend un bruit de marteau frappant sur une enclume, puis un coq chanter.*

La vie est si proche?

CARMEN, *voix normale, non jouée* : Je vous l'ai dit, tout est calfeutré, mais les bruits réussissent toujours à filtrer. Cela vous gêne? La vie reprend peu à peu... comme avant...

ROGER, *il paraît inquiet* : Oui, comme avant...

CARMEN, *avec douceur* : Vous étiez?

ROGER, *très triste* : Oui. Tout est foutu... Et le plus triste c'est qu'on dit : « la révolte était belle! »

CARMEN : Il ne faut plus y penser. Et ne plus écouter les bruits du dehors. D'ailleurs, il pleut. Sur toute la montagne une tornade s'est abattue. *(Voix jouée.)* Ici vous êtes chez vous. *(Montrant l'Esclave.)* Faites-le parler.

ROGER, *à l'Esclave et jouant son rôle* : Car tu sais parler? Et faire quoi d'autre, encore?

L'ESCLAVE, *couché sur le ventre* : D'abord me courber, puis me tasser un peu plus. *(Il prend le pied de Roger et le pose sur son propre dos.)* comme ceci!... et mêmeï..

ROGER, *impatient* : Oui... et même?

L'ESCLAVE : M'enliser, si c'est possible.

ROGER, *tirant sur son cigare* : T'enliser, vraiment? Mais, il n'y a pas de boue?

LA REINE, *parlant à la cantonade* : Il a raison. Nous aurions dû prévoir la boue. Dans une maison bien tenue... Mais c'est le jour d'ouverture, et il étrenne le salon...

L'ESCLAVE, *à Roger* : Je la sens tout autour de mon corps, monsieur. J'en ai partout, excepté dans ma bouche, ouverte pour qu'en sortent vos louanges, et ces gémissements qui me rendirent célèbre.

ROGER : Célèbre, tu es célèbre, toi?

L'ESCLAVE : Célèbre par mes chants, monsieur, mais qui disent votre gloire.

ROGER : Ta gloire accompagne donc la mienne. *(A Carmen.)* Il veut dire que ma réputation sera nécessairement portée par ses paroles? Et... s'il se tait je n'existerai plus?...

CARMEN, *sèche* : Je voudrais bien vous satisfaire, mais vous posez des questions qui ne sont pas prévues dans le scénario.

ROGER, *à l'Esclave* : Mais toi, qui te chante?

L'ESCLAVE : Personne. Je meurs.

ROGER : Mais sans moi, sans ma sueur, sans mes larmes, ni mon sang, que serais-tu?

L'ESCLAVE : Rien.

ROGER, *à l'Esclave* : Tu chantes? Mais que fais-tu encore?

L'ESCLAVE : Nous faisons tout notre possible pour être toujours plus indigne de vous.

ROGER : Quoi, par exemple?

L'ESCLAVE : Nous nous efforçons de pourrir sur pied. Et ce n'est pas toujours facile, croyez-moi. La vie voudrait être la plus forte... Mais nous tenons bon. Nous diminuons un peu plus chaque...

ROGER : Jour?

L'ESCLAVE : Semaine.

LE CHEF DE LA POLICE, *à la cantonade* : C'est peu. Avec un peu d'effort...

L'ENVOYÉ, *au Chef de la Police* : Silence. Laissez-les aller jusqu'au bout de leur rôle...

ROGER : C'est peu. Avec un peu d'effort...

L'ESCLAVE, *exalté* : Avec joie, Excellence. Vous êtes si beau. Si beau que je me demande si vous resplendissez ou si vous êtes toute l'ombre de toutes les nuits?

ROGER : Quelle importance, puisque je ne dois plus avoir de réalité que dans la réalité de tes phrases.

L'ESCLAVE, *se traînant en direction de l'escalier ascendant* : Vous n'avez ni bouche, ni yeux, ni oreilles, mais tout en vous n'est qu'une bouche qui tonne, en même temps qu'un œil qui étonne et qui veille...

ROGER : Tu le vois toi, mais... les autres le savent-ils? La nuit le sait-elle? La mort? Les pierres? Les pierres, que disent les pierres?

L'ESCLAVE, *se traînant toujours sur le ventre, et commençant à monter — en rampant — l'escalier* : Les pierres disent...

ROGER : Eh bien, j'écoute?

L'ESCLAVE, *s'arrêtant de ramper, tourné vers le public* : Le ciment qui nous tient attachées les unes aux autres pour former ton tombeau...

LE CHEF DE LA POLICE, *tourné vers le public, et se frappant la poitrine, joyeux* : Les pierres me tutoient!

L'ESCLAVE, *enchaînant* : ... Le ciment est pétri de larmes, de crachats et de sang. Posés sur nous, les yeux et les mains des maçons nous ont collé le chagrin. Nous sommes à toi, et rien qu'à toi.

L'Esclave reprend son ascension.

ROGER, *s'exaltant de plus en plus* : Tout parle de moi! Tout respire et tout m'adore! Mon histoire fut vécue afin qu'une page glorieuse soit écrite, puis lue. Ce qui compte, c'est la lecture.

Soudain s'apercevant que l'Esclave a disparu, à Carmen : Mais... où va-t-il?... Où est-il?...

CARMEN : Chanter. Il remonte à l'air. Il dira... qu'il a porté vos pas... et que...

ROGER, *inquiet :* Oui, et que?... Que dira-t-il d'autre?

CARMEN : La vérité : que vous êtes mort, ou plutôt que vous n'arrêtez pas de mourir et que votre image, comme votre nom, se répercute à l'infini.

ROGER : Il sait que mon image est partout?

CARMEN : Inscrite, gravée, imposée par la peur, elle est partout.

ROGER : Dans la paume des dockers? Dans les jeux des gamins? Sur les dents des soldats? Dans la guerre?

CARMEN : Partout.

LE CHEF DE LA POLICE, *à la cantonade :* J'ai donc gagné?

LA REINE, *attendrie :* Tu es heureux?

LE CHEF DE LA POLICE : Tu as bien travaillé. Ta maison est au point.

ROGER, *à Carmen :* Elle est dans les prisons? Dans les rides des vieillards?

CARMEN : Oui.

ROGER : Dans la courbe des chemins?

CARMEN : Il ne faut pas demander l'impossible.

> *Même bruit que tout à l'heure : le coq et l'enclume.*

Il est temps de partir, monsieur. La séance est finie. Pour sortir, vous prendrez à gauche. Le couloir...

> *On entend le bruit de l'enclume encore, et un peu plus fort.*

Vous entendez? Il faut rentrer... Qu'est-ce que vous faites?

ROGER : La vie est à côté... et elle est très loin. Ici, toutes les femmes sont belles... Elles ne servent à rien d'autre qu'à être belles. On peut se perdre en elles...

CARMEN, *sèche :* Oui. Dans la langue courante on nous appelle des putains. Mais il faut rentrer...

ROGER : Pour aller où? Dans la vie? Reprendre, comme on dit, mes occupations...

CARMEN, *un peu inquiète* : Je ne sais pas ce que vous faites, et je n'ai pas le droit de me renseigner. Mais vous devez partir. L'heure est passée.

> *Le bruit de l'enclume et d'autres bruits indiquant une activité : claquement de fouet, bruit de moteur, etc.*

ROGER : On se presse dans ta maison. Pourquoi veux-tu que je retourne d'où je viens?

CARMEN : Vous n'avez plus rien à faire...

ROGER : Là-bas? Non. Plus rien. Ici non plus, d'ailleurs. Et dehors, dans ce que tu nommes la vie, tout a flanché. Aucune vérité n'était possible... Tu connaissais Chantal?

CARMEN, *soudain effrayée* : Partez! Allez-vous-en vite!

LA REINE, *irritée* : Je ne permettrai jamais qu'il fiche la pagaye dans mes salons! Qui est-ce qui m'a envoyé cet individu? Toujours, après les troubles, la pègre s'en mêle. J'espère que Carmen...

CARMEN, *à Roger* : Partez! Vous non plus vous n'avez pas le droit de me poser des questions. Vous le savez qu'un règlement très strict régit les bordels, et que la police nous protège.

ROGER : Non! Puisque je joue au Chef de la Police, et puisque vous m'autorisez à l'être ici...

CARMEN, *le tirant* : Vous êtes fou! Et vous ne seriez pas le premier qui croit être arrivé au pouvoir... Venez!

ROGER, *se dégageant* : Si le bordel existe, et si j'ai le droit d'y venir, j'ai le droit d'y conduire le personnage que j'ai choisi, jusqu'à la pointe de son destin... non, du mien... de confondre son destin avec le mien...

CARMEN : Ne criez pas, monsieur, tous les salons sont occupés. Venez...

ROGER : Rien! Il ne me reste plus rien! Mais au Héros il ne restera pas grand-chose...

> *Carmen essaye de le faire sortir. Elle ouvre une porte puis une autre, puis une autre... elle se trompe... Roger a sorti un couteau et, le dos au public, fait le geste de se châtrer.*

LA REINE : Sur mes tapis! Sur la moquette neuve! C'est un dément!

CARMEN, *dans un cri* : Faire ça ici!... *(Elle crie.)* Madame! Madame Irma!...

Enfin Carmen réussit à entraîner Roger.

La Reine sort en courant. Tous les personnages : le Chef de la Police, l'Envoyé, le Juge, le Général, l'Évêque, se retournent, quittant les lucarnes. Le Chef de la Police s'avance au milieu de la scène.

LE CHEF DE LA POLICE : Bien joué. Il a cru me posséder.

Il porte la main à sa braguette, soupèse très manifestement ses couilles et, rassuré, pousse un soupir.

Les miennes sont là. Alors, qui de nous deux est foutu? Lui ou moi? Et si, dans chaque bordel du monde entier, mon image était châtrée, moi, je reste intact. Intact, messieurs. *(Un temps.)* Ce plombier ne savait pas jouer, voilà tout. *(Il appelle, joyeux.)* Irma! Irma!... Où est-elle? Ce n'est pas à elle de faire des pansements.

LA REINE, *entrant* : Georges! Le vestibule!... Les tapis sont couverts de sang... le vestibule est plein de clients... On éponge comme on peut. Carmen ne sait plus où les placer...

L'ENVOYÉ, *s'inclinant devant le Chef de la Police* : Beau travail.

LE CHEF DE LA POLICE : Une image de moi va se perpétuer en secret. Mutilée? *(Il hausse les épaules.)* Une messe basse, pourtant, sera dite à ma gloire. Qu'on prévienne les cuisines! Qu'on m'envoie pour deux mille ans de boustifaille!

LA REINE : Et moi? Georges? Mais je suis encore vivante!..

LE CHEF DE LA POLICE, *sans l'entendre* : Alors... Je suis... Où? Ici, ou... mille fois là-bas? *(Il montre le tombeau.)* Maintenant, je vais pouvoir être bon... et pieux... et juste... Vous avez vu? Vous m'avez vu? Là, tout à l'heure, plus grand que grand, plus fort que fort, plus mort que mort? Alors, je n'ai plus rien à faire avec vous.

LA REINE : Georges! Mais je t'aime encore, moi!

LE CHEF DE LA POLICE, *se dirigeant vers le tombeau* : J'ai gagné le droit d'aller m'asseoir et d'attendre deux mille ans. *(Aux photographes.)* Vous, regardez-moi vivre et mourir. Pour la postérité : feu! *(Trois éclairs presque simultanés de magnésium.)* Gagné!

> *Il entre dans le tombeau à reculons, très lentement,*
> *cependant que les trois photographes, désinvoltes,*
> *sortent par la coulisse de gauche, leur appareil sur*
> *le dos. Ils font un salut de la main, avant de dis-*
> *paraître.*

LA REINE : Mais c'est moi qui ai tout fait, tout organisé...
Reste... Qu'est-ce que...

> *Soudain un crépitement de mitraillette.*

Tu entends!

LE CHEF DE LA POLICE, *éclatant de rire* : Pensez à moi!

> *Le Juge et le Général se précipitent pour le retenir,*
> *mais les portes commencent à se refermer cependant*
> *que le Chef de la Police descend les premières marches.*
> *Un deuxième crépitement de mitraillette.*

LE JUGE, *s'accrochant à la porte* : Ne nous laissez pas seuls!

LE GÉNÉRAL, *morne* : Toujours ce carrosse!

L'ENVOYÉ, *au Juge* : Retirez vos doigts, vous allez rester
coincé.

> *La porte s'est décidément refermée. Les personnages*
> *qui restent demeurent un instant désemparés. Un*
> *troisième crépitement de mitraillette.*

LA REINE : Messieurs, vous êtes libres...

L'ÉVÊQUE : Mais... en pleine nuit?...

LA REINE, *l'interrompant* : Vous passerez par la petite porte
qui donne sur la ruelle. Une voiture vous attend.

> *Elle salue d'un signe de tête. Les Trois Figures*
> *sortent à droite. Un quatrième crépitement de mitrail-*
> *lette.*

LA REINE : Qui est-ce?... Les nôtres... ou des révoltés?...
ou?...

L'ENVOYÉ : Quelqu'un qui rêve, madame...

> *La Reine se dirige vers différents points de la*
> *chambre et tourne un commutateur. Chaque fois une*
> *lumière s'éteint.*

LA REINE, *sans s'interrompre d'éteindre* : ... Irma. Appelez-
moi madame Irma, et rentrez chez vous. Bonsoir, monsieur.

L'ENVOYÉ : Bonsoir, madame Irma.

Il sort.

IRMA, *seule, et continuant d'éteindre :* Que de lumières il m'aura fallu... mille francs d'électricité par jour!... Trente. **huit** salons!... Tous dorés, et tous, par machinerie, capables de s'emboîter les uns dans les autres, de se combiner... Et toutes **ces** représentations pour que je reste seule, maîtresse et sous-maîtresse de cette maison et de moi-même... *(Elle éteint un commutateur, mais se ravise.)* Ah, non, ça c'est le tombeau, il a besoin de lumière pour deux mille ans!... Et pour deux mille ans de nourriture... *(Elle hausse les épaules.)* enfin, tout est bien agencé, et il y a des plats préparés : la gloire c'est de descendre au tombeau avec des tonnes de mangeaille!... *(Elle appelle, tournée vers la coulisse.)* Carmen?... Carmen?... Tire les verrous, mon chéri, et place les housses... *(Elle continue d'éteindre.)* Tout à l'heure, il va falloir recommencer... tout rallumer... s'habiller... *(On entend le chant d'un coq.)* s'habiller... ah, les déguisements! Redistribuer les rôles... endosser le mien... *(Elle s'arrête au milieu de la scène, face au public.)* ...préparer le vôtre... juges, généraux, évêques, chambellans, révoltés qui laissez la révolte se figer, je vais préparer mes costumes et mes salons pour demain... il faut rentrer chez vous, où tout, n'en doutez pas, sera encore plus faux qu'ici... Il faut vous en aller... Vous passerez à droite, par la ruelle... *(Elle éteint une dernière lumière.)* C'est déjà le matin.

Un crépitement de mitrailleuse.

RIDEAU

LES BONNES

La chambre de Madame. Meubles Louis XV. Au fond, une
fenêtre ouverte sur la façade de l'immeuble en face. A droite, le lit.
A gauche, une porte et une commode. Des fleurs à profusion.
C'est le soir. L'actrice qui joue Solange est vêtue d'une petite
robe noire, de domestique. Sur une chaise, une autre petite robe
noire, des bas de fil noirs, une paire de souliers noirs à talons
plats.

CLAIRE, *debout, en combinaison, tournant le dos à la coiffeuse.*
Son geste — le bras tendu — et le ton seront d'un tragique exas-
péré : Et ces gants! Ces éternels gants! Je t'ai dit souvent de
les laisser à la cuisine. C'est avec ça, sans doute, que tu espères
séduire le laitier. Non, non, ne mens pas, c'est inutile. Pends-les
au-dessus de l'évier. Quand comprendras-tu que cette chambre
ne doit pas être souillée? Tout, mais tout! ce qui vient de la
cuisine est crachat. Sors. Et remporte tes crachats! Mais cesse!

Pendant cette tirade, Solange jouait avec une paire
de gants de caoutchouc, observant ses mains gantées,
tantôt en bouquet, tantôt en éventail.

Ne te gêne pas, fais ta biche. Et surtout ne te presse pas,
nous avons le temps. Sors!

Solange change soudain d'attitude et sort humble-
ment, tenant du bout des doigts les gants de caout-
chouc. Claire s'assied à la coiffeuse. Elle respire les

fleurs, caresse les objets de toilette, brosse ses cheveux, arrange son visage.

Préparez ma robe. Vite le temps presse. Vous n'êtes pas là? *(Elle se retourne.)* Claire! Claire!

Entre Solange.

SOLANGE : Que Madame m'excuse, je préparais le tilleul *(Elle prononce tillol.)* de Madame.

CLAIRE : Disposez mes toilettes. La robe blanche pailletée. L'éventail, les émeraudes.

SOLANGE : Tous les bijoux de Madame?

CLAIRE : Sortez-les. Je veux choisir. *(Avec beaucoup d'hypocrisie.)* Et naturellement les souliers vernis. Ceux que vous convoitez depuis des années.

Solange prend dans l'armoire quelques écrins qu'elle ouvre et dispose sur le lit.

Pour votre noce sans doute. Avouez qu'il vous a séduite! Que vous êtes grosse! Avouez-le!

Solange s'accroupit sur le tapis et, crachant dessus, cire des escarpins vernis.

Je vous ai dit, Claire, d'éviter les crachats. Qu'ils dorment en vous, ma fille, qu'ils y croupissent. Ah! ah! vous êtes hideuse, ma belle. Penchez-vous davantage et vous regardez dans mes souliers. *(Elle tend son pied que Solange examine.)* Pensez-vous qu'il me soit agréable de me savoir le pied enveloppé par les voiles de votre salive? Par la brume de vos marécages?

SOLANGE, *à genoux et très humble :* Je désire que Madame soit belle.

CLAIRE, *elle s'arrange dans la glace :* Vous me détestez, n'est-ce pas? Vous m'écrasez sous vos prévenances, sous votre humilité, sous les glaïeuls et le réséda. *(Elle se lève et d'un ton plus bas.)* On s'encombre inutilement. Il y a trop de fleurs. C'est mortel. *(Elle se mire encore.)* Je serai belle. Plus que vous ne le serez jamais. Car ce n'est pas avec ce corps et cette face que vous séduirez Mario. Ce jeune laitier ridicule vous méprise, et s'il vous a fait un gosse...

SOLANGE : Oh! mais, jamais je n'ai...

CLAIRE : Taisez-vous, idiote! Ma robe!

SOLANGE, *elle cherche dans l'armoire, écartant quelques robes :* La robe rouge. Madame mettra la robe rouge.

CLAIRE : J'ai dit la blanche, à paillettes.

SOLANGE, *dure :* Madame portera ce soir la robe de velours écarlate.

CLAIRE, *naïvement :* Ah? Pourquoi?

SOLANGE, *froidement :* Il m'est impossible d'oublier la poitrine de Madame sous le drapé de velours. Quand Madame soupire et parle à Monsieur de mon dévouement! Une toilette noire servirait mieux votre veuvage.

CLAIRE : Comment?

SOLANGE : Dois-je préciser?

CLAIRE : Ah! tu veux parler... Parfait. Menace-moi. Insulte ta maîtresse. Solange, tu veux parler, n'est-ce pas, des malheurs de Monsieur. Sotte. Ce n'est pas l'instant de le rappeler, mais de cette indication je vais tirer un parti magnifique. Tu souris? Tu en doutes?

> *Le dire ainsi :* Tu souris = tu en doutes.

SOLANGE : Ce n'est pas le moment d'exhumer...

CLAIRE : Mon infamie? Mon infamie! D'exhumer! Quel mot!

SOLANGE : Madame!

CLAIRE : Je vois où tu veux en venir. J'écoute bourdonner déjà tes accusations, depuis le début tu m'injuries, tu cherches l'instant de me cracher à la face.

SOLANGE, *pitoyable :* Madame, Madame, nous n'en sommes pas encore là. Si Monsieur...

CLAIRE : Si Monsieur est en prison, c'est grâce à moi, ose le dire! Ose! Tu as ton franc-parler, parle. J'agis en dessous, camouflée par mes fleurs, mais tu ne peux rien contre moi.

SOLANGE : Le moindre mot vous paraît une menace. Que Madame se souvienne que je suis la bonne.

CLAIRE : Pour avoir dénoncé Monsieur à la police, avoir accepté de le vendre, je vais être à ta merci? Et pourtant j'aurais fait pire. Mieux. Crois-tu que je n'aie pas souffert? Claire, j'ai forcé ma main, tu entends, je l'ai forcée, lentement, fermement, sans erreur, sans ratures, à tracer cette lettre qui devait envoyer mon amant au bagne. Et toi, plutôt que me soutenir, tu me nargues? Tu parles de veuvage! Monsieur n'est pas mort, Claire. Monsieur, de bagne en bagne, sera conduit jusqu'à la Guyane peut-être, et moi, sa maîtresse, folle de douleur, je l'accompagnerai. Je serai du convoi. Je partagerai sa gloire. Tu parles de veuvage. La robe blanche est le deuil des reines, Claire, tu l'ignores. Tu me refuses la robe blanche!

SOLANGE, *froidement* : Madame portera la robe rouge.

CLAIRE, *simplement* : Bien. *(Sévère.)* Passez-moi la robe. Oh! je suis bien seule et sans amitié. Je vois dans ton œil que tu me hais.

SOLANGE : Je vous aime.

CLAIRE : Comme on aime sa maîtresse, sans doute. Tu m'aimes et me respectes. Et tu attends ma donation, le codicille en ta faveur...

SOLANGE : Je ferais l'impossible...

CLAIRE, *ironique* : Je sais. Tu me jetterais au feu. *(Solange aide Claire à mettre la robe.)* Agrafez. Tirez moins fort. N'essayez pas de me ligoter. *(Solange s'agenouille aux pieds de Claire et arrange les plis de la robe.)* Évitez de me frôler. Reculez-vous. Vous sentez le fauve. De quelle infecte soupente où la nuit les valets vous visitent rapportez-vous ces odeurs? La soupente! La chambre des bonnes! La mansarde! *(Avec grâce.)* C'est pour mémoire que je parle de l'odeur des mansardes, Claire. Là... *(Elle désigne un point de la chambre.)* Là, les deux lits de fer séparés par la table de nuit. Là, la commode en pitchpin avec le petit autel à la Sainte Vierge. C'est exact, n'est-ce pas?

SOLANGE : Nous sommes malheureuses. J'en pleurerais.

CLAIRE : C'est exact. Passons sur nos dévotions à la Sainte Vierge en plâtre, sur nos agenouillements. Nous ne parlerons même pas des fleurs en papier... *(Elle rit.)* En papier! Et la branche de buis bénit! *(Elle montre les fleurs de la chambre.)* Regarde ces corolles ouvertes en mon honneur! Je suis une Vierge plus belle, Claire.

SOLANGE : Taisez-vous...

CLAIRE : Et là, la fameuse lucarne, par où le laitier demi-nu saute jusqu'à votre lit!

SOLANGE : Madame s'égare, Madame...

CLAIRE : Vos mains! N'égarez pas vos mains. Vous l'ai-je assez murmuré! elles empestent l'évier.

SOLANGE : La chute!

CLAIRE : Hein?

SOLANGE, *arrangeant la robe* : La chute. J'arrange votre chute d'amour.

CLAIRE : Écartez-vous, frôleuse!

Elle donne à Solange sur la tempe un coup de talon Louis XV. Solange accroupie vacille et recule.

SOLANGE : Voleuse, moi?

CLAIRE : Je dis frôleuse. Si vous tenez à pleurnicher, que ce soit dans votre mansarde. Je n'accepte ici, dans ma chambre, que des larmes nobles. Le bas de ma robe, certain jour en sera constellé, mais de larmes précieuses. Disposez la traîne, traînée!

SOLANGE : Madame s'emporte!

CLAIRE : Dans ses bras parfumés, le diable m'emporte. Il me soulève, je décolle, je pars... *(Elle frappe le sol du talon.)*... et je reste. Le collier? Mais dépêche-toi, nous n'aurons pas le temps. Si la robe est trop longue, fais un ourlet avec des épingles de nourrice.

Solange se relève et va pour prendre le collier dans un écrin, mais Claire la devance et s'empare du bijou. Ses doigts ayant frôlé ceux de Solange, horrifiée, Claire recule.

Tenez vos mains loin des miennes, votre contact est immonde. Dépêchez-vous.

SOLANGE : Il ne faut pas exagérer. Vos yeux s'allument. Vous atteignez la rive.

CLAIRE : Vous dites?

SOLANGE : Les limites. Les bornes. Madame. Il faut garder vos distances.

CLAIRE : Quel langage, ma fille. Claire? tu te venges, n'est-ce pas? Tu sens approcher l'instant où tu quittes ton rôle...

SOLANGE : Madame me comprend à merveille. Madame me devine.

CLAIRE : Tu sens approcher l'instant où tu ne seras plus la bonne. Tu vas te venger. Tu t'apprêtes? Tu aiguises tes ongles? La haine te réveille? Claire n'oublie pas. Claire, tu m'écoutes? Mais Claire, tu ne m'écoutes pas?

SOLANGE, *distraite* : Je vous écoute.

CLAIRE : Par moi, par moi seule, la bonne existe. Par mes cris et par mes gestes.

SOLANGE : Je vous écoute.

CLAIRE, *elle hurle* : C'est grâce à moi que tu es, et tu me nargues! Tu ne peux savoir comme il est pénible d'être Madame, Claire, d'être le prétexte à vos simagrées! Il me suffirait de si peu et tu n'existerais plus. Mais je suis bonne, mais je suis belle et je te défie. Mon désespoir d'amante m'embellit encore!

SOLANGE, *méprisante* : Votre amant!

CLAIRE : Mon malheureux amant sert encore ma noblesse, ma fille. Je grandis davantage pour te réduire et t'exalter. Fais appel à toutes tes ruses. Il est temps!

SOLANGE, *froidement* : Assez! Dépêchez-vous. Vous êtes prête?

CLAIRE : Et toi?

SOLANGE, *doucement d'abord* : Je suis prête, j'en ai assez d'être un objet de dégoût. Moi aussi je vous hais...

CLAIRE : Doucement, mon petit, doucement...

(*Elle tape doucement l'épaule de Solange pour l'inciter au calme.*

SOLANGE : Je vous hais! Je vous méprise. Vous ne m'intimidez plus. Réveillez le souvenir de votre amant, qu'il vous protège. Je vous hais! Je hais votre poitrine pleine de souffles embaumés. Votre poitrine... d'ivoire! Vos cuisses... d'or! Vos pieds... d'ambre! (*Elle crache sur la robe rouge.*) Je vous hais!

CLAIRE, *suffoquée* : Oh! oh! mais...

SOLANGE, *marchant sur elle* : Oui madame, ma belle madame. Vous croyez que tout vous sera permis jusqu'au bout? Vous croyez pouvoir dérober la beauté du ciel et m'en priver? Choisir vos parfums, vos poudres, vos rouges à ongles, la soie, le velours, la dentelle et m'en priver? Et me prendre le laitier? Avouez!

Avouez le laitier! Sa jeunesse, sa fraîcheur vous troublent, n'est-ce pas? Avouez le laitier. Car Solange vous emmerde!

CLAIRE, *affolée* : Claire! Claire!

SOLANGE : Hein?

CLAIRE, *dans un murmure* : Claire, Solange, Claire.

SOLANGE : Ah! oui, Claire. Claire vous emmerde! Claire est là, plus claire que jamais. Lumineuse!

Elle gifle Claire.

CLAIRE : Oh! oh! Claire... vous... oh!

SOLANGE : Madame se croyait protégée par ses barricades de fleurs, sauvée par un exceptionnel destin, par le sacrifice. C'était compter sans la révolte des bonnes. La voici qui monte, madame. Elle va crever et dégonfler votre aventure. Ce monsieur n'était qu'un triste voleur et vous une...

CLAIRE : Je t'interdis!

SOLANGE : M'interdire! Plaisanterie! Madame est interdite. Son visage se décompose. Vous désirez un miroir?

Elle tend à Claire un miroir à main.

CLAIRE, *se mirant avec complaisance* : J'y suis plus belle! Le danger m'auréole, Claire, et toi tu n'es que ténèbres...

SOLANGE : ...infernales! Je sais. Je connais la tirade. Je lis sur votre visage ce qu'il faut vous répondre et j'irai jusqu'au bout. Les deux bonnes sont là — les dévouées servantes! Devenez plus belle pour les mépriser. Nous ne vous craignons plus. Nous sommes enveloppées, confondues dans nos exhalaisons, dans nos fastes, dans notre haine pour vous. Nous prenons forme, madame. Ne riez pas. Ah! surtout ne riez pas de ma grandiloquence...

CLAIRE : Allez-vous-en.

SOLANGE : Pour vous servir, encore, madame! Je retourne à ma cuisine. J'y retrouve mes gants et l'odeur de mes dents. Le rot silencieux de l'évier. Vous avez vos fleurs, j'ai mon évier. Je suis la bonne. Vous au moins vous ne pouvez pas me souiller. Mais vous ne l'emporterez pas en paradis. J'aimerais mieux vous y suivre que de lâcher ma haine à la porte. Riez un peu, riez et priez vite, très vite! Vous êtes au bout du rouleau ma chère! *(Elle tape sur les mains de Claire qui protège sa gorge.)*

Bas les pattes et découvrez ce cou fragile. Allez, ne tremblez pas, ne frissonnez pas, j'opère vite et en silence. Oui, je vais retourner à ma cuisine, mais avant je termine ma besogne.

> *Elle semble sur le point d'étrangler Claire. Soudain un réveille-matin sonne. Solange s'arrête. Les deux actrices se rapprochent, émues, et écoutent, pressées l'une contre l'autre.*

Déjà?

CLAIRE : Dépêchons-nous. Madame va rentrer *(Elle commence à dégrafer sa robe.)* Aide-moi. C'est déjà fini, et tu n'as pas pu aller jusqu'au bout.

SOLANGE, *l'aidant. D'un ton triste :* C'est chaque fois pareil. Et par ta faute. Tu n'es jamais prête assez vite. Je ne peux pas t'achever.

CLAIRE : Ce qui nous prend du temps, c'est les préparatifs. Remarque...

SOLANGE, *elle lui enlève la robe :* Surveille la fenêtre.

CLAIRE : Remarque que nous avons de la marge. J'ai remonté le réveil de façon qu'on puisse tout ranger.

> *Elle se laisse avec lassitude tomber sur le fauteuil.*

SOLANGE : Il fait lourd, ce soir. Il a fait lourd toute la journée.

CLAIRE : Oui.

SOLANGE : Et cela nous tue, Claire.

CLAIRE : Oui.

SOLANGE : C'est l'heure.

CLAIRE : Oui. *(Elle se lève avec lassitude.)* Je vais préparer la tisane.

SOLANGE : Surveille la fenêtre.

CLAIRE : On a le temps.

> *Elle s'essuie le visage.*

SOLANGE : Tu te regardes encore... Claire, mon petit...

CLAIRE : Je suis lasse.

SOLANGE, *dure :* Surveille la fenêtre. Grâce à ta maladresse, rien ne serait à sa place. Et il faut que je nettoie la robe de Madame. *(Elle regarde sa sœur.)* Qu'est-ce que tu as? Tu peux te ressembler, maintenant. Reprends ton visage. Allons, Claire, redeviens ma sœur...

CLAIRE : Je suis à bout. La lumière m'assomme. Tu crois que les gens d'en face...

SOLANGE : Qu'est-ce que cela peut nous faire? Tu ne voudrais pas qu'on... qu'on s'organise dans le noir? Ferme les yeux. Ferme les yeux, Claire. Repose-toi.

CLAIRE, *elle met sa petite robe noire :* Oh! quand je dis que je suis lasse, c'est une façon de parler. N'en profite pas pour me plaindre. Ne cherche pas à me dominer.

Elle enfile les bas de fil noirs et chausse les souliers noirs à talons plats.

SOLANGE : Je voudrais que tu te reposes. C'est surtout quand tu te reposes que tu m'aides [1].

CLAIRE : Je te comprends, ne t'explique pas.

SOLANGE : Si. Je m'expliquerai. C'est toi qui as commencé. Et d'abord, en faisant cette allusion au laitier. Tu crois que je ne t'ai pas devinée? Si Mario...

CLAIRE : Oh!

SOLANGE : Si le laitier me dit des grossièretés le soir, il t'en dit autant. Mais tu étais bien heureuse de pouvoir...

CLAIRE, *elle hausse les épaules :* Tu ferais mieux de voir si tout est en ordre. Regarde, la clé du secrétaire était placée comme ceci. *(Elle arrange la clé.)* Et sur les œillets et les roses, il est impossible, comme dit Monsieur, de ne pas...

SOLANGE, *violente :* Tu étais heureuse de pouvoir tout à l'heure mêler tes insultes...

CLAIRE : ...découvrir un cheveu de l'une ou de l'autre bonne.

SOLANGE : Et les détails de notre vie privée avec...

CLAIRE, *ironique :* Avec? Avec? Avec quoi? Donne un nom?

---

1. Les metteurs en scène doivent s'appliquer à mettre au point une déambulation qui ne sera pas laissée au hasard : les Bonnes et Madame se rendent d'un point à un autre de la scène, en dessinant une géométrie qui ait un sens. Je ne peux dire lequel, mais cette géométrie ne doit pas être voulue par de simples allées et venues. Elle s'inscrira comme, dit-on, dans le vol des oiseaux, s'inscrivent les présages, dans le vol des abeilles une activité de vie, dans la démarche de certains poètes une activité de mort.

Donne un nom à la chose! La cérémonie? D'ailleurs, nous n'avons pas le temps de commencer une discussion ici. Elle, elle, elle va rentrer. Mais, Solange, nous la tenons, cette fois. Je t'envie d'avoir vu sa tête en apprenant l'arrestation de son amant. Pour une fois, j'ai fait du beau travail. Tu le reconnais? Sans moi, sans ma lettre de dénonciation, tu n'aurais pas eu ce spectacle : l'amant avec les menottes et Madame en larmes. Elle peut en mourir. Ce matin, elle ne tenait plus debout.

SOLANGE : Tant mieux. Qu'elle en claque! Et que j'hérite, à la fin! Ne plus remettre les pieds dans cette mansarde sordide, entre ces imbéciles, entre une cuisinière et un valet de chambre.

CLAIRE : Moi je l'aimais notre mansarde.

SOLANGE : Ne t'attendris pas. Tu l'aimes pour me contredire. Moi qui la hais. Je la vois telle qu'elle est, sordide et nue. Dépouillée, comme dit Madame. Mais quoi, nous sommes des pouilleuses.

CLAIRE : Ah! non, ne recommence pas. Regarde plutôt à la fenêtre. Moi je ne peux rien voir, la nuit est trop noire.

SOLANGE : Que je parle. Que je me vide. J'ai aimé la mansarde parce que sa pauvreté m'obligeait à de pauvres gestes. Pas de tentures à soulever, pas de tapis à fouler, de meubles à caresser... de l'œil ou du torchon, pas de glaces, pas de balcons. Rien ne nous forçait à un geste trop beau. *(Sur un geste de Claire.)* Mais rassure-toi, tu pourras continuer en prison à faire ta souveraine, ta Marie-Antoinette, te promener la nuit dans l'appartement...

CLAIRE : Tu es folle! Jamais je ne me suis promenée dans l'appartement.

SOLANGE, *ironique :* Oh! Mademoiselle ne s'est jamais promenée! Enveloppée dans les rideaux ou le couvre-lit de dentelle, n'est-ce pas? Se contemplant dans les miroirs, se pavanant au balcon et saluant à deux heures du matin le peuple accouru défiler sous ses fenêtres. Jamais, non, jamais?

CLAIRE : Mais, Solange...

SOLANGE : La nuit est trop noire pour épier Madame. Sur ton balcon, tu te croyais invisible. Pour qui me prends-tu? N'essaie pas de me faire croire que tu es somnambule. Au point où nous en sommes, tu peux avouer.

CLAIRE : Mais Solange, tu cries. Je t'en prie, parle plus bas. Madame peut rentrer en sourdine...

Elle court à la fenêtre et soulève le rideau.

SOLANGE : Laisse les rideaux, j'ai fini. Je n'aime pas te voir les soulever de cette façon. Laisse-les retomber. Le matin de son arrestation, quand il épiait les policiers, Monsieur faisait comme toi.

CLAIRE : Le moindre geste te paraît un geste d'assassin qui veut s'enfuir par l'escalier de service. Tu as peur maintenant.

SOLANGE : Ironise, afin de m'exciter. Ironise, va! Personne ne m'aime! Personne ne nous aime!

CLAIRE : Elle, elle nous aime. Elle est bonne. Madame est bonne! Madame nous adore.

SOLANGE : Elle nous aime comme ses fauteuils. Et encore! Comme la faïence rose de ses latrines. Comme son bidet. Et nous, nous ne pouvons pas nous aimer. La crasse...

CLAIRE, *c'est presque dans un aboiement :* Ah!...

SOLANGE : ... N'aime pas la crasse. Et tu crois que je vais en prendre mon parti, continuer ce jeu et, le soir, rentrer dans mon lit-cage. Pourrons-nous même le continuer, le jeu. Et moi, si je n'ai plus à cracher sur quelqu'un qui m'appelle Claire, mes crachats vont m'étouffer! Mon jet de salive, c'est mon aigrette de diamants.

CLAIRE, *elle se lève et pleure :* Parle plus doucement, je t'en prie. Parle... parle de la bonté de Madame. Elle, elle dit : diam's!

SOLANGE : Sa bonté! Ses diam's! C'est facile d'être bonne, et souriante, et douce. Quand on est belle et riche! Mais être bonne quand on est une bonne! On se contente de parader pendant qu'on fait le ménage ou la vaisselle. On brandit un plumeau comme un éventail. On a des gestes élégants avec la serpillière. Ou bien, on va comme toi, la nuit s'offrir le luxe d'un défilé historique dans les appartements de Madame.

CLAIRE : Solange! Encore! Tu cherches quoi? Tu penses que tes accusations vont nous calmer? Sur ton compte, je pourrais en raconter de plus belles.

SOLANGE : Toi? *(Un temps assez long.)* Toi?

CLAIRE : Parfaitement. Si je voulais. Parce qu'enfin, après tout...

SOLANGE : Tout? Après tout? Qu'est-ce que tu insinues? C'est toi qui as parlé de cet homme. Claire, je te hais.

CLAIRE : Et je te le rends. Mais je n'irai pas chercher le prétexte d'un laitier pour te menacer.

SOLANGE : De nous deux, qui menace l'autre? Hein? Tu hésites?

CLAIRE : Essaie d'abord. Tire la première. C'est toi qui recules, Solange. Tu n'oses pas m'accuser du plus grave, mes lettres à la police. La mansarde a eté submergée sous mes essais d'écriture... sous des pages et des pages. J'ai inventé les pires histoires et les plus belles dont tu profitais. Hier soir, quand tu faisais Madame dans la robe blanche, tu jubilais, tu jubilais, tu te voyais déjà montant en cachette sur le bateau des déportés, sur le...

SOLANGE, *professorale* : Le *Lamartinière*. *(Elle en a détaché chaque syllabe.)*

CLAIRE : Tu accompagnais Monsieur, ton amant... Tu fuyais la France. Tu partais pour l'île du Diable, pour la Guyane, avec lui : un beau rêve! Parce que j'avais le courage d'envoyer mes lettres anonymes, tu te payais le luxe d'être une prostituée de haut vol, une hétaïre. Tu étais heureuse de ton sacrifice, de porter la croix du mauvais larron, de lui torcher le visage, de le soutenir, de te livrer aux chiourmes pour que lui soit accordé un léger soulagement.

SOLANGE : Mais toi, tout à l'heure, quand tu parlais de le suivre.

CLAIRE : Je ne le nie pas, j'ai repris l'histoire où tu l'avais lâchée. Mais avec moins de violence que toi. Dans la mansarde déjà, au milieu des lettres, le tangage te faisait chalouper.

SOLANGE : Tu ne te voyais pas.

CLAIRE : Oh! si! Je peux me regarder dans ton visage et voir les ravages qu'y fait notre victime! Monsieur est maintenant derrière les verrous. Réjouissons-nous. Au moins nous éviterons ses moqueries. Et tu seras plus à ton aise pour te prélasser sur sa poitrine, tu inventeras mieux son torse et ses jambes, tu épieras sa démarche. Le tangage te faisait chalouper! Déjà tu t'abandonnais à lui. Au risque de nous perdre...

SOLANGE, *indignée* : Comment?

CLAIRE : Je précise. Perdre. Pour écrire mes lettres de dénonciation à la police, il me fallait des faits, citer des dates. Et comment m'y prendre? Hein? Souviens-toi. Ma chère, votre confusion rose est ravissante. Tu as honte. Tu étais là pourtant! J'ai fouillé dans les papiers de Madame et j'ai découvert la fameuse correspondance...

Un silence.

SOLANGE : Et après?

CLAIRE : Oh! mais tu m'agaces, à la fin! Après? Eh bien, après tu as voulu conserver les lettres de Monsieur. Et hier soir encore dans la mansarde, il restait une carte de Monsieur adressée à Madame! Je l'ai découverte.

SOLANGE, *agressive* : Tu fouilles dans mes affaires, toi!

CLAIRE : C'est mon devoir.

SOLANGE : A mon tour de m'étonner de tes scrupules...

CLAIRE : Je suis prudente, pas scrupuleuse. Quand je risquais tout en m'agenouillant sur le tapis, pour forcer la serrure du secrétaire, pour façonner une histoire avec des matériaux exacts, toi, enivrée par l'espoir d'un amant coupable, criminel et banni, tu m'abandonnais!

SOLANGE : J'avais placé un miroir de façon à voir la porte d'entrée. Je faisais le guet.

CLAIRE : Ce n'est pas vrai! Je remarque tout et je t'observe depuis longtemps. Avec ta prudence coutumière, tu étais restée à l'entrée de l'office, prête à bondir au fond de la cuisine à l'arrivée de Madame!

SOLANGE : Tu mens, Claire. Je surveillais le corridor...

CLAIRE : C'est faux! Il s'en est fallu de peu que Madame ne me trouve au travail! Toi, sans t'occuper si mes mains tremblaient en fouillant les papiers, toi, tu étais en marche, tu traversais les mers, tu forçais l'Équateur...

SOLANGE, *ironique* : Mais toi-même? Tu as l'air de ne rien savoir de tes extases! Claire, ose dire que tu n'as jamais rêvé

d'un bagnard! Que jamais tu n'as rêvé précisément de celui-là!
Ose dire que tu ne l'as pas dénoncé justement — justement,
quel beau mot! — afin qu'il serve ton aventure secrète.

CLAIRE : Je sais ça et davantage. Je suis la plus lucide. Mais
l'histoire, c'est toi qui l'as inventée. Tourne ta tête. Ah! si tu
te voyais, Solange. Le soleil de la forêt vierge illumine encore
ton profil. Tu prépares l'évasion de ton amant. *(Elle rit ner-*
veusement.) Comme tu te travailles! Mais rassure-toi, je te hais
pour d'autres raisons. Tu les connais.

SOLANGE, *baissant la voix* : Je ne te crains pas. Je ne doute
pas de ta haine, de ta fourberie, mais fais bien attention. C'est
moi l'aînée.

CLAIRE : Qu'est-ce que cela veut dire, l'aînée? Et la plus forte?
Tu m'obliges à te parler de cet homme pour mieux détourner
mes regards. Allons donc! Tu crois que je ne t'ai pas découverte?
Tu as essayé de la tuer.

SOLANGE : Tu m'accuses?

CLAIRE : Ne nie pas. Je t'ai vue. *(Un long silence.)* Et j'ai
eu peur. Peur, Solange. Quand nous accomplissons la cérémonie, je protège mon cou. C'est moi que tu vises à travers
Madame, c'est moi qui suis en danger.

Un long silence. Solange hausse les épaules.

SOLANGE, *décidée* : Oui, j'ai essayé. J'ai voulu te délivrer.
Je n'en pouvais plus. J'étouffais de te voir étouffer, rougir,
verdir, pourrir dans l'aigre et le doux de cette femme. Tu as
raison reproche-le-moi. Je t'aimais trop. Tu aurais été la première à me dénoncer si je l'avais tuée. C'est par toi que j'aurais
été livrée à la police.

CLAIRE, *elle la prend aux poignets* : Solange...

SOLANGE, *se dégageant* : Il s'agit de moi.

CLAIRE : Solange, ma petite sœur. J'ai tort. Elle va rentrer.

SOLANGE : Je n'ai tué personne. J'ai été lâche, tu comprends.
J'ai fait mon possible, mais elle s'est retournée en dormant.
Elle respirait doucement. Elle gonflait les draps : c'était
Madame.

CLAIRE : Tais-toi.

SOLANGE : Pas encore. Tu as voulu savoir. Attends, je vais

t'en raconter d'autres. Tu connaîtras comme elle est faite, ta sœur. De quoi elle est faite. Ce qui compose une bonne : j'ai voulu l'étrangler...

CLAIRE : Pense au ciel. Pense au ciel. Pense à ce qu'il y a après.

SOLANGE : Que dalle! J'en ai assez de m'agenouiller sur des bancs. A l'église, j'aurais eu le velours rouge des abbesses ou la pierre des pénitentes, mais au moins, noble serait mon attitude. Vois, mais vois comme elle souffre bien, elle, comme elle souffre en beauté. La douleur la transfigure! En apprenant que son amant était un voleur, elle tenait tête à la police. Elle exultait. Maintenant, c'est une abandonnée magnifique, soutenue sous chaque bras par deux servantes attentives et désolées par sa peine. Tu l'as vue? Sa peine étincelante des feux de ses bijoux, du satin de ses robes, des lustres! Claire, la beauté de mon crime devait racheter la pauvreté de mon chagrin. Après, j'aurais mis le feu.

CLAIRE : Calme-toi, Solange. Le feu pouvait ne pas prendre. On t'aurait découverte. Tu sais ce qui attend les incendiaires.

SOLANGE : Je sais tout. J'ai eu l'œil et l'oreille aux serrures. J'ai écouté aux portes plus qu'aucune domestique. Je sais tout. Incendiaire! C'est un titre admirable.

CLAIRE : Tais-toi. Tu m'étouffes. J'étouffe. *(Elle veut entrouvrir la fenêtre.)* Ah! laisser entrer un peu d'air ici!

SOLANGE, *inquiète* : Que veux-tu faire?

CLAIRE : Ouvrir.

SOLANGE : Toi aussi? Depuis longtemps j'étouffe! Depuis longtemps je voulais mener le jeu à la face du monde, hurler ma vérité sur les toits, descendre dans la rue sous les apparences de Madame...

CLAIRE : Tais-toi. Je voulais dire...

SOLANGE : C'est trop tôt, tu as raison. Laisse la fenêtre. Ouvre les portes de l'antichambre et de la cuisine. *(Claire ouvre l'une et l'autre porte.)* Va voir si l'eau bout.

CLAIRE : Toute seule?

SOLANGE : Attends alors, attends qu'elle vienne. Elle apporte son étole, ses perles, ses larmes, ses sourires, ses soupirs, sa douceur.

Sonnerie du téléphone. Les deux sœurs écoutent.

CLAIRE, *au téléphone* : Monsieur? C'est Monsieur!... C'est Claire, monsieur... *(Solange veut prendre un écouteur. Claire l'écarte.)* Bien, j'avertirai Madame, Madame sera heureuse de savoir Monsieur en liberté... Bien, monsieur. Je vais noter. Monsieur attend Madame au *Bilboquet*. Bien... Bonsoir, monsieur.

Elle veut raccrocher mais sa main tremble et elle pose l'écouteur sur la table.

SOLANGE : Il est sorti?

CLAIRE : Le juge le laisse en liberté provisoire.

SOLANGE : Mais... Mais alors, tout casse.

CLAIRE, *sèche* : Tu le vois bien.

SOLANGE : Les juges ont eu le toupet de le lâcher. On bafoue la justice. On nous insulte! Si Monsieur est libre, il voudra faire une enquête, il fouillera la maison pour découvrir la coupable. Je me demande si tu saisis la gravité de la situation.

CLAIRE : J'ai fait ce que j'ai pu, à nos risques et périls.

SOLANGE, *amère* : Tu as bien travaillé. Mes compliments. Tes dénonciations, tes lettres, tout marche admirablement. Et si on reconnaît ton écriture, c'est parfait. Et pourquoi va-t-il au *Bilboquet*, d'abord et pas ici. Tu peux l'expliquer?

CLAIRE : Puisque tu es si habile, il fallait réussir ton affaire avec Madame. Mais tu as eu peur. L'air était parfumé, le lit tiède. C'était Madame! Il nous reste à continuer cette vie, reprendre le jeu.

SOLANGE : Le jeu est dangereux. Je suis sûre que nous avons laissé des traces. Par ta faute. Nous en laissons chaque fois. Je vois une foule de traces que je ne pourrai jamais effacer. Et elle, elle se promène au milieu de cela qu'elle apprivoise. Elle le déchiffre. Elle pose le bout de son pied rose sur nos traces. L'une après l'autre, elle nous découvre. Par ta faute, Madame se moque de nous! Madame saura tout. Elle n'a qu'à sonner pour être servie. Elle saura que nous mettions ses robes, que nous volions ses gestes, que nous embobinions son amant de

nos simagrées. Tout va parler, Claire. Tout nous accusera. Les rideaux marqués par tes épaules, les miroirs par mon visage, la lumière qui avait l'habitude de nos folies, la lumière va tout avouer. Par ta maladresse, tout est perdu.

CLAIRE : Tout est perdu parce que tu n'as pas eu la force pour...

SOLANGE : Pour...

CLAIRE : La tuer.

SOLANGE : Je peux encore trouver la force qu'il faut.

CLAIRE : Où? Où? Tu n'es pas aussi au-delà que moi. Tu ne vis pas au-dessus de la cime des arbres. Un laitier traversant ta tête te bouleverse.

SOLANGE : C'est de n'avoir pas vu sa figure, Claire. D'avoir été tout à coup si près de Madame parce que j'étais près de son sommeil. Je perdais mes forces. Il fallait relever le drap que sa poitrine soulevait pour trouver la gorge.

CLAIRE, *ironique* : Et les draps étaient tièdes. La nuit noire. C'est en plein jour qu'on fait ces coups-là. Tu es incapable d'un acte aussi terrible. Mais moi, je peux réussir. Je suis capable de tout, et tu le sais.

SOLANGE : Le gardénal.

CLAIRE : Oui. Parlons paisiblement. Je suis forte. Tu as essayé de me dominer...

SOLANGE : Mais, Claire...

CLAIRE, *calmement* : Pardon. Je sais ce que je dis. Je suis Claire. Et prête. J'en ai assez. Assez d'être l'araignée, le fourreau de parapluie, la religieuse sordide et sans dieu, sans famille! J'en ai assez d'avoir un fourneau comme autel. Je suis la pimbêche, la putride. A tes yeux aussi.

SOLANGE, *elle prend Claire aux épaules* : Claire... Nous sommes nerveuses. Madame n'arrive pas. Moi aussi je n'en peux plus. Je n'en peux plus de notre ressemblance, je n'en peux plus de mes mains, de mes bas noirs, de mes cheveux. Je ne te reproche rien, ma petite sœur. Tes promenades te soulageaient...

CLAIRE, *agacée* : Ah! laisse.

SOLANGE : Je voudrais t'aider. Je voudrais te consoler, **mais** je sais que je te dégoûte. Je te répugne. Et je le sais puisque tu me dégoûtes. S'aimer dans le dégoût, ce n'est pas s'aimer.

CLAIRE : C'est trop s'aimer. Mais j'en ai assez de ce miroir effrayant qui me renvoie mon image comme une mauvaise odeur. Tu es ma mauvaise odeur. Eh bien! je suis prête. J'aurai ma couronne. Je pourrai me promener dans les appartements.

SOLANGE : Nous ne pouvons tout de même pas la tuer pour si peu.

CLAIRE : Vraiment? Ce n'est pas assez? Pourquoi, s'il vous plaît? Pour quel autre motif? Où et quand trouver un plus beau prétexte? Ce n'est pas assez? Ce soir, Madame assistera à notre confusion. En riant aux éclats, en riant parmi ses pleurs, avec ses soupirs épais! Non. J'aurai ma couronne. Je serai cette empoisonneuse que tu n'as pas su être. A mon tour de te dominer.

SOLANGE : Mais, jamais...

CLAIRE, *énumérant méchamment, et imitant Madame* : Passe-moi la serviette! Passe-moi les épingles à linge! Épluche les oignons! Gratte les carottes! Lave les carreaux! Fini. C'est fini. Ah! J'oubliais! ferme le robinet! C'est fini. Je disposerai du monde.

SOLANGE : Ma petite sœur!

CLAIRE : Tu m'aideras.

SOLANGE : Tu ne sauras pas quels gestes faire. Les choses sont plus graves, Claire, plus simples.

CLAIRE : Je serai soutenue par le bras solide du laitier. Il ne flanchera pas. J'appuierai ma main gauche sur sa nuque. Tu m'aideras. Et s'il faut aller plus loin, Solange, si je dois partir pour le bagne, tu m'accompagneras, tu monteras sur le bateau. Solange, à nous deux, nous serons ce couple éternel, du criminel et de la sainte. Nous serons sauvées, Solange, je te le jure, sauvées!

Elle tombe assise sur le lit de Madame.

SOLANGE : Calme-toi. Je vais te porter là-haut. Tu vas dormir.

CLAIRE : Laisse-moi. Fais de l'ombre. Fais un peu d'ombre, je t'en supplie.

Solange éteint.

SOLANGE : Repose-toi. Repose-toi, ma petite sœur. *(Elle s'agenouille, déchausse Claire, lui baise les pieds.)* Calme-toi, mon chéri. *(Elle la caresse.)* Pose tes pieds, là. Ferme les yeux.

CLAIRE, *elle soupire :* J'ai honte, Solange.

SOLANGE, *très doucement :* Ne parle pas. Laisse-moi faire. Je vais t'endormir. Quand tu dormiras, je te porterai là-haut, dans la mansarde. Je te déshabillerai et je te coucherai dans ton lit-cage. Dors, je serai là.

CLAIRE : J'ai honte, Solange.

SOLANGE : Chut! Laisse-moi te raconter une histoire.

CLAIRE, *plaintivement :* Solange?

SOLANGE : Mon ange?

CLAIRE : Solange, écoute.

SOLANGE : Dors.

Long silence.

CLAIRE : Tu as de beaux cheveux. Quels beaux cheveux. Les siens...

SOLANGE : Ne parle plus d'elle.

CLAIRE : Les siens sont faux. *(Long silence.)* Tu te rappelles, toutes les deux. Sous l'arbre. Nos pieds au soleil? Solange?

SOLANGE : Dors. Je suis là. Je suis ta grande sœur.

Silence. Au bout d'un moment Claire se lève.

CLAIRE : Non! Non! pas de faiblesse! Allume! Allume! Le moment est trop beau! *(Solange allume.)* Debout! Et mangeons. Qu'est-ce qu'il y a dans la cuisine? Hein? Il faut manger. Pour être forte. Viens, tu vas me conseiller. Le gardénal?

SOLANGE : Oui. Le gardénal...

CLAIRE : Le gardénal! Ne fais pas cette tête. Il faut être joyeuse et chanter. Chantons! Chante, comme quand tu iras mendier dans les cours et les ambassades. Il faut rire. *(Elles rient aux éclats.)* Sinon le tragique va nous faire nous envoler par la fenêtre. Ferme la fenêtre. *(En riant, Solange ferme la fenêtre.)* L'assassinat est une chose... inénarrable! Chantons. Nous l'emporterons dans un bois et sous les sapins, au clair de lune, nous la découperons en morceaux. Nous chanterons!

Nous l'enterrerons sous les fleurs dans nos parterres que nous arroserons le soir avec un petit arrosoir!

> *Sonnerie à la porte d'entrée de l'appartement.*

SOLANGE : C'est elle. C'est elle qui rentre. *(Elle prend sa sœur aux poignets.)* Claire, tu es sûre de tenir le coup?

CLAIRE : Il en faut combien?

SOLANGE : Mets-en dix. Dans son tilleul. Dix cachets de gardénal. Mais tu n'oseras pas.

CLAIRE, *elle se dégage, va arranger le lit. Solange la regarde un instant :* J'ai le tube sur moi. Dix.

SOLANGE, *très vite :* Dix. Neuf ne suffiraient pas. Davantage la ferait vomir. Dix. Fais le tilleul très fort. Tu as compris.

CLAIRE, *elle murmure :* Oui.

SOLANGE, *elle va pour sortir et se ravise. D'une voix naturelle :* Très sucré.

> *Elle sort à gauche. Claire continue à arranger la chambre et sort à droite. Quelques secondes s'écoulent. Dans la coulisse on entend un éclat de rire nerveux. Suivie de Solange, Madame, couverte de fourrures, entre en riant.*

MADAME : De plus en plus! Des glaïeuls horribles, d'un rose débilitant, et du mimosa! Ces folles doivent courir les halles avant le jour pour les acheter moins cher. Tant de sollicitude, ma chère Solange, pour une maîtresse indigne et tant de roses pour elle quand Monsieur est traité comme un criminel! Car... Solange, à ta sœur et à toi, je vais encore donner une preuve de confiance! Car je n'ai plus d'espoir. Cette fois Monsieur est bel et bien incarcéré.

> *Solange lui retire son manteau de fourrure.*

Incarcéré, Solange! — In-car-cé-ré! Et dans des circonstances infernales! Que réponds-tu à cela? Voilà ta maîtresse mêlée à la plus sordide affaire et la plus sotte. Monsieur est couché sur la paille et vous m'élevez un reposoir [1]!

---

1. Il est possible que la pièce paraisse réduite à un squelette de pièce. En effet, tout y est trop vite dit, et trop explicite, je suggère donc que les metteurs en scène éventuels remplacent les expressions trop précises, celles qui rendent la situation trop explicite, par d'autres plus ambiguës. Que les comédiennes jouent. Excessivement.

SOLANGE : Madame ne doit pas se laisser aller. Les prisons ne sont plus comme sous la Révolution...

MADAME : La paille humide des cachots n'existe plus, je le sais. N'empêche que mon imagination invente les pires tortures à Monsieur. Les prisons sont pleines de criminels dangereux et Monsieur, qui est la délicatesse même, vivra avec eux! Je meurs de honte. Alors qu'il essaie de s'expliquer son crime, moi, je m'avance au milieu d'un parterre, sous des tonnelles, avec le désespoir dans l'âme. Je suis brisée.

SOLANGE : Vos mains sont gelées.

MADAME : Je suis brisée. Chaque fois que je rentrerai mon cœur battra avec cette violence terrible et un beau jour je m'écroulerai, morte sous vos fleurs. Puisque c'est mon tombeau que vous préparez, puisque depuis quelques jours vous accumulez dans ma chambre des fleurs funèbres! J'ai eu très froid mais je n'aurai pas le toupet de m'en plaindre. Toute la soirée, j'ai traîné dans les couloirs. J'ai vu des hommes glacés, des visages de marbre, des têtes de cire, mais j'ai pu apercevoir Monsieur. Oh! de très loin. Du bout des doigts j'ai fait un signe. A peine. Je me sentais coupable. Et je l'ai vu disparaître entre deux gendarmes.

SOLANGE : Des gendarmes? Madame est sûre? Ce sont plutôt des gardes.

MADAME : Tu connais des choses que j'ignore. Gardes ou gendarmes, ils ont emmené Monsieur. Je quitte à l'instant la femme d'un magistrat. Claire!

SOLANGE : Elle prépare le tilleul de Madame.

MADAME : Qu'elle se presse! Pardon, ma petite Solange. Pardonne-moi. J'ai honte de réclamer du tilleul quand Monsieur est seul, sans nourriture, sans tabac, sans rien. Les gens ne savent pas assez ce qu'est la prison. Ils manquent d'imagination, mais j'en ai trop. Ma sensibilité m'a fait souffrir. Atrocement. Vous avez de la chance, Claire et toi, d'être seules au monde. L'humilité de votre condition vous épargne quels malheurs!

SOLANGE : On s'apercevra vite que Monsieur est innocent.

MADAME : Il l'est! Il l'est! Mais innocent ou coupable, je ne l'abandonnerai jamais. Voici à quoi on reconnaît son amour pour un être : Monsieur n'est pas coupable, mais s'il l'était, je deviendrais sa complice. Je l'accompagnerais jusqu'à la Guyane, jusqu'en Sibérie. Je sais qu'il s'en tirera, au moins par cette histoire imbécile m'est-il donné de prendre conscience de mon attachement à lui. Et cet événement destiné à nous séparer nous lie davantage, et me rend presque plus heureuse. D'un bonheur monstrueux! Monsieur n'est pas coupable mais s'il l'était, avec quelle joie j'accepterais de porter sa croix! D'étape en étape, de prison en prison, et jusqu'au bagne je le suivrais. A pied s'il le faut. Jusqu'au bagne, jusqu'au bagne, Solange! Que je fume! Une cigarette!

SOLANGE : On ne le permettrait pas. Les épouses des bandits, ou leurs sœurs, ou leurs mères ne peuvent même pas les suivre.

MADAME : Un bandit! Quel langage, ma fille! Et quelle science! Un condamné n'est plus un bandit. Ensuite, je forcerais les consignes. Et, Solange, j'aurais toutes les audaces, toutes les ruses.

SOLANGE : Madame est courageuse.

MADAME : Tu ne me connais pas encore. Jusqu'à présent, vous avez vu, ta sœur et toi, une femme entourée de soins et de tendresse, se préoccuper de ses tisanes et de ses dentelles, mais depuis longtemps je viens d'abandonner mes manies. Je suis forte. Et prête pour la lutte. D'ailleurs, Monsieur ne risque pas l'échafaud. Mais il est bien que je m'élève à ce même niveau. J'ai besoin de cette exaltation pour penser plus vite. Et besoin de cette vitesse pour regarder mieux. Grâce à quoi je percerai peut-être cette atmosphère d'inquiétude où je m'avance depuis ce matin. Grâce à quoi je devinerai peut-être ce qu'est cette police infernale disposant chez moi d'espions mystérieux.

SOLANGE : Il ne faut pas s'affoler. J'ai vu acquitter des cas plus graves. Aux assises d'Aix-en-Provence...

MADAME : Des cas plus graves? Que sais-tu de son cas?

SOLANGE : Moi? Rien. C'est d'après ce qu'en dit Madame. J'estime que ce ne peut être qu'une affaire sans danger...

MADAME : Tu bafouilles. Et que sais-tu des acquittements? Tu fréquentes les Assises, toi?

SOLANGE : Je lis les comptes rendus. Je vous parle d'un homme qui avait commis quelque chose de pire. Enfin...

MADAME : Le cas de Monsieur est incomparable. On l'accuse de vols idiots. Tu es satisfaite? De vols! Idiots! Idiots comme les lettres de dénonciation qui l'ont fait arrêter.

SOLANGE : Madame devrait se reposer.

MADAME : Je ne suis pas lasse. Cessez de me traiter comme une impotente. A partir d'aujourd'hui, je ne suis plus la maîtresse qui vous permettait de conseiller et d'entretenir sa paresse. Ce n'est pas moi qu'il faut plaindre. Vos gémissements me seraient insupportables. Votre gentillesse m'agace. Elle m'accable. Elle m'étouffe. Votre gentillesse qui depuis des années n'a jamais vraiment pu devenir affectueuse. Et ces fleurs qui sont là pour fêter juste le contraire d'une noce! Il vous manquait de faire du feu pour me chauffer! Est-ce qu'il y a du feu dans sa cellule?

SOLANGE : Il n'y a pas de feu, madame. Et si Madame veut dire que nous manquons de discrétion...

MADAME : Mais je ne veux rien dire de pareil.

SOLANGE : Madame désire voir les comptes de la journée?

MADAME : En effet! Tu es inconsciente! Crois-tu que j'aie la tête aux chiffres? Mais enfin, Solange, me mépriserais-tu assez que tu me refuses toute délicatesse? Parler de chiffres, de livres de comptes, de recettes de cuisine, d'office et de bas office, quand j'ai le désir de rester seule avec mon chagrin! Convoque les fournisseurs pendant que tu y es!

SOLANGE : Nous comprenons le chagrin de Madame!

MADAME : Non que je veuille tendre de noir l'appartement, mais enfin...

SOLANGE, *rangeant l'étole de fourrure* : La doublure est déchirée. Je la donnerai au fourreur demain.

MADAME : Si tu veux. Encore que ce ne soit guère la peine. Maintenant j'abandonne mes toilettes. D'ailleurs je suis une vieille femme. N'est-ce pas, Solange, que je suis une vieille femme?

SOLANGE : Les idées noires qui reviennent.

MADAME : J'ai des idées de deuil, ne t'en étonne pas. Comment songer à mes toilettes et à mes fourrures quand Monsieur est en prison? Si l'appartement vous paraît trop triste...

SOLANGE : Oh! Madame...

MADAME : Vous n'avez aucune raison de partager mon malheur, je vous l'accorde.

SOLANGE : Nous n'abandonnerons jamais Madame. Après tout ce que Madame a fait pour nous.

MADAME : Je le sais, Solange, Étiez-vous très malheureuses?

SOLANGE : Oh!

MADAME : Vous êtes un peu mes filles. Avec vous la vie me sera moins triste. Nous partirons pour la campagne. Vous aurez les fleurs du jardin. Mais vous n'aimez pas les jeux. Vous êtes jeunes et vous ne riez jamais. A la campagne vous serez tranquilles. Je vous dorloterai. Et plus tard; je vous laisserai tout ce que j'ai. D'ailleurs, que vous manque-t-il? Rien qu'avec mes anciennes robes vous pourriez être vêtues comme des princesses. Et mes robes... *(Elle va à l'armoire et regarde ses robes.)* A quoi serviraient-elles. J'abandonne la vie élégante.

Entre Claire portant le tilleul.

CLAIRE : Le tilleul est prêt.

MADAME : Adieu les bals, les soirées, le théâtre. C'est vous qui hériterez de tout cela.

CLAIRE, *sèche :* Que Madame conserve ses toilettes.

MADAME, *sursautant :* Comment?

CLAIRE, *calme :* Madame devra même en commander de plus belles.

MADAME : Comment courrais-je les couturiers? Je viens de l'expliquer à ta sœur : il me faudra une toilette noire pour mes visites au parloir. Mais de là...

CLAIRE : Madame sera très élégante. Son chagrin lui donnera de nouveaux prétextes.

MADAME : Hein? Tu as sans doute raison. Je continuerai à m'habiller pour Monsieur. Mais il faudra que j'invente le deuil de l'exil de Monsieur. Je le porterai plus sompteux que celui de sa mort. J'aurai de nouvelles et de plus belles toilettes. Et vous m'aiderez en portant mes vieilles robes. En vous les donnant, j'attirerai peut-être la clémence sur Monsieur. On ne sait jamais.

CLAIRE : Mais, madame...

SOLANGE : Le tilleul est prêt, madame.

MADAME : Pose-le. Je le boirai tout à l'heure. Vous aurez mes robes. Je vous donne tout.

CLAIRE : Jamais nous ne pourrons remplacer Madame. Si Madame connaissait nos précautions pour arranger ses toilettes! L'armoire de Madame, c'est pour nous comme la chapelle de la Sainte Vierge. Quand nous l'ouvrons...

SOLANGE, *sèche* : Le tilleul va refroidir.

CLAIRE : Nous l'ouvrons à deux battants, nos jours de fête. Nous pouvons à peine regarder les robes, nous n'avons pas le droit. L'armoire de Madame est sacrée. C'est sa grande penderie!

SOLANGE : Vous bavardez et vous fatiguez Madame.

MADAME : C'est fini. *(Elle caresse la robe de velours rouge.)* Ma belle « Fascination ». La plus belle. Pauvre belle. C'est Lanvin qui l'avait dessinée pour moi. Spécialement. Tiens! Je vous le donne. Je t'en fais cadeau, Claire!

Elle la donne à Claire et cherche dans l'armoire.

CLAIRE : Oh! Madame me la donne vraiment?

MADAME, *souriant suavement* : Bien sûr. Puisque je te le dis.

SOLANGE : Madame est trop bonne. *(A Claire.)* Vous pouvez remercier Madame. Depuis le temps que vous l'admiriez.

CLAIRE : Jamais je n'oserai la mettre. Elle est si belle.

MADAME : Tu pourras la faire retailler. Dans la traîne seulement il y a le velours des manches. Elle sera très chaude. Telles que je vous connais, je sais qu'il vous faut des étoffes solides. Et toi, Solange, qu'est-ce que je peux te donner? Je vais te donner... Tiens, mes renards.

Elle les prend, les pose sur le fauteuil au centre.

CLAIRE : Oh! le manteau de parade!

MADAME : Quelle parade?

SOLANGE : Claire veut dire que Madame ne le mettait qu'aux grandes occasions.

MADAME : Pas du tout. Enfin. Vous avez de la chance qu'on **vous donne** des robes. Moi, si j'en veux, je dois les acheter.

Mais j'en commanderai de plus riches afin que le deuil de Monsieur soit plus magnifiquement conduit.

CLAIRE : Madame est belle!

MADAME : Non, non, ne me remerciez pas. Il est si agréable de faire des heureux autour de soi.

Quand je ne songe qu'à faire du bien! Qui peut être assez méchant pour me punir. Et me punir de quoi? Je me croyais si bien protégée de la vie, si bien protégée par votre dévouement. Si bien protégée par Monsieur. Et toute cette coalition d'amitiés n'aura pas réussi une barricade assez haute contre le désespoir. Je suis désespérée! Des lettres! Des lettres que je suis seule à connaître. Solange?

SOLANGE, *saluant sa sœur* : Oui, madame.

MADAME, *apparaissant* : Quoi? Oh! tu fais des révérences à Claire? Comme c'est drôle! Je vous croyais moins disposées à la plaisanterie.

CLAIRE : Le tilleul, madame.

MADAME : Solange, je t'appelais pour te demander... Tiens, qui a encore dérangé la clé du secrétaire?... pour te demander ton avis. Qui a pu envoyer ces lettres? Aucune idée, naturellement. Vous êtes comme moi, aussi éberluées. Mais la lumière sera faite, mes petites. Monsieur saura débrouiller le mystère. Je veux qu'on analyse l'écriture et qu'on sache qui a pu mettre au point une pareille machination. Le récepteur... Qui a encore décroché le récepteur et pourquoi? On a téléphoné?

Silence.

CLAIRE : C'est moi. C'est quand Monsieur...

MADAME : Monsieur? Quel monsieur? *(Claire se tait.)* Parlez!

SOLANGE : Quand Monsieur a téléphoné.

MADAME : De prison? Monsieur a téléphoné de prison?

CLAIRE : Nous voulions faire une surprise à Madame.

SOLANGE : Monsieur est en liberté provisoire.

CLAIRE : Il attend Madame au *Bilboquet.*

SOLANGE : Oh! si Madame savait!

CLAIRE : Madame ne nous pardonnera jamais.

MADAME, *se levant* : Et vous ne disiez rien! Une voiture. Solange, vite, vite, une voiture. Mais dépêchez-toi. *(Le lapsus est supposé.)* Cours, voyons. *(Elle pousse Solange hors de la chambre.)* Mes fourrures! Mais plus vite! Vous êtes folles. Ou c'est moi qui le deviens. *(Elle met son manteau de fourrure. A Claire.)* Quand a-t-il téléphoné?

CLAIRE, *d'une voix blanche* : Cinq minutes avant le retour de Madame.

MADAME : Il fallait me parler. Et ce tilleul qui est froid. Jamais je ne pourrai attendre le retour de Solange. Oh! qu'est-ce qu'il a dit?

CLAIRE : Ce que je viens de dire. Il était très calme.

MADAME : Lui, toujours. Sa condamnation à mort le laisserait insensible. C'est une nature. Ensuite?

CLAIRE : Rien. Il a dit que le juge le laissait en liberté.

MADAME : Comment peut-on sortir du Palais de Justice à minuit? Les juges travaillent si tard?

CLAIRE : Quelquefois beaucoup plus tard.

MADAME : Beaucoup plus tard? Mais, comment le sais-tu?

CLAIRE : Je suis au courant. Je lis *Détective*.

MADAME, *étonnée* : Ah! oui? Tiens, comme c'est curieux. Tu es vraiment une drôle de fille, Claire. *(Elle regarde son bracelet-montre.)* Elle pourrait se dépêcher. *(Un long silence.)* Tu n'oublieras pas de faire recoudre la doublure de mon manteau.

CLAIRE : Je le porterai demain au fourreur.

Long silence.

MADAME : Et les comptes? Les comptes de la journée. J'ai le temps. Montre-les-moi.

CLAIRE : C'est Solange qui s'en occupe.

MADAME : C'est juste. D'ailleurs j'ai la tête à l'envers, je les verrai demain. *(Regardant Claire.)* Approche un peu! Approche! Mais... tu es fardée! *(Riant.)* Mais Claire, mais tu te fardes!

CLAIRE, *très gênée* : Madame...

MADAME : Ah! ne mens pas! D'ailleurs tu as raison. Vis, ma fille, ris. C'est en l'honneur de qui? Avoue.

CLAIRE : J'ai mis un peu de poudre.

MADAME : Ce n'est pas de la poudre, c'est du fard, c'est de la « cendre de roses », un vieux rouge dont je ne me sers plus. Tu as raison. Tu es encore jeune, embellis-toi, ma fille. Arrange-toi. *(Elle lui met une fleur dans les cheveux. Elle regarde son bracelet-montre.)* Que fait-elle? Il est minuit et elle ne revient pas!

CLAIRE : Les taxis sont rares. Elle a dû courir en chercher jusqu'à la station.

MADAME : Tu crois? Je ne me rends pas compte du temps. Le bonheur m'affole. Monsieur téléphonant qu'il est libre et à une heure pareille!

CLAIRE : Madame devrait s'asseoir. Je vais réchauffer le tilleul.

Elle va pour sortir.

MADAME : Mais non, je n'ai pas soif. Cette nuit, c'est du champagne que nous allons boire. Nous ne rentrerons pas.

CLAIRE : Vraiment un peu de tilleul...

MADAME, *riant :* Je suis déjà trop énervée.

CLAIRE : Justement.

MADAME : Vous ne nous attendrez pas, surtout, Solange et toi. Montez vous coucher tout de suite. *(Soudain elle voit le réveil.)* Mais... ce réveil. Qu'est-ce qu'il fait là? D'où vient-il?

CLAIRE, *très gênée :* Le réveil? C'est le réveil de la cuisine.

MADAME : Ça? Je ne l'ai jamais vu.

CLAIRE, *elle prend le réveil :* Il était sur l'étagère. Il y est depuis toujours.

MADAME, *souriante :* Il est vrai que la cuisine m'est un peu étrangère. Vous y êtes chez vous. C'est votre domaine. Vous en êtes les souveraines. Je me demande pourquoi vous l'avez apporté ici?

CLAIRE : C'est Solange pour le ménage. Elle n'ose jamais se fier à la pendule.

MADAME, *souriante :* Elle est l'exactitude même. Je suis servie par les servantes les plus fidèles.

CLAIRE : Nous adorons Madame.

MADAME, *se dirigeant vers la fenêtre* : Et vous avez raison. Que n'ai-je pas fait pour vous?

Elle sort.

CLAIRE, *seule, avec amertume* : Madame nous a vêtues comme des princesses. Madame a soigné Claire ou Solange, car Madame nous confondait toujours. Madame nous enveloppait de sa bonté. Madame nous permettait d'habiter ensemble ma sœur et moi. Elle nous donnait les petits objets dont elle ne se sert plus. Elle supporte que le dimanche nous allions à la messe et nous placions sur un prie-Dieu près du sien.

VOIX DE MADAME, *en coulisse* : Écoute! Écoute!

CLAIRE : Elle accepte l'eau bénite que nous lui tendons et parfois, du bout de son gant, elle nous en offre!

VOIX DE MADAME, *en coulisse* : Le taxi! Elle arrive. Hein? Que dis-tu?

CLAIRE, *très fort* : Je me récite les bontés de Madame.

MADAME, *elle rentre, souriante* : Que d'honneurs! Que d'honneurs... et de négligence. *(Elle passe la main sur le meuble.)* Vous les chargez de roses mais n'essuyez pas les meubles.

CLAIRE : Madame n'est pas satisfaite du service?

MADAME : Mais très heureuse, Claire. Et je pars!

CLAIRE : Madame prendra un peu de tilleul, même s'il est froid.

MADAME, *riant, se penche sur elle* : Tu veux me tuer avec ton tilleul, tes fleurs, tes recommandations. Ce soir...

CLAIRE, *implorant* : Un peu seulement...

MADAME : Ce soir je boirai du champagne. *(Elle va vers le plateau de tilleul. Claire remonte lentement vers le tilleul.)* Du tilleul! Versé dans le service de gala! Et pour quelle solennité!

CLAIRE : Madame...

MADAME : Enlevez ces fleurs. Emportez-les chez vous. Reposez-vous. *(Tournée comme pour sortir.)* Monsieur est libre! Claire! Monsieur est libre et je vais le rejoindre.

CLAIRE : Madame.

MADAME : Madame s'échappe! Emportez-moi ces fleurs!

La porte claque derrière elle.

CLAIRE, *restée seule :* Car Madame est bonne! Madame est belle! Madame est douce! Mais nous ne sommes pas des ingrates, et tous les soirs dans notre mansarde, comme l'a bien ordonné Madame, nous prions pour elle. Jamais nous n'élevons la voix et devant elle nous n'osons même pas nous tutoyer. Ainsi Madame nous tue avec sa douceur! Avec sa bonté, Madame nous empoisonne. Car Madame est bonne! Madame est belle! Madame est douce! Elle nous permet un bain chaque dimanche et dans sa baignoire. Elle nous tend quelquefois une dragée. Elle nous comble de fleurs fanées. Madame prépare nos tisanes. Madame nous parle de Monsieur à nous en faire chavirer. Car Madame est bonne! Madame est belle! Madame est douce!

SOLANGE, *qui vient de rentrer :* Elle n'a pas bu? Évidemment. Il fallait s'y attendre. Tu as bien travaillé.

CLAIRE : J'aurais voulu t'y voir.

SOLANGE : Tu pouvais te moquer de moi. Madame s'échappe. Madame nous échappe, Claire! Comment pouvais-tu la laisser fuir? Elle va revoir Monsieur et tout comprendre. Nous sommes perdues.

CLAIRE : Ne m'accable pas. J'ai versé le gardénal dans le tilleul, elle n'a pas voulu le boire et c'est ma faute...

SOLANGE : Comme toujours!

CLAIRE : ...car ta gorge brûlait d'annoncer la levée d'écrou de Monsieur.

SOLANGE : La phrase a commencé sur ta bouche...

CLAIRE : Elle s'est achevée sur la tienne.

SOLANGE : J'ai fait ce que j'ai pu. J'ai voulu retenir les mots... Ah! mais ne renverse pas les accusations. J'ai travaillé pour que tout réussisse. Pour te donner le temps de tout préparer j'ai descendu l'escalier le plus lentement possible, j'ai passé par les rues les moins fréquentées, j'y trouvais des nuées de taxis. Je ne pouvais plus les éviter. Je crois que j'en ai arrêté un sans m'en rendre compte. Et pendant que j'étirais le temps, toi, tu perdais tout? Tu lâchais Madame. Il ne nous reste plus qu'à fuir. Emportons nos effets... sauvons-nous...

CLAIRE : Toutes les ruses étaient inutiles. Nous sommes maudites.

SOLANGE : Maudites! Tu vas recommencer tes sottises.

CLAIRE : Tu sais ce que je veux dire. Tu sais bien que les objets nous abandonnent.

SOLANGE : Les objets ne s'occupent pas de nous!

CLAIRE : Ils ne font que cela. Ils nous trahissent. Et il faut que nous soyons de bien grands coupables pour qu'ils nous accusent avec un tel acharnement. Je les ai vus sur le point de tout dévoiler à Madame. Après le téléphone c'était à nos lèvres de nous trahir. Tu n'as pas, comme moi, assisté à toutes les découvertes de Madame. Car je l'ai vue marcher vers la révélation. Elle n'a rien compris mais elle brûle.

SOLANGE : Tu l'as laissée partir!

CLAIRE : J'ai vu Madame, Solange, je l'ai vue découvrir le réveil de la cuisine que nous avions oublié de remettre à sa place, découvrir la poudre sur la coiffeuse, découvrir le fard mal essuyé de mes joues, découvrir que nous lisions *Détective*. Nous découvrir de plus en plus et j'étais seule pour supporter tous ces chocs, seule pour nous voir tomber!

SOLANGE : Il faut partir. Emportons nos fringues. Vite, vite, Claire... Prenons le train... le bateau...

CLAIRE : Partir où? Rejoindre qui? Je n'aurais pas la force de porter une valise.

SOLANGE : Partons. Allons n'importe où! Avec n'importe quoi.

CLAIRE : Où irions-nous? Que ferions-nous pour vivre. Nous sommes pauvres!

SOLANGE, *regardant autour d'elle* : Claire, emportons... emportons...

CLAIRE : L'argent? Je ne le permettrais pas. Nous ne sommes pas des voleuses. La police nous aurait vite retrouvées. Et l'argent nous dénoncerait. Depuis que j'ai vu les objets nous dévoiler l'un après l'autre, j'ai peur d'eux, Solange. La moindre erreur peut nous livrer.

SOLANGE : Au diable! Que tout aille au diable. Il faudra bien qu'on trouve le moyen de s'évader.

CLAIRE : Nous avons perdu... C'est trop tard.

SOLANGE : Tu ne crois pas que nous allons rester comme cela, dans l'angoisse. Ils rentreront demain, tous les deux. Ils sauront d'où venaient les lettres. Ils sauront tout! Tout! Tu n'as donc pas vu comme elle étincelait! Sa démarche dans l'escalier! Sa démarche victorieuse! Son bonheur atroce? Toute sa joie sera faite de notre honte. Son triomphe c'est le rouge de notre honte! Sa robe c'est le rouge de notre honte! Ses fourrures... Ah! elle a repris ses fourrures!

CLAIRE : Je suis si lasse!

SOLANGE : Il est bien temps de vous plaindre. Votre délicatesse se montre au beau moment.

CLAIRE : Trop lasse!

SOLANGE : Il est évident que des bonnes sont coupables quand Madame est innocente. Il est si simple d'être innocent, madame! Mais moi si je m'étais chargée de votre exécution je jure que je l'aurais conduite jusqu'au bout!

CLAIRE : Mais Solange...

SOLANGE : Jusqu'au bout! Ce tilleul empoisonné, ce tilleul que vous osiez me refuser de boire, j'aurais desserré vos mâchoires pour vous forcer à l'avaler! Me refuser de mourir, vous! Quand j'étais prête à vous le demander à genoux, les mains jointes et baisant votre robe!

CLAIRE : Il n'était pas aussi facile d'en venir à bout!

SOLANGE : Vous croyez? J'aurais su vous rendre la vie impossible. Et je vous aurais contrainte à venir me supplier de vous offrir ce poison, que je vous aurais peut-être refusé. De toute façon, la vie vous serait devenue intolérable.

CLAIRE : Claire ou Solange, vous m'irritez — car je vous confonds, Claire ou Solange, vous m'irritez et me portez vers la colère. Car c'est vous que j'accuse de tous nos malheurs.

SOLANGE : Osez le répéter.

> *Elle met sa robe blanche face au public, par-dessus sa petite robe noire.*

CLAIRE : Je vous accuse d'être coupable du plus effroyable des crimes.

SOLANGE : Vous êtes folle! ou ivre. Car il n'y a pas de crime, Claire, je te défie de nous accuser d'un crime précis.

CLAIRE : Nous l'inventerons donc, car... Vous vouliez m'insulter! Ne vous gênez pas! Crachez-moi à la face! Couvrez-moi de boue et d'ordures.

SOLANGE, *se retournant et voyant Claire dans la robe de Madame :* Vous êtes belle!

CLAIRE : Passez sur les formalités du début. Il y a longtemps que vous avez rendu inutiles les mensonges, les hésitations qui conduisent à la métamorphose! Presse-toi! Presse-toi. Je n'en peux plus des hontes et des humiliations. Le monde peut nous écouter, sourire, hausser les épaules, nous traiter de folles et d'envieuses, je frémis, je frissonne de plaisir, Claire, je vais hennir de joie!

SOLANGE : Vous êtes belle!

CLAIRE : Commence les insultes.

SOLANGE : Vous êtes belle.

CLAIRE : Passons. Passons le prélude. Aux insultes.

SOLANGE : Vous m'éblouissez. Je ne pourrai jamais.

CLAIRE : J'ai dit les insultes. Vous n'espérez pas m'avoir fait revêtir cette robe pour m'entendre chanter ma beauté. Couvrez-moi de haine! D'insultes! De crachats!

SOLANGE : Aidez-moi.

CLAIRE : Je hais les domestiques. J'en hais l'espèce odieuse et vile. Les domestiques n'appartiennent pas à l'humanité. Ils coulent. Ils sont une exhalaison qui traîne dans nos chambres, dans nos corridors, qui nous pénètre, nous entre par la bouche, qui nous corrompt. Moi, je vous vomis. *(Mouvement de Solange pour aller à la fenêtre.)* Reste ici.

SOLANGE : Je monte, je monte...

CLAIRE, *parlant toujours des domestiques :* Je sais qu'il en faut comme il faut des fossoyeurs, des vidangeurs, des policiers. N'empêche que tout ce beau monde est fétide.

SOLANGE : Continuez. Continuez.

CLAIRE : Vos gueules d'épouvante et de remords, vos coudes plissés, vos corsages démodés, vos corps pour porter nos défroques. Vous êtes nos miroirs déformants, notre soupape, notre honte, notre lie.

SOLANGE : Continuez. Continuez.

CLAIRE : Je suis au bord, presse-toi, je t'en prie. Vous êtes...

vous êtes... Mon Dieu, je suis vide, je ne trouve plus. Je suis
à bout d'insultes. Claire, vous m'épuisez!

SOLANGE : Laissez-moi sortir. Nous allons parler au monde.
Qu'il se mette aux fenêtres pour nous voir, il faut qu'il nous
écoute.

> *Elle ouvre la fenêtre, mais Claire la tire dans la
> chambre.*

CLAIRE : Les gens d'en face vont nous voir.

SOLANGE, *déjà sur le balcon* : J'espère bien. Il fait bon. Le
vent m'exalte!

CLAIRE : Solange! Solange! Reste avec moi, rentre!

SOLANGE : Je suis au niveau. Madame avait pour elle son
chant de tourterelle, ses amants, son laitier.

CLAIRE : Solange...

SOLANGE : Silence! Son laitier matinal, son messager de
l'aube, son tocsin délicieux, son maître pâle et charmant, c'est
fini. En place pour le bal.

CLAIRE : Qu'est-ce que tu fais?

SOLANGE, *solennelle* : J'en interromps le cours. A genoux!

CLAIRE : Tu vas trop loin!

SOLANGE : A genoux! puisque je sais à quoi je suis destinée.

CLAIRE : Vous me tuez!

SOLANGE, *allant sur elle* : Je l'espère bien. Mon désespoir me
fait indomptable. Je suis capable de tout. Ah! nous étions
maudites!

CLAIRE : Tais-toi.

SOLANGE : Vous n'aurez pas à aller jusqu'au crime.

CLAIRE : Solange!

SOLANGE : Ne bougez pas! Que Madame m'écoute. Vous avez
permis qu'elle s'échappe. Vous! Ah! quel dommage que je ne
puisse lui dire toute ma haine! que je ne puisse lui raconter
toutes nos grimaces. Mais, toi si lâche, si sotte, tu l'as laissée
s'enfuir. En ce moment, elle sable le champagne! Ne bougez
pas! Ne bougez pas! La mort est présente et nous guette!

CLAIRE : Laisse-moi sortir.

SOLANGE : Ne bougez pas. Je vais avec vous peut-être découvrir le moyen le plus simple, et le courage, madame, de délivrer ma sœur et du même coup me conduire à la mort.

CLAIRE : Que vas-tu faire? Où tout cela nous mène-t-il?

SOLANGE, *c'est un ordre* : Je t'en prie, Claire, réponds-moi.

CLAIRE : Solange, arrêtons-nous. Je n'en peux plus. Laisse-moi.

SOLANGE : Je continuerai, seule, seule, ma chère. Ne bougez pas. Quand vous aviez de si merveilleux moyens, il était impossible que Madame s'en échappât. *(Marchant sur Claire.)* Et cette fois, je veux en finir avec une fille aussi lâche.

CLAIRE : Solange! Solange! Au secours!

SOLANGE : Hurlez si vous voulez! Poussez même votre dernier cri, Madame! *(Elle pousse Claire qui reste accroupie dans un coin.)* Enfin! Madame est morte! étendue sur le linoléum... étranglée par les gants de la vaisselle. Madame peut rester assise! Madame peut m'appeler mademoiselle Solange. Justement. C'est à cause de ce que j'ai fait. Madame et Monsieur m'appelleront mademoiselle Solange Lemercier... Madame aurait dû enlever cette robe noire, c'est grotesque. *(Elle imite la voix de Madame.)* M'en voici réduite à porter le deuil de ma bonne. A la sortie du cimetière, tous les domestiques du quartier défilaient devant moi comme si j'eusse été de la famille. J'ai si souvent prétendu qu'elle faisait partie de la famille. La morte aura poussé jusqu'au bout la plaisanterie. Oh! Madame... Je suis l'égale de Madame et je marche la tête haute... *(Elle rit.)* Non, monsieur l'Inspecteur, non... Vous ne saurez rien de mon travail. Rien de notre travail en commun. Rien de notre collaboration à ce meurtre... Les robes? Oh! Madame peut les garder. Ma sœur et moi nous avions les nôtres. Celles que nous mettions la nuit en cachette. Maintenant, j'ai ma robe et je suis votre égale. Je porte la toilette rouge des criminelles. Je fais rire Monsieur? Je fais sourire Monsieur? Il me croit folle. Il pense que les bonnes doivent avoir assez bon goût pour ne pas accomplir de gestes réservés à Madame! Vraiment il me pardonne? Il est la bonté même. Il veut lutter de grandeur avec moi. Mais j'ai conquis la plus sauvage... Madame s'aperçoit de ma solitude! Enfin! Maintenant je suis seule. Effrayante. Je pourrais vous parler avec cruauté, mais je peux être bonne...

Madame se remettra de sa peur. Elle s'en remettra très bien. Parmi ses fleurs, ses parfums, ses robes. Cette robe blanche que vous portiez le soir au bal de l'Opéra. Cette robe blanche que je lui interdis toujours. Et parmi ses bijoux, ses amants. Moi, j'ai ma sœur. Oui, j'ose en parler. J'ose, madame. Je peux tout oser. Et qui, qui pourrait me faire taire? Qui aurait le courage de me dire : « Ma fille? » J'ai servi. J'ai eu les gestes qu'il faut pour servir. J'ai souri à Madame. Je me suis penchée pour faire le lit, penchée pour laver le carreau, penchée pour éplucher les légumes, pour écouter aux portes, coller mon œil aux serrures. Mais maintenant, je reste droite. Et solide. Je suis l'étrangleuse. Mademoiselle Solange, celle qui étrangla sa sœur! Me taire? Madame est délicate vraiment. Mais j'ai pitié de Madame. J'ai pitié de la blancheur de Madame, de sa peau satinée, de ses petites oreilles, de ses petits poignets... Je suis la poule noire, j'ai mes juges. J'appartiens à la police. Claire? Elle aimait vraiment beaucoup, beaucoup, Madame!... Non, monsieur l'Inspecteur, je n'expliquerai rien devant eux. Ces choses-là ne regardent que nous... Cela, ma petite, c'est notre nuit à nous! *(Elle allume une cigarette et fume d'une façon maladroite. La fumée la fait tousser.)* Ni vous ni personne ne saurez rien, sauf que cette fois Solange est allée jusqu'au bout. Vous la voyez vêtue de rouge. Elle va sortir.

> *Solange se dirige vers la fenêtre, l'ouvre et monte sur le balcon. Elle dira, le dos au public, face à la nuit, la tirade qui suit. Un vent léger fait bouger les rideaux.*

Sortir. Descendre le grand escalier : la police l'accompagne. Mettez-vous au balcon pour la voir marcher entre les pénitents noirs. Il est midi. Elle porte alors une torche de neuf livres. Le bourreau la suit de près. A l'oreille il lui chuchote des mots d'amour. Le bourreau m'accompagne, Claire! Le bourreau m'accompagne! *(Elle rit.)* Elle sera conduite en cortège par toutes les bonnes du quartier, par tous les domestiques qui ont accompagné Claire à sa dernière demeure. *(Elle regarde dehors.)* On porte des couronnes, des fleurs, des oriflammes, des banderoles, on sonne le glas. L'enterrement déroule sa pompe. Il est beau, n'est-ce pas? Viennent d'abord les maîtres d'hôtel, en frac, sans revers de soie. Ils portent leurs couronnes. Viennent ensuite les valets de pied, les laquais en culottes courte et bas blancs. Ils portent leurs couronnes. Viennent ensuite les valets de chambre, puis les femmes de chambre portant nos couleurs. Viennent les concierges, viennent encore les délégations du ciel. Et je les conduis. Le bourreau me berce. On m'acclame. Je suis pâle et je vais mourir.

Elle rentre.

Que de fleurs! On lui a fait un bel enterrement, n'est-ce pas? Claire! *(Elle éclate en sanglots et s'effondre dans un fauteuil... Elle se relève.)* Inutile, madame, j'obéis à la police. Elle seule me comprend. Elle aussi appartient au monde des réprouvés.

Accoudée au chambranle de la porte de la cuisine, depuis un moment, Claire, visible seulement du public, écoute sa sœur.

Maintenant, nous sommes mademoiselle Solange Lemercier. La femme Lemercier. La Lemercier. La fameuse criminelle. *(Lasse.)* Claire, nous sommes perdues.

CLAIRE, *dolente, voix de Madame :* Fermez la fenêtre et tirez les rideaux. Bien.

SOLANGE : Il est tard. Tout le monde est couché. Ne continuons pas.

CLAIRE, *elle fait de la main le geste du silence :* Claire, vous verserez mon tilleul.

SOLANGE : Mais...

CLAIRE : Je dis mon tilleul.

SOLANGE : Nous sommes mortes de fatigue. Il faut cesser.

Elle s'assoit dans le fauteuil.

CLAIRE : Ah! Mais non! Vous croyez, ma bonne, vous en tirer à bon compte! Il serait trop facile de comploter avec le vent de faire de la nuit sa complice.

SOLANGE : Mais...

CLAIRE : Ne discute pas. C'est à moi de disposer en ces dernières minutes. Solange, tu me garderas en toi.

SOLANGE : Mais non! Mais non! Tu es folle. Nous allons partir! Vite, Claire. Ne restons pas. L'appartement est empoisonné.

CLAIRE : Reste.

SOLANGE : Claire, tu ne vois donc pas comme je suis faible? Comme je suis pâle?

CLAIRE : Tu es lâche. Obéis-moi. Nous sommes tout au bord, Solange. Nous irons jusqu'à la fin. Tu seras seule pour vivre nos deux existences. Il te faudra beaucoup de force. Personne ne saura au bagne que je t'accompagne en cachette. Et surtout, quand tu seras condamnée, n'oublie pas que tu me portes en toi. Précieusement. Nous serons belles, libres et joyeuses, Solange, nous n'avons plus une minute à perdre? Répète avec moi...

SOLANGE : Parle, mais tout bas.

CLAIRE, *mécanique* : Madame devra prendre son tilleul.

SOLANGE, *dure* : Non, je ne veux pas.

CLAIRE, *la tenant par les poignets* : Garce! répète. Madame prendra son tilleul.

SOLANGE : Madame prendra son tilleul...

CLAIRE : Car il faut qu'elle dorme...

SOLANGE : Car il faut qu'elle dorme...

CLAIRE : Et que je veille.

SOLANGE : Et que je veille.

CLAIRE, *elle se couche sur le lit de Madame* : Je répète. Ne m'interromps plus. Tu m'écoutes? Tu m'obéis? *(Solange fait oui de la tête.)* Je répète! mon tilleul!

SOLANGE, *hésitant* : Mais...

CLAIRE : Je dis! mon tilleul.

SOLANGE : Mais, madame...

CLAIRE : Bien. Continue.

SOLANGE: Mais, madame, il est froid.

CLAIRE : Je le boirai quand même. Donne.

> *Solange apporte le plateau.*

Et tu l'as versé dans le service le plus riche, le plus précieux...

> *Elle prend la tasse et boit cependant que Solange, face au public, reste immobile, les mains croisées comme par des menottes.*

RIDEAU

HAUTE SURVEILLANCE

Sur *Haute Surveillance*

Je souhaiterais que cette pièce soit reportée, comme une note ou comme un brouillon de pièce, à la fin du volume IV de mes œuvres complètes. Et puisque j'en suis à formuler des souhaits, j'aimerais encore que cette pièce ne soit plus jamais représentée.

Il m'est difficile de me souvenir quand et dans quelle circonstance je l'ai écrite. Probablement dans l'ennui et par inadvertance. C'est cela : elle m'aura échappé.

Note écrite fin 1967.

YEUX-VERTS, vingt-deux ans (les pieds enchaînés).

MAURICE, dix-sept ans.

LEFRANC, vingt-trois ans.

LE SURVEILLANT, vingt-cinq ans.

LE DÉCOR : *une cellule de forteresse.*

L'intérieur de la cellule en maçonnerie, dont les pierres taillées sont apparentes, doit faire supposer à la prison une architecture très compliquée. Au fond, un vasistas grillé dont les pointes sont dirigées vers l'intérieur. Le lit est un bloc de granit où s'entassent quelques couvertures. A droite, une porte grillée.

Quelques indications :
Toute la pièce se déroulera comme dans un rêve. Donner aux décors et aux costumes (bure rayée) des couleurs violentes. Choisir des blancs et des noirs très durs. Les acteurs essayeront d'avoir des gestes lourds ou d'une extrême fulgurité et incompréhensible rapidité. S'ils le peuvent, ils assourdiront le timbre de leur voix. Éviter les éclairages savants. Le plus de lumière possible. Le texte est établi dans le français habituel des conversations et orthographié exactement, mais les acteurs devront le dire avec ces altérations qu'y apporte toujours l'accent faubourien. Les acteurs marchent silencieusement, sur des semelles de feutre. Maurice est nu-pieds.
Chaque fois que Maurice parle de Yeux-Verts, il dira : Zieux-Verts.

YEUX-VERTS, *doucement :* Vous êtes fous! Vous êtes deux fous. Moi, d'un seul coup de poing je vous calme, je vous allonge sur le ciment. *(A Lefranc.)* Une seconde de plus et Maurice y passait. Méfie-toi de tes mains, Jules. Ne joue pas les terreurs et ne cause plus du nègre.

LEFRANC, *violent :* C'est lui...

YEUX-VERTS, *sec :* C'est toi. *(Il lui tend un papier.)* Continue la lecture.

LEFRANC : Il n'a qu'à se taire.

YEUX-VERTS : C'est toi, Jules. Laisse-nous tranquilles. Avec Boule de Neige, c'est fini. Lui ni les gars de sa cellule ne s'occupent de nous. *(Il écoute.)* Les visites sont commencées. Dans un quart d'heure ce sera mon tour.

> *Il se promènera durant la scène qui suit, sans s'interrompre, de long en large dans la cellule* [1].

MAURICE, *désignant Lefranc :* Il fait ce qu'il peut pour installer le désordre, jamais il ne s'entendra avec nous. Pour lui personne ne compte. Il n'y a que Boule de Neige.

LEFRANC, *violent :* Oui, Boule de Neige. Lui-même. Il a un peu d'autorité. Ne vous payez pas sa tête. C'est un noir, un sauvage...

MAURICE : Personne... *(Il laisse le mot en suspens.)*

---

1. Ici encore, comme les Bonnes, il ne doit pas se promener au hasard, ni comme un « lion en cage », mais selon une géométrie prévue par le metteur en scène.

LEFRANC, *après un temps, et comme pour soi-même :* C'est un sauvage, un noir, mais qui jette des éclairs, Yeux-Verts...

MAURICE : Quoi?

LEFRANC, *à Yeux-Verts :* Yeux-Verts? Boule de Neige, il t'écrase.

MAURICE : Tu recommences? C'est parce que ce matin, en rentrant de la promenade, dans le couloir il t'a envoyé un sourire.

LEFRANC : A moi? Ça m'étonnerait.

> *Yeux-Verts se retourne, s'arrête et fixe tour à tour Lefranc et Maurice.*

MAURICE : On n'était que tous les trois. Si ce n'est pas au gardien, c'est à l'un de nous.

LEFRANC : A quel moment?

MAURICE : Juste avant — tu t'y intéresses? — l'arrivée au rond-point du centre. Oh! léger sourire, une plume d'alouette. Le nègre était essoufflé par les quatre étages.

LEFRANC : Et tu en conclus?

MAURICE : Que dans cette cellule, c'est toi le désordre.

LEFRANC : Peut-être. Mais Boule de Neige, c'est un gars qui ronfle et vous n'existez plus. Il fait de l'ombre. Personne ne peut le détruire, aucun détenu l'éteindre. C'est un vrai dur et qui revient de loin.

MAURICE : Qui prétend le contraire? C'est un beau gosse, on ne doit pas y toucher. Boule de Neige, c'est un gars bien balancé. Si tu veux, ce serait Yeux-Verts passé au cirage, Yeux-Verts dans les ténèbres...

LEFRANC : Et Yeux-Verts n'y résiste pas! Boule de Neige, tu veux le savoir?

MAURICE : Et les réponses de Yeux-Verts aux inspecteurs?

LEFRANC : Boule de Neige? Il est exotique. Tous les gens de sa cellule le reconnaissent. Ceux des cellules autour et toute la forteresse, et toutes les prisons de France. Il brille, il rayonne. Il est noir et il éclaire les deux mille cellules. Personne ne pourra l'abattre. C'est lui le vrai chef de la forteresse et tous les gens de sa bande sont plus terribles que lui. *(Il désigne Yeux-Verts.)* Il suffit de le voir marcher...

MAURICE : Si Yeux-Verts voulait...

LEFRANC : Tu ne les as pas regardés! Le voir, lui, traverser les couloirs, des kilomètres et des kilomètres de couloirs, avec ses chaînes. Mais qu'est-ce qu'il se passe? Ses chaînes le portent. Boule de Neige, c'est un roi. S'il arrive du désert, il en arrive debout! Et ses crimes! Ceux de Yeux-Verts à côté...

YEUX-VERTS, *s'arrêtant et le regard très doux* : Jules, ça suffit. Je ne cherche pas à me faire passer pour un roi. A la forteresse, il n'y a plus de monarque et Boule de Neige pas plus qu'un autre. Ne croyez pas qu'il m'en impose. Ses crimes c'est peut-être du vent!

LEFRANC : Un sirocco!

MAURICE, *à Lefranc* : Ne l'interromps pas. *(Écoutant à la porte.)* Les visites s'approchent. Ils en sont à la 38.

Il tourne dans la cellule dans le sens des aiguilles d'une montre.

YEUX-VERTS : Du vent. Du vent coulis. Ses crimes, je ne les connais pas...

LEFRANC : L'attaque du train d'or...

YEUX-VERTS, *toujours cassant* : Je ne les connais pas. J'ai les miens.

LEFRANC : Les tiens. Tu n'en as qu'un.

YEUX-VERTS : Si je dis « mes crimes », c'est que je sais ce que je veux dire. Je dis mes crimes. Et qu'on n'y touche pas, je deviendrais dangereux. Qu'on ne m'excite pas. Je ne te demande qu'une chose c'est de me lire la lettre de ma femme.

LEFRANC : Je l'ai lue.

YEUX-VERTS : Qu'est-ce qu'elle dit encore?

LEFRANC : Rien. J'ai tout lu!

YEUX-VERTS, *il montre un passage de la lettre* : D'accord tu as tout lu. Mais là tu ne lis pas.

LEFRANC : Tu n'as pas confiance?

YEUX-VERTS, *obstiné* : Mais là?

LEFRANC : Là quoi? Dis-moi ce que c'est.

YEUX-VERTS : Jules, tu profites de ce que je sois illettré.

LEFRANC : Si tu doutes de moi, reprends le papier. Et n'espère plus que je te lise les lettres de ta femme.

YEUX-VERTS : Jules, tu me nargues et ça va mal tourner. On va mener une corrida joyeuse dans la cellule. Prépare-toi.

LEFRANC : Tu me fatigues, Yeux-Verts. Je suis régulier et j'ai tout lu. Mais je le sais que tu n'as plus confiance. Tu crois peut-être que je te fais des charres avec elle. N'écoute pas ce que te dit Maurice. Il nous excite l'un contre l'autre.

MAURICE, *narquois* : Moi? Le gosse le plus tranquille...

YEUX-VERTS, *à Lefranc* : Je prétends que tu te fous de moi!

LEFRANC : Alors! Écris tes lettres tout seul.

YEUX-VERTS : Salaud!

MAURICE, *doucement* : Oh! Yeux-Verts, ne fais pas de bruit. Ta souris, tu la reverras. Tu es trop beau gosse. Elle est prise. Où veux-tu qu'elle aille?

YEUX-VERTS, *après un long silence, doucement presque avec regret* : Salaud!

MAURICE : Ne te frappe pas. Jules est comme ça. C'est un mystérieux et tu l'impressionnes.

LEFRANC : Ce qu'il y avait sur la lettre, je vais te le dire. Si tu revois ta femme au parloir tout à l'heure, demande-lui la vérité. Tu veux que je lise? *(Yeux-Verts ne répond ni ne bouge.)* Écoute, ta femme s'est aperçue que ce n'était pas toi qui écrivais. Maintenant, elle suppose que tu ne sais ni lire ni écrire.

MAURICE : Si Yeux-Verts peut se payer un écrivain, ça le regarde.

LEFRANC : Tu veux que je lise? *(Il lit.)* « Mon chéri, j'ai bien reconnu que ce n'était pas toi qui pouvais me faire ces belles phrases, mais j'aime mieux que tu m'écrives comme tu peux... »

YEUX-VERTS : Salaud!

LEFRANC : Tu m'accuses?

YEUX-VERTS : Salaud! C'est ça. Elle espère peut-être me laisser choir. Et tu t'es arrangé pour lui faire croire que les lettres étaient de toi.

LEFRANC : J'ai toujours écrit ce que tu me disais.

MAURICE, *à Lefranc* : Tout savant que tu es, Yeux-Verts peut encore t'abîmer. Monsieur travaillait en secret.

LEFRANC : N'envenime pas, Maurice. Je n'ai pas cherché à l'humilier.

YEUX-VERTS : Parce que je suis analphabète? Ne crois **pas** cela. Ni quand tu prétends que le nègre est un gars plus dangereux. Les nègres, moi... *(Il fait un geste obscène.)* Et alors, qu'est-ce qui t'empêchait de lire? Réponds. C'est parce que tu cherches à t'envoyer ma femme. Parce que en sortant d'ici, dans trois jours, tu espères la rejoindre.

LEFRANC : Écoute, Yeux-Verts, tu ne me croiras pas. C'était pour ne pas te gêner. Je te l'aurais bien dit, mais *(il désigne Maurice.)* pas devant lui.

YEUX-VERTS : Pourquoi?

MAURICE : Moi? Il fallait t'expliquer. Si je vous gêne, je peux encore m'évanouir dans le brouillard. Je suis le gosse qui passe à travers les murs, c'est connu. Non, non, Jules, tu nous racontes des histoires. Avoue que tu voulais sa femme et on te croira.

LEFRANC, *violent* : Maurice, ne recommence pas à apporter des complications dans la cellule. C'est à cause de toi que tout va mal. A cause de tes enfantillages. Tu es pire qu'une dame.

MAURICE : Ne te gêne pas, je suis le plus faible; passe tes colères sur moi. Depuis huit jours, tu déclenches des bagarres. Mais tu perds ton temps. Mon amitié avec Yeux-Verts, je me charge de la défendre.

LEFRANC : C'est vous qui êtes contre moi. Vous ne me permettez plus d'exister.

MAURICE : Tout à l'heure quand tu m'as pris au col, tu espérais me laisser sur le ciment. Je devenais violet, et sans Yeux-Verts, j'y passais. C'est à lui, c'est à Yeux-Verts que je dois la vie. Heureusement que tu t'en vas. On sera tranquille.

LEFRANC : Ne parle plus de ça, Maurice.

MAURICE : Tu vois? Tu vois, Jules, je ne peux pas dire un mot. Tu voudrais nous réduire à zéro, Yeux-Verts et moi. Non, Jules Lefranc.

LEFRANC : Je m'appelle Georges.

MAURICE : On a l'habitude de t'appeler Jules. Tu devrais nous prévenir au lieu de te vexer. Tu cherches à nous réduire.

LEFRANC : Je fais ce que je dois.

MAURICE : A qui? Nous, nous restons enfermés, et ce que tu nous dois, c'est le respect. Mais on dirait que tu complotes. Tout seul. Parce que tu es tout seul, ne l'oublie pas.

LEFRANC : Et toi? Qu'est-ce que tu fais avec tes gestes? Autour de lui, autour des gardiens? Essaye de les embobiner, mais tu ne m'auras pas. Si je t'ai raté tout à l'heure, c'est à cause de tes grimaces. Tu leur dois la vie plus qu'à Yeux-Verts. J'ai eu pitié, mais tu y passeras, avant mon départ.

MAURICE : Fais le méchant avec moi, Jules. Profites-en pendant que je te regarde. Tout à l'heure tu as cherché à me supprimer mais il y a des nuits que tu me refiles les couvertures. Tu as peur que j'aie froid. Je m'en suis aperçu il y a longtemps. Et Yeux-Verts aussi. C'était encore une occasion pour nous foutre de ta gueule.

LEFRANC : Tu me connais mal si tu crois que j'acceptais de me sacrifier pour ton squelette.

MAURICE : Et j'en ai besoin? Tu veux être bon avec moi? Et tu crois que tu m'en dégoûteras moins? Dans trois jours, heureusement, tu auras quitté la cellule.

LEFRANC : N'y compte pas trop, Maurice. C'est toi qui vas la quitter. Avant ton arrivée ici tout marchait bien. Avec Yeux-Verts on s'accordait comme deux hommes. Moi, je ne parlais pas de lui comme d'une jeune mariée.

MAURICE : Tu m'écœures!

Il fait avec sa tête le geste de rejeter du front une impossible mèche de cheveux.

LEFRANC, *toujours plus violent* : Ne peux plus te voir! Ne plus te voir! Même tes tics me tapent sur les nerfs. Je ne veux pas les emporter en sortant d'ici.

MAURICE : Et si je refuse? Tu m'en veux d'être en forteresse depuis peu de temps. Tu aurais été heureux de voir mes cheveux tomber sous la tondeuse?

LEFRANC : Boucle, Maurice!

MAURICE : Heureux de me voir assis sur l'escabeau et mes

boucles tomber sur mes épaules, sur mes genoux et par terre. Heureux, hein? Heureux même que je te le raconte, heureux de ma rage. Mon malheur te fait briller.

LEFRANC : Je dis que j'en ai assez d'être entre vous deux, d'être traversé par les gestes de l'un qui cause avec l'autre. J'en ai assez de regarder vos petites gueules faciles. Je les connais vos coups de paupières! Vous m'épuisez! Ce n'est pas assez de crever de faim, d'être sans force entre quatre murs, il faut encore qu'on se crève.

MAURICE : En me rappelant que tu me donnes la moitié de ton pain tu espères m'attendrir? Et la moitié de ta soupe? *(Un temps.)* Pour l'avaler je devais faire trop d'efforts. De venir de toi, c'était assez pour qu'elle me dégoûte.

LEFRANC : Et Yeux-Verts en profitait.

MAURICE : Tu aurais voulu qu'il crève de faim.

LEFRANC : Vos partages ne me touchaient pas. Je suis de taille à nourrir une cellule entière.

MAURICE : Tu la garderas ta soupe, martyr. Et j'aurai encore le courage de donner la moitié de la mienne à Yeux-Verts.

LEFRANC : Soutiens ses forces, il en a besoin. Mais n'essayez pas de m'avoir. Je suis plus loin que vous.

MAURICE, *ironique* : Sur la galère?

LEFRANC : Répète!

MAURICE : Je dis : sur la galère.

LEFRANC : Tu me défies? Tu veux me pousser au bord? Maurice, tu veux que je recommence?

MAURICE : Personne ne dit du mal de toi. Le premier, tu nous as parlé de tes marques aux poignets...

LEFRANC : Et aux chevilles! Oui, Maurice. Aux poignets et aux chevilles. Et j'ai le droit! Et toi celui de la boucler. *(Il hurle.)* Oui, j'ai le droit! J'ai le droit d'en parler. Depuis trois cents ans, je porte la marque des galériens et tout va finir par un coup dur. Vous m'entendez? Je peux devenir cyclone et vous dévaster! Nettoyer la cellule. Votre douceur me tue. Un de nous deux va déguerpir. Vous m'épuisez, toi et ton bel assassin!

MAURICE : Tu vois? Tu l'accuses encore. Tu l'accuses comme tu peux pour essayer de cacher tes manières de traître. Mais on le sait que tu as voulu lui voler sa femme. Comme tu te lèves la nuit pour voler le tabac. Si on t'en offre dans la journée, tu le refuses. C'est pour mieux le faucher au clair de lune. Sa femme! Tu la convoites depuis longtemps.

LEFRANC : Tu voudrais bien que je te dise oui, hein? Tu serais heureux? Tu jouirais de me voir bien séparé de Yeux-Verts? Eh bien oui. Oui, mon petit Maurice, tu as bien deviné, il y a bien longtemps que je fais mon possible pour qu'elle le laisse choir.

MAURICE : Salaud!

LEFRANC : Il y a longtemps que je cherche à le décoller d'elle. Je m'en fous de sa femme. D'elle je m'en fous. Je voulais que Yeux-Verts soit tout seul. Solo comme il dit. Mais c'est trop difficile. Le gars tient bon. Il est d'aplomb sur ses jambes écartées. Et j'ai probablement loupé mon coup, mais je ne m'avoue pas vaincu.

MAURICE : Qu'est-ce que tu veux faire de lui? Où l'emmener? *(A Yeux-Verts.)* Yeux-Verts, tu l'écoutes?

LEFRANC : Cela ne te regarde pas. C'est entre nous deux, et même si je dois changer de cellule, je continuerai. Et même si je sors de forteresse.

MAURICE : Yeux-Verts!

LEFRANC : Et je vais te dire le reste : tu es jaloux. Tu ne peux pas supporter que ce soit moi qui écrive à sa femme. J'ai une trop belle place. Un vrai poste : je suis la poste. Et tu enrages!

MAURICE, *les dents serrées :* Ce n'est pas vrai.

LEFRANC, *il imite Maurice :* Ce n'est pas vrai? Tu ne t'entends pas le dire! Tu as des larmes aux yeux. Quand je m'asseyais à la table, quand je prenais la feuille de papier, quand je débouchais l'encrier, tu ne tenais plus en place. Ce n'est pas vrai? Tu étais bourré d'électricité. On ne pouvait plus te manipuler. Et quand j'écrivais? Tu aurais dû t'observer. Et quand je relisais la lettre? Tu n'entendais pas tes ricanements, tu ne voyais pas les battements de tes paupières!

MAURICE : C'est toi qui lui écrivais comme à ta propre femme! Tu te vidais sur le papier!

LEFRANC : Et tu en souffres encore : tu es sur le point de pleurer. Je te fais pleurer de rage et de honte! Et je n'ai pas fini! Attends qu'il remonte du parloir! Il va rentrer joyeux d'avoir vu sa femme.

MAURICE : Ce n'est pas vrai!

LEFRANC : Tu crois! Sa femme ne pourrait pas si facilement l'oublier. On n'oublie jamais Yeux-Verts! Il est trop lâche pour l'abandonner. Tu ne le vois pas, non? Il se colle au grillage du parloir. Sa vie recommence...

MAURICE : Salaud!

LEFRANC : Tu n'as pas compris que tu ne comptes pas? Que c'est lui l'homme! En ce moment il s'accroche au grillage, regarde-le. Il se recule pour que sa femme le détaille mieux! Mais regarde-le!

MAURICE : Jaloux! Tu es jaloux! Tu aurais voulu qu'on parle de toi dans toute la France comme on a parlé de Yeux-Verts. C'était beau. Tu sais comme c'était beau quand on ne retrouvait plus le cadavre. Tous les paysans cherchaient. Les flics, les chiens! On vidait les puits, les étangs. C'était la Révolution. Les curés, les sourciers! Et après, quand on a retrouvé le cadavre!

La terre, la terre entière était parfumée. Et les mains de Yeux-Verts? Ses mains pleines de sang pour écarter le rideau des fenêtres? Et secouer ses cheveux chargés de lilas. Comme il nous l'a raconté.

YEUX-VERTS, *stupéfait* : Le sang, Maurice? Nom de Dieu!

MAURICE : Qu'est-ce que tu dis?

YEUX-VERTS : Pas le sang, les lilas.

Il s'avance, menaçant.

MAURICE : Quel lilas?

YEUX-VERTS : Entre ses dents! Dans ses cheveux. Et c'est maintenant que tu me préviens! *(Il gifle Maurice.)* Mais pas un flic ne m'a raconté. J'aurais dû y penser et j'ai le malheur d'y penser trop tard. *(A Maurice.)* Et c'est ta faute, vermine. Tu n'avais qu'à être là. Tu devais y être pour m'avertir, je suis bouclé, en face de mon regret. Tu devais être exact, mais tu étais probablement occupé avec ma femme.

MAURICE : Yeux-Verts...

YEUX-VERTS : J'en ai assez de vous tous. Vous n'êtes plus rien. Dans un mois j'aurai passé sous le couteau. D'un côté de la machine j'aurai ma tête et mon corps de l'autre. Alors je suis terrible. Terrible! Et je peux t'anéantir. Si ma femme te plaît, va la cueillir, je le savais. Depuis longtemps tu tournes autour de moi, tu tournes, tu cherches un coin où te poser sans même te douter que je peux t'assommer.

MAURICE, *écoutant à la porte* : Yeux-Verts... tout peut encore s'arranger. Que tu apparaisses pour la retrouver. Écoute! Écoute! C'est le tour de la 34.

YEUX-VERTS : Non. Qu'elle se refasse un rire, elle a raison. Je ferai comme elle. Ici pour commencer et de l'autre côté de l'eau pour finir. Si j'y arrive! Seulement elle va me l'apprendre tout à l'heure, sans douceur. Froidement elle doit me laisser choir sans se douter qu'en attendant deux mois de plus elle serait veuve. Elle pourrait venir prier sur ma tombe et y porter... *(Il hésite.)* des fleurs...

MAURICE, *tendre* : Yeux-Verts...

YEUX-VERTS : Veuve, je dis! Ma petite veuve!

MAURICE : Yeux-Verts... dis, grand...

YEUX-VERTS : Ma veuve! Et moi je suis un homme mort! Je dois vous faire rire? Elle me méprise et le sort m'abandonne et je ne me fous pas en colère. Maintenant, je comprends, je suis une chiffe. Une lavette! Jules, tu espères me voir pleurer? Ou que je pique une crise de colère? Non, je suis sûr que ma femme ne t'intéresse pas.

LEFRANC : Elle va venir. Les visites sont à peine commencées.

> *Il veut prendre une veste accrochée à un clou.*

MAURICE : Ce n'est pas ta veste, c'est celle de Yeux-Verts.

LEFRANC, *raccrochant la veste* : Tu as raison je me suis trompé.

MAURICE : Cela t'arrive souvent. C'est la cinquième, sixième fois que tu mets sa veste.

LEFRANC : Qu'est-ce qu'il risque? Il n'y a pas de secrets, elles n'ont pas de poches. *(Un temps.)* Mais, dis, Maurice, c'est toi qui as la garde des fringues de Yeux-Verts?

MAURICE, *haussant les épaules* : Ça me regarde!

YEUX-VERTS : La petite garce! Elle me laisse tout seul au milieu du sable. Tu fous le camp, tu t'envoles!

MAURICE : Si je la rencontre je la descends, je le jure.

YEUX-VERTS : Trop tard. Dès que tu la verras, tu diras adieu à Yeux-Verts.

MAURICE : Jamais!

YEUX-VERTS : Ne dis jamais, jamais. Je connais trop les amis qui font des serments. Il ne faudra même pas y toucher, c'est une pauvre gosse. Elle a besoin d'un homme, d'un vrai et moi je suis déjà un fantôme. Je n'avais qu'à savoir écrire. Les belles phrases, j'aurais dû les apprendre. *(Un temps.)* Mais moi je suis une belle phrase.

MAURICE : Alors, tu l'excuses?

YEUX-VERTS : Elle ne mérite pas le pardon, mais qu'est-ce que je peux faire?

MAURICE : La descendre. On doit la descendre. Dans la cellule il n'y a pas de dégonflés.

YEUX-VERTS : Vous me faites rire tous les deux. Vous ne voyez pas ma situation? Vous ne voyez pas qu'ici on fabrique des histoires qui ne peuvent vivre qu'entre quatre murs? Je ne reverrai jamais le soleil des hommes, et vous vous foutez de moi? Vous m'ignorez? Vous ne comprenez pas qu'à mes pieds la tombe est creusée? Dans un mois je serai devant les juges. Dans un mois on aura décidé que je dois avoir la tête coupée. La tête tranchée, messieurs! Je ne suis plus vivant, moi! Maintenant je suis tout seul. Tout seul! Seul! Solo! Je peux mourir tranquille. Je ne rayonne plus. Je suis glacé.

MAURICE : Je suis avec toi.

YEUX-VERTS : Glacé! Vous pouvez vous agenouiller devant Boule de Neige, vous avez raison. Le grand caïd, c'est lui. Allez lui embrasser les doigts de pied, il a la chance d'être un sauvage. Il a le droit de tuer les gens et même de les manger. Lui, il vit dans la brousse. Voilà son mérite sur moi. Il a ses panthères apprivoisées. Moi je suis tout seul. Et trop blanc. Trop abîmé par la cellule. Trop pâle. Déprimé. Mais si vous m'aviez vu avant, les mains dans les poches, avec mes fleurs,

avec toujours une fleur entre les dents! On m'appelait... Vous
voulez le savoir? C'était un beau surnom : Paulo les dents
fleuries! Et maintenant? Je suis tout seul. Et ma femme m'abandonne... *(A Maurice.)* Elle t'aurait plu, ma femme?

MAURICE : Elle me chavirait un peu, je l'avoue. Quand déjà
je la vois à travers toi, je deviens fou.

YEUX-VERTS, *amer* : Je suis un beau couple, hein? Ça te
trouble?

MAURICE : Je ne dis pas ça. Elle n'a pourtant pas ta gueule
mais je la vois quand même. Pour t'en défaire tu auras du mal.
C'est pour ça qu'il faut te venger. Montre-moi son portrait.

YEUX-VERTS : Tu le vois tous les matins, quand je me lave.

MAURICE : Montre-le encore. Une dernière fois.

YEUX-VERTS, *il ouvre brutalement sa chemise et montre à Maurice son torse où est tatoué un visage de femme :* Elle te plaît?

MAURICE : Elle est belle! Dommage que je ne puisse pas lui
cracher sur la gueule. Et là, qu'est-ce que c'est? *(Il montre
un endroit sur la poitrine de Yeux-Verts.)* Encore ta femme?

YEUX-VERTS : Laisse. Fini, avec elle.

MAURICE : Je voudrais la rencontrer...

YEUX-VERTS : J'ai dit : Silence autour de moi. Et vite. Tu
es déjà trop content de ce qui m'arrive. C'est probablement
la joie qui vous excite contre elle et contre moi. Vous êtes
heureux d'être seuls à pouvoir la regarder.

MAURICE : Ne te fâche pas. C'est parce qu'on est copains
que je te parle d'elle.

YEUX-VERTS : J'ai compris. Trop bien. Fais de l'air.

MAURICE : Contre moi tu te mettrais en colère? Je suis
capable d'aller tuer ta femme...

LEFRANC : Tu aurais bonne mine en face du sang qui coule.
Il faut d'abord en avoir dans les veines.

MAURICE : C'est surtout la gueule qu'il faut avoir. La mienne...

LEFRANC : Si tu la voyais! Probablement faite dans le même
moule que celle de Yeux-Verts.

MAURICE, *presque pâmé* : Oh! Jules, ne dis pas ça, je vais

m'évanouir. Tu ne vas pas nier que je suis le plus beau gosse de la forteresse. Mire un peu le petit mâle!

Il fait le geste déjà indiqué de rejeter une mèche de cheveux.

LEFRANC : Ordure!

MAURICE, *toujours pâmé, mais vraie petite salope* : En fer-blanc! Avec une gueule pareille je peux tout me permettre. Même innocent on me croit coupable. Je suis assez beau. C'est des têtes comme les miennes qu'on voudrait découper dans les journaux. Hein, Jules, pour ta collection? Les rombières en seraient folles. Le sang coulerait. Et les larmes. Tous les petits gars voudraient jouer du couteau. Ce serait la fête. On danserait dans les rues. Le 14 Juillet des assassins.

LEFRANC : Ordure!

MAURICE : En fer-blanc! Après je n'aurais plus qu'à me transformer en rose pour me faire cueillir! En rose ou en marguerite. En marguerite ou en gueule-de-loup. Mais toi, jamais tu n'arriveras à un si beau résultat. Il suffit de te regarder. Tu n'es pas fait pour cela. Je ne dis pas que tu sois innocent, je ne dis pas non plus qu'en tant que cambrioleur tu ne vailles rien, mais pour un crime c'est autre chose.

LEFRANC : Qu'est-ce que tu en sais?

MAURICE : Je sais tout. Moi, tous les hommes, les vrais, m'ont accepté. Je suis encore jeune mais j'ai leur amitié. Ils ne te la donneront jamais, jamais. Tu n'es pas de notre espèce. Tu n'en seras pas. Même si tu descendais un homme. Non, nous te fascinons.

LEFRANC : C'est Yeux-Verts qui te fascine. Il t'obsède!

MAURICE, *de plus en plus provocant, mais débarrassé de saloperie* : C'est faux! Je ne l'aide peut-être pas comme je voudrais l'aider, mais toi, tu voudrais qu'il t'aide.

LEFRANC : A...?

MAURICE, *soudain violent* : A...? Tu veux que je te le dise? Rappelle-toi ta tête quand le gardien a retrouvé toutes les photos d'assassins dans ta paillasse. Qu'est-ce que tu en faisais? Elles te servaient à quoi? Tu les possédais toutes! Toutes! Celle de Soklay, celle de Weidmann, celle de Vaché, celle d'Ange

Soleil, et j'en oublie. Je ne les sais pas par cœur. Qu'est-ce que tu en faisais? Tu leur disais la messe? Tu leur faisais des prières? Hein, Jules, dans ta paillasse, la nuit, tu les embaumais.

YEUX-VERTS : Ne vous disputez pas. Si vous tenez à descendre ma femme, tirez au sort.

LEFRANC ET MAURICE, *ensemble* : Pourquoi? Pas la peine!

YEUX-VERTS : Tirez au sort. Je reste le maître. Le sort désignera le couteau, mais l'exécuteur, c'est moi.

LEFRANC : Tu t'amuses, Yeux-Verts.

YEUX-VERTS : J'en ai l'air? Où vous croyez-vous? Mais faites attention à ce qui va se passer. Surveillez les environs. Vous êtes décidés? Vous êtes bien décidés à descendre ma femme? Il faudra faire vite. Et se dépêcher de choisir afin qu'on n'en parle plus. Qu'on n'en parle plus jusqu'à la sortie de celui qui sera choisi. Vous êtes prêts? Méfiez-vous. Un coup de bâton va être donné. L'un de vous va être assommé. *(Il place son poing sur l'épaule de Maurice.)* Ce sera toi? On va faire de toi un petit assassin?

MAURICE : Tu ne m'en veux plus?

YEUX-VERTS : Écoute. On est déjà épuisés par le manque d'air, ne m'obligez pas à trop d'efforts. Je vous explique. Paternellement. Je dis qu'il faut surveiller car c'est terrible, des moments pareils. C'est terrible à force d'être doux. Vous me suivez? C'est trop doux.

MAURICE : Qu'est-ce qui est trop doux?

YEUX-VERTS, *sa voix est de plus en plus solennelle* : C'est à cela qu'on reconnaît la catastrophe. Moi je ne suis déjà plus au bord. Je tombe. Je ne risque plus rien, je vous l'ai dit. Et Yeux-Verts va nous faire rire : je tombe si doucement, ce qui me fait tomber est si gentil que par politesse je n'ose pas me révolter. Le jour du crime... tu m'écoutes? Le jour du crime c'était pareil. Vous m'écoutez. Cela vous intéresse, messieurs. Je dis « le jour du crime » et je n'ai pas honte! Qui connaissez-vous dans la forteresse, à tous les étages qui puisse se mettre aussi haut que moi? Lesquels sont aussi jeunes que moi? Aussi beaux que moi, ayant connu un aussi grand malheur? Je dis « le jour du crime »! Ce jour-là, de plus en plus jusqu'à...

LEFRANC, *doucement* : L'expiration.

YEUX-VERTS : Tout a été de plus en plus poli avec moi. Je prétends que dans la rue un homme m'a salué en soulevant son chapeau.

MAURICE : Yeux-Verts, calme-toi.

LEFRANC, *à Yeux-Verts* : Continue. Raconte.

MAURICE : Non, arrête-toi. Ce que tu racontes l'excite. Ça le gagne. *(A Lefranc.)* Le malheur des autres, tu le digères.

YEUX-VERTS, *sentencieux ou idiot* : Je vous explique. Il a soulevé son chapeau. C'est à partir de là que toutes les choses..

LEFRANC, *implacable* : Précise.

YEUX-VERTS : ...les choses se sont mises à bouger. Il n'y avait plus rien à faire. Et pour cela il avait fallu que je tue quelqu'un. C'est votre tour. Vous allez descendre ma femme. Mais faites attention. J'ai tout préparé pour vous. Je vous donne votre chance. Moi, j'ai fini. Je vais partir pour le monde des chapeaux de paille et des palmiers. Recommencer une vie c'est facile, vous verrez. Je m'en suis rendu compte dès le moment que j'ai tué la fille. J'ai vu le danger. Vous me comprenez? Le danger de me retrouver dans la peau d'un autre. Et j'ai eu peur. J'ai voulu revenir en arrière. Halte! Impossible! J'ai fait des efforts. Je courais à droite et à gauche. Je me tortillais. J'essayais toutes les formes pour ne pas devenir un assassin. Essayé d'être un chien, un chat, un cheval, un tigre, une table, une pierre! J'ai même, moi aussi, essayé d'être une rose! Ne riez pas. J'ai fait ce que j'ai pu. Je me contorsionnais. Les gens disaient que j'étais convulsionnaire. Moi, je voulais remonter le temps, défaire mon travail, revivre jusqu'avant le crime. Remonter a l'air facile : mon corps ne passait pas. J'essayais encore : impossible. On se foutait de moi autour de moi. On ne se doutait pas du danger, jusqu'au jour où on s'est inquiété. Ma danse! Il fallait voir ma danse! J'ai dansé, les gars, j'ai dansé!

Ici l'acteur devra inventer une sorte de danse qui montre Yeux-Verts essayant de remonter le temps. Silencieux, il se contorsionne. Il essaye une danse en vrille, sur lui-même. Son visage exprime une grande souffrance. Maurice et Lefranc sont attentifs à ce travail.

YEUX-VERTS, *dansant :* Et j'ai dansé! Danse avec moi, Maurice.

Il le prend par la taille et fait avec lui quelques pas, mais il le repousse bientôt.

Fous le camp! Tu danses comme au musette, en chaloupant!

Il reprend sa danse en vrille. Enfin l'acteur s'immobilise, essoufflé.

Et j'ai dansé! Alors, on a cherché. On m'a soupçonné. Après, tout a été tout seul. J'ai fait les gestes qui devaient me mener le plus tranquillement possible à la guillotine. Maintenant je suis calme. Et c'est à moi d'organiser votre chance. Vous allez tirer au sort. *(A Lefranc.)* Tu as peur?

LEFRANC : Laisse-moi.

YEUX-VERTS : Tu t'y habitueras. Il faut prendre l'idée du côté de son velours. Au début je me faisais peur. Maintenant je me plais! Je ne vous plais pas?

LEFRANC : Laisse-moi.

MAURICE, *à Yeux-Verts :* Tu le troubles. C'est une feuille.

YEUX-VERTS : Laissez-vous couler. Laisse-toi couler, Jules. Tu trouveras toujours quelqu'un pour te tendre la main. Peut-être Boule de Neige si je ne suis plus là.

LEFRANC : Laisse-moi.

YEUX-VERTS : Tu flanches. Tu n'as pas la belle allure de Maurice. J'aurais peut-être aimé que ce soit toi.

MAURICE, *narquois :* Assassin.

YEUX-VERTS : Il faut tirer. Il faut tirer au sort.

MAURICE : Et... comment... avec quoi... toi, comment tu t'y es pris?

YEUX-VERTS : C'est différent. C'est la fatalité qui a pris la forme de mes mains. Pour être juste on devrait les couper au lieu du cou. Et pour moi tout est devenu simple. La fille était déjà sous moi. Je n'avais qu'à lui poser une main, délicate sur la bouche et une sur le cou, délicatement. C'était fini. Mais toi...

MAURICE : Conseille-moi.

LEFRANC : Ordure!

MAURICE : En fer-blanc! *(A Yeux-Verts.)* Conseille-moi. Précise. Quand tu as eu fini, qu'est-ce que tu as fait?

YEUX-VERTS : Eh bien, je te l'ai dit. Tout s'est passé autrement. J'ai d'abord amené la fille dans ma chambre. Personne ne l'a vue monter. Elle voulait mon lilas.

MAURICE : Quoi?

YEUX-VERTS : Entre les dents j'avais une grappe de lilas. La fille me suivait. Elle était aimantée... Je vous raconte tout, mais que cela vous serve. Après... Après, elle a voulu crier parce que je lui faisais mal. Je l'ai étouffée. J'ai cru qu'une fois morte je pourrais la ressusciter.

MAURICE : Et après?

YEUX-VERTS : Après? Voilà! La porte était là! *(Il montre le côté droit de la cellule dont il touche le mur.)* Pour sortir le corps, impossible, il tenait trop de place.

Et il était mou. J'ai d'abord été vers la fenêtre, pour regarder dehors. Je n'osais pas sortir. Je croyais voir la rue qui m'épiait. Je croyais qu'on attendait que je me montre à la fenêtre. J'ai écarté un peu les rideaux... *(Maurice fait un geste.)* Quoi?

MAURICE : Le lilas? Tu l'as laissé dans ses cheveux?

YEUX-VERTS, *triste* : Et c'est maintenant que tu m'avertis!

MAURICE : Je ne savais pas, Yeux-Verts. J'aurais voulu te sauver. J'aurais dû être là, j'aurais dû t'assister...

YEUX-VERTS : Tais-toi. Tu oublies que je t'observais. Tu as le béguin pour elle depuis le premier jour, depuis le matin où tu m'as vu le torse nu sous la douche. Je l'ai compris quand on est rentré. Toutes les mamours que tu me faisais, c'était pour elle. Je ne me trompe pas? Quand tu voulais me voir c'était pour savoir comment son corps était fait pour s'emboîter dans le mien. Et parce que je ne sais ni lire ni écrire, tu me prends pour un estropié! Mais j'ai l'œil! *(Maurice fait la moue d'un gamin battu.)* Parle, je ne suis pas une brute. Je me trompe? Il ne faut pas vous payer ma tête. Ma tête qui tient encore par un fil. Tu m'as perdu. Tu t'étais entendu avec le bon Dieu. Du lilas! Une toute petite grappe dans ses cheveux, et personne pour me prévenir. Et maintenant? Qu'est-ce que je dois faire? *(Il regarde Lefranc.)* Hein? Qu'est-ce que je dois faire?

MAURICE, *à Yeux-Verts* : Ne lui demande plus rien. Ne lui demande jamais plus rien. Tu ne vois pas la gueule qu'il s'offre? Il est en train de te boire. Il t'avale.

YEUX-VERTS : Dis-moi ce que je dois faire.

MAURICE : Mais regarde sa gueule. Il est heureux. Tout ce que tu lui dis, lui rentre dans la peau. Tu lui entres par la peau et tu ne sais pas comment tu vas en sortir. Abandonne.

LEFRANC : Je te gêne.

MAURICE, *à Lefranc* : Tu espères le diminuer.

YEUX-VERTS, *tristement* : Écoutez, je vous dis que c'est tellement triste que je voudrais que ce soit la nuit pour essayer de me serrer sur mon cœur, je voudrais, je n'ai pas honte de le dire, je voudrais, je voudrais, je voudrais, je voudrais... me blottir dans mes bras.

MAURICE : Surmonte-toi.

YEUX-VERTS, *toujours triste* : Et vous me croyez maintenant comme un pauvre. Yeux-Verts est complètement redescendu. Vous pouvez voir ce que cela donne de près, un trembleur de ma taille. Touchez, vous pouvez toucher. *(Soudain violent.)* Mais ne vous y fiez pas. Il ne faudrait peut-être pas grand-chose pour que je rebondisse et vous écrase! Restez tout de même sur vos gardes. Vous venez de connaître de moi plus que la police n'en a pu connaître. Vous venez d'assister à ma véritable découverte, alors méfiez-vous, je risque de ne jamais vous le pardonner. Vous avez eu l'audace de me démonter, mais ne croyez pas que je vais rester en morceaux. Yeux-Verts est déjà en train de se réorganiser. Je me reconstruis. Je me recolle. Je me refais à neuf. Je deviens plus fort, plus lourd qu'un château fort. Plus fort que la forteresse. Je suis la forteresse! Dans mes cellules, je garde des costauds, des voyous, des soldats, des pillards! Méfiez-vous! Je ne suis pas sûr que mes gardiens et mes chiens puissent les retenir si je les lâche contre vous! J'ai des cordes, des couteaux, des échelles! Gardez-vous! Il y a des sentinelles sur mes chemins de ronde. Il y a des espions partout. Je suis la forteresse et je suis seul au monde.

MAURICE : Yeux-Verts!

YEUX-VERTS : Je prépare mes exécutions. Je lève les écrous. Méfiez-vous les gars! *(La porte de la cellule s'ouvre sans que paraisse personne.)* C'est moi? Non? Elle est venue. *(Il hésite.)* Elle est venue? eh bien, va lui dire qu'elle s'en aille.

Entre le gardien.

LE SURVEILLANT, *il sourit :* Dépêche-toi. Ta femme t'attend au parloir.

YEUX-VERTS : Je ne descends pas.

LE SURVEILLANT, *toujours calme :* La raison?

YEUX-VERTS : Je dis : je ne descends pas. Va lui dire qu'elle s'en retourne.

LE SURVEILLANT : Définitif?

YEUX-VERTS : Tout ce qu'il y a de. Mademoiselle est morte.

LE SURVEILLANT : Ça te regarde. Je vais faire la commission. *(Il examine la cellule.)* Tout est en ordre ici?

LEFRANC : Tout est en ordre, vous le voyez bien.

LE SURVEILLANT, *à Lefranc :* Oui? Et ça? *(Il désigne le lit défait.)* Répondez? *(Silence.)* Vous ne voulez pas répondre? Je vous demande pourquoi le lit est défait.

Long silence.

YEUX-VERTS, *à Maurice et à Lefranc :* Alors, vous autres? Vous n'en savez rien? Dites-le si c'est vous. Il faut être franc, le chef ne va pas faire d'histoires.

LEFRANC : On ne le sait pas plus que toi.

LE SURVEILLANT, *toujours souriant :* Ça m'aurait étonné. La franchise vous étouffe. *(A Lefranc.)* Quand êtes-vous libéré?

LEFRANC : Après-demain.

LE SURVEILLANT : On sera débarrassé.

LEFRANC, *agressif :* Je vous gêne? Vous auriez dû le dire hier. Je serais parti ce matin.

LE SURVEILLANT : Tu vas changer de ton avec moi, ou c'est le cachot.

LEFRANC : Je n'ai pas d'explications à vous fournir. Et pas d'explications à fournir à Monsieur. *(Il désigne Yeux-Verts.)* Personne ne vous interroge.

LE SURVEILLANT : Oh! ne chante pas si fort. *(Il se tourne vers Yeux-Verts et Maurice.)* Quand on veut être bon, vous voyez!

Impossible avec des gars comme ça. Et ça finit par vous rendre inhumain. On prétend après que les gardiens sont des brutes. *(A Lefranc.)* Si vous étiez moins lourd, vous auriez compris que je fais mon métier. Personne ne peut dire que je vous cherche, et affranchi je le suis plus que vous.

LEFRANC : C'est à prouver.

LE SURVEILLANT : C'est prouvé. Vous ne savez pas ce qu'il faut voir, endurer pour être gardien de prison. Vous ne savez pas qu'il faut être juste le contraire des voyous. Je dis bien : juste le contraire. Et il faut être encore le contraire de leur ami. Je ne dis pas leur ennemi. Réfléchissez. *(Il cherche dans sa poche d'où il retire des cigarettes qu'il tend à Yeux-Verts. A Yeux-Verts.)* C'est ton copain. C'est Boule de Neige qui t'envoie deux cigarettes.

YEUX-VERTS : O. K.

> *Il met une cigarette à sa bouche et tend l'autre à Maurice.*

MAURICE : Pas la peine.

YEUX-VERTS : Tu n'en veux pas?

MAURICE : Non.

LE SURVEILLANT : Il a raison. Trop jeune pour fumer. Le négro m'a encore chargé de te dire que tu ne dois pas t'en faire. Celui-là, c'est un vrai copain pour toi. *(Silence gêné.)* Alors ta femme?

YEUX-VERTS : Je te l'ai dit : c'est fini.

LE SURVEILLANT : Elle avait pourtant l'air d'en tenir pour tes yeux verts. Je la regardais tout à l'heure, c'est une belle fille. Bien roulée.

YEUX-VERTS, *souriant* : Tu ne vas pas la retrouver quand elle sort d'ici, non?

LE SURVEILLANT, *de même* : Ça te chiffonnerait?

YEUX-VERTS : Oh! au fond, si elle te plaît, débrouille-toi avec elle.

LE SURVEILLANT : Je peux toujours essayer.

YEUX-VERTS : Pourquoi pas? Moi, je suis décollé de terre. La vie me fatigue.

LE SURVEILLANT, *souriant et fat* : Alors, c'est vrai? Tu me la lâches dans le creux de la main?

YEUX-VERTS : Vas-y.

Ils se serrent la main.

LE SURVEILLANT : Maintenant je comprends. Quand elle te détaillait le corps derrière le grillage, elle voulait se régaler une dernière fois.

YEUX-VERTS : C'est jeudi dernier qu'elle me disait adieu, tu as raison. Adieu pour toujours. Avec ses yeux chavirés elle prenait congé.

LE SURVEILLANT : Tu crois qu'elle perdra au change?

YEUX-VERTS : Tu lui causeras de moi. Tu prendras ma place. Quand j'aurai la tête coupée, je compte sur toi pour me remplacer.

LE SURVEILLANT : D'ac. On t'adopte. Et pour la cantine fais-moi signe. Tout ce que tu veux tu l'auras. *(A Lefranc.)* Vous ne savez pas encore ce que c'est qu'un gafe. Pour l'apprendre *(Il montre Yeux-Verts.)*, il faut être dans sa situation.

LEFRANC : N'empêche qu'il aurait bien voulu que tout retombe sur Maurice et sur moi et qu'on descende au cachot. Parce que lui, naturellement, c'est l'Homme!

YEUX-VERTS : Tu râles? Pour si peu.

LEFRANC : Pour toi, c'est très peu. *(A Maurice.)* Tu l'as vu, il nous accuse...

MAURICE : Yeux-Verts? Il n'accusait personne. Il a demandé pourquoi le lit était défait.

LEFRANC : Et c'est moi qui prenais tout sur les reins.

YEUX-VERTS : Oh! permets, tu veux. Qu'est-ce que j'ai dit? La vérité. Je l'ai dite en face du chef parce qu'il est chic. Avec lui on ne risque rien.

LEFRANC : Un gardien, c'est un gardien.

Il endosse la veste que Yeux-Verts vient de jeter sur le lit.

YEUX-VERTS : Lui, c'est différent.

LEFRANC : C'est à cause de toi, sans doute, que la cellule est sous sa protection. A cause de l'homme. De l'homme tatoué.

YEUX-VERTS : C'est toi qui veux faire l'homme. Tu veux crâner. Un homme ne crâne pas. Il sait qu'il est homme et ça lui suffit.

LEFRANC, *à Maurice* : Tu l'entends?

MAURICE, *sec* : Yeux-Verts a raison.

LEFRANC : Tu trouves normal tout ce qui vient de lui. Tu accepterais qu'on te coupe en deux à sa place. C'est normal, c'est Yeux-Verts.

MAURICE : Ça me regarde.

LEFRANC : Seulement, ne t'y trompe pas, ses amis, les vrais, ils sont à l'étage au-dessus. Ce n'était pas la peine de le défendre tant tout à l'heure. Yeux-Verts reçoit ses ordres de l'au-delà. On lui envoie des cigarettes, venant d'où? De l'autre côté de l'eau! Apportées par un gardien spécial, en grand uniforme, l'amitié au bout des doigts. Message du cœur. Tu parlais du sourire de Boule de Neige? Et tu croyais que c'était pour moi? Erreur, Monsieur l'avait déjà cueilli sur les dents du nègre. Tous les détenus sont partagés en deux camps qui se bagarrent, et les deux rois s'envoient des sourires par-dessus nos têtes — ou derrière notre dos — ou même devant nous. Et pour finir ils font cadeau de leur femme...

YEUX-VERTS : Ne continue pas, Jules. De ma femme, c'est moi qui en dispose.

LEFRANC : Tu as tous les droits, tu es l'homme. Tu en as fait assez pour tout te permettre. D'un claquement de langue, Monsieur pourrait nous faire tourner en rond dans la cellule...

LE SURVEILLANT : Mettez-vous d'accord. Moi, je vais voir Boule de Neige. Il passe son temps à chanter... Salut!

Il sort.

YEUX-VERTS, *à Lefranc* : Oui, monsieur! Oui, si je veux. Je vous ferais tourner comme des chevaux dans un manège. Comme je faisais valser les filles. Vous en doutez? Je fais ce que je veux ici. C'est moi l'homme, oui, monsieur. Je peux me promener dans les couloirs, monter les étages, traverser les ronds-points, les cours et les préaux, c'est moi qu'on respecte. On me redoute. Je suis peut-être moins fort que Boule de Neige parce que son crime était un peu plus nécessaire que le mien. Parce qu'il a tué pour piller et pour voler, mais comme lui j'ai tué pour vivre et j'ai déjà le sourire. J'ai compris son crime. J'ai tout compris et j'ai le courage d'être tout seul. En pleine lumière.

LEFRANC : Ne t'exalte pas, Yeux-Verts. Moi aussi j'ai compris. Et je te permets tout. J'ai fait tout ce que j'ai pu pour que les mots qui partaient vers ta femme soient le plus beau possible. Tu as le droit de m'en vouloir, je prenais ta place.

YEUX-VERTS : Je ne t'en veux pas, je m'en fous. Les lettres étaient belles. Elles étaient trop belles. Tu croyais peut-être écrire à ta femme...

LEFRANC : C'est le contraire. Je faisais des lettres aussi belles parce que je me mettais complètement à ta place. J'entrais dans ta peau.

YEUX-VERTS : Mais pour être dans ma peau, il faut être de ma taille. Pour être à ma taille, il faut faire comme moi. Ne le nie pas, tu voudrais bien être tutoyé par les gardiens et les tutoyer. Tu voudrais bien mais tu n'es pas assez fort. Tu le sauras peut-être un jour ce qu'est un gafe. Mais il faudra y mettre le prix.

LEFRANC : J'ai voulu te séparer de ta femme, j'ai fait tout ce que j'ai pu. J'ai fait ce que j'ai pu pour t'isoler du monde et séparer du monde la cellule, et même la forteresse.
Et je crois bien que j'ai réussi. Je voulais que le monde entier sache qu'on est là, et qu'on y est tranquille. Entre nous. Je voudrais qu'il n'arrive pas une goutte d'air du dehors. Et j'y travaille. Plus que personne. J'ai voulu qu'on soit des frangins. C'est pour ça que je confondais les fringues. Tu te souviens? Je vous le répète, j'ai travaillé pour la prison.

YEUX-VERTS : La prison est à moi et j'y suis le maître.

MAURICE, *amer* : Et tu donnes.

YEUX-VERTS : Tu dis?

MAURICE : Rien.

YEUX-VERTS : Je donne? Et après? Vous n'oseriez pas me demander d'être régulier, non? Exiger cela d'un homme qui est à deux mois de la mort, ce serait inhumain. Qu'est-ce que cela veut dire, être régulier, après ce que j'ai fait? Après avoir exécuté le grand saut dans le vide, après m'être si bien séparé des hommes par mon crime, vous attendez encore de moi que je respecte vos règles? Je suis plus fort que vous et j'ai tous les droits.

LEFRANC : Moi, je te comprends. Et je comprends aussi ce qu'il appelle tes trahisons. C'est comme cela que tu me plais. Descends toujours.

MAURICE : Yeux-Verts...

YEUX-VERTS : J'écoute tes reproches.

MAURICE : Je n'ai rien dit.

YEUX-VERTS : Alors?

MAURICE : Rien. Je crois que tu as trahi. Maintenant, je comprends que tu as toujours trahi! J'ai le droit de te le dire, puisque j'ai eu de la peine en apprenant, tout à l'heure, que tu étais l'ami du nègre. Et tu l'étais sans nous le dire.

YEUX-VERTS : Et si cela me plaît, à moi, de trahir? Qui êtes-vous, Jules et toi? Deux petits voleurs. Ce n'est pas vous qui pouvez me juger. Je me cherche des amitiés dans la prison et j'en ai le droit. Boule de Neige m'accompagne. Il m'encourage. Si l'on s'en tire, ensemble on ira à Cayenne, et si je passe sous le couteau, je sais qu'il me suivra. Mais pour vous, qu'est-ce que je suis? Vous croyez que je ne l'ai pas deviné? Ici, dans la cellule, c'est moi qui supporte tout le poids. Je ne saurais pas dire le poids de quoi, je suis illettré, mais je sais qu'il me faut des reins solides, comme Boule de Neige supporte la même charge. Mais pour toute la forteresse, il y en a peut-être un autre, un caïd des caïds, qui le supporte pour le monde entier! Vous pouvez vous foutre de ma gueule, j'ai des droits. Je suis l'homme.

MAURICE : Pour moi, tu es toujours Yeux-Verts. Un homme terrible. Mais tu as perdu de ta force, ta belle force criminelle. Tu appartiens à ta femme plus que tu ne le crois.

YEUX-VERTS : Non.

MAURICE : Autrefois, quand j'étais à la cellule 108 et que je passais dans le couloir devant ta porte, je ne voyais pas que ta main qui tendait la gamelle à travers le guichet. Je voyais ton doigt où il y a une alliance en or. J'étais sûr que tu étais un homme complet à cause de ta bague, mais je pensais que tu n'avais pas vraiment de femme. Maintenant, tu en as une. Mais moi, je te pardonne tout parce que je t'ai vu fondre tout à l'heure.

YEUX-VERTS : Tu me fais rire. Boucle-la et discute avec Jules.

MAURICE : C'est cela aussi qui me fait mal au cœur : si je ne suis plus avec toi, je serai obligé d'être avec lui. *(Il se tourne vers Lefranc.)* Tu m'écœures. Oui, tu m'écœures. Il faut que je me méfie de toi. Tu es capable de te lever la nuit pour m'étrangler.

LEFRANC : Je n'ai pas besoin de la nuit.

MAURICE : Tu m'écœures. C'est toi qui soulèves Yeux-Verts. C'est toi qui as détruit notre amitié. Tu étais jaloux de lui. Tu enrages parce que tu n'as rien fait d'aussi beau. Tu voulais te mettre à son niveau.

LEFRANC : Mais toi, pauvre petit voleur, pour te mettre à son niveau, qu'est-ce que tu ne ferais pas ?

MAURICE : Ce n'est pas vrai. Moi je l'aiderai. Et je l'aiderai encore. Je suis lâche, Lefranc, mais prends garde. Je défendrai son crime...

LEFRANC : Tu l'as entendu, son crime ? Et tu l'as vu, l'assassin jusqu'aux larmes !

MAURICE : Tu n'as pas le droit, Jules ! Tu m'entends ? Pas le droit de rire ! C'est depuis que je l'ai vu dans cet état, que j'ai pour lui une si grande amitié. Maintenant, j'ai pitié. J'ai pitié du plus bel assassin du monde. Et c'est beau d'avoir pitié d'un aussi grand monument qui s'écroule. C'est de l'avoir vu si défait et presque à cause de moi que j'ai pitié. Alors que toi...

LEFRANC : Moi ?

MAURICE : Tu t'excitais à l'entendre.

LEFRANC : Eh bien, cela aussi, c'était dans mon programme. Et c'est moi qui réussis. Yeux-Verts a fait ce qu'il devait...

MAURICE : Et toi ? Et toi ? Qu'est-ce que tu as fait de mieux ? Tu peux te réclamer de quoi ? De qui ? Tes marques au poignet peut-être ? La galère ? Tes cambriolages ? C'est à la portée de tout le monde.

LEFRANC : Avec Serge, au moment de l'affaire de la rue de la Néva, j'aurais voulu t'y voir. Dans le noir, les gens qui nous tiraient des fenêtres...

MAURICE, *ironique :* Serge ? Quel Serge ? Probablement Serge de Lenz !

LEFRANC : Serge de Lenz en personne. C'est avec lui que j'ai débuté. Tu en doutes?

MAURICE : Il faut le prouver. Parce que les cellules sont pleines des plus formidables histoires du monde. Par moments, tout cela flotte dans l'air qui en devient épais à vous faire dégueuler. Et les plus terribles c'est encore celles qu'on invente pour se faire mousser. Des escroqueries, des trafics d'or, de perles, de diamants! Ça fume. Les faux dollars, les caisses, les fourrures! Et les galériens!

LEFRANC : Je te défie!

MAURICE : La galère!

LEFRANC : Tu me menaces?

> *Il avance sur Maurice et veut le saisir. Yeux-Verts les écarte brutalement.*

YEUX-VERTS : Ce n'est pas encore le moment. Vous êtes deux fous. Moi, je suis allongé sur le ciment.

> *En se débattant, Maurice déchire la chemise de Lefranc.*

MAURICE : C'est lui. C'est toujours lui.

YEUX-VERTS, *fixant la poitrine de Lefranc* : Mais... tu es tatoué!

MAURICE, *déchiffrant* : « Le Vengeur »! Formidable.

LEFRANC : Laissez-moi tranquille.

YEUX-VERTS : « Le Vengeur »? J'ai servi dessus avant de partir pour Calvi. Un petit sous-marin rapide. Tu étais matelot, Jules?

LEFRANC : Laisse-moi.

YEUX-VERTS : Matelot?

LEFRANC : Je n'ai jamais été dans la marine.

MAURICE : Alors, le Vengeur?

YEUX-VERTS : Moi, en Centrale, à Clairvaux, j'ai connu un dur qui s'appelait le Vengeur. Un costaud. Et j'en ai connu d'autres, des sévères et des bateaux. Il y avait la Panthère, port de Brest.

LEFRANC : Centrale de Poissy.

YEUX-VERTS : Le Sanglant, centrale de Riom.

LEFRANC : Port de Cherbourg.

YEUX-VERTS : La Tornade, Fontevrault.

LEFRANC : Port de Brest.

YEUX-VERTS : Alors? Comment fais-tu pour les connaître si tu n'es allé nulle part?

LEFRANC : Tout le monde est au courant. Il s'agit de choses qui ont dépassé ce qu'elles sont. Depuis longtemps je suis renseigné sur tout ce qui est le vrai signe de la poisse.

MAURICE : Tu ne connais pas grand-chose si tu n'en connais que le signe.

YEUX-VERTS : Et l'Avalanche!

LEFRANC : Toulon.

YEUX-VERTS : L'Avalanche! Des cuisses formidables. Il avait éventré trois hommes. Vingt ans de travaux. Il les tirait au fort du Hâ!

MAURICE : Il parle des bateaux de guerre et toi des durs de Cayenne.

LEFRANC : On se comprend.

MAURICE : Ça m'étonnerait. Pour être à la hauteur de Yeux-Verts, il te faudra parcourir du chemin.

YEUX-VERTS : Vengeur c'est un titre. Pour le porter c'est difficile. Il y en a trois, déjà. A Clairvaux, le Vengeur, une dizaine de cambriolages à main armée. Prend quinze ans. A Tréous, le Vengeur aussi. Tentative de meurtre sur un flic. Mais le plus terrible c'est Robert Garcia dit Robert le Vengeur, à la maison de réclusion de Fréjus. Lui c'est le champion qu'il faut terrasser. Et pour cela réussir un meurtre complet. Pas autre chose.

LEFRANC : Yeux-Verts...

YEUX-VERTS, *souriant* : Je suis là, ne t'en fais pas. Ne perds pas le nord. Je te dirige. Tu comprends maintenant que j'avais besoin de l'amitié de Boule de Neige. C'est lui qui nous soutient. Et ne t'inquiète pas, il est solide. Sur le crime il est d'aplomb. Bien posé. Tu avais raison, toute la prison est sous son autorité, mais tout de suite au-dessous de lui il y a moi... Et... toi aussi tu auras droit à ma femme.

MAURICE, *s'approchant de Lefranc* : Mais, pardon, Monsieur n'est pas tatoué. C'est seulement dessiné à l'encre.

LEFRANC : Ordure!

MAURICE : En fer-blanc! « Vengeur! » C'est un titre qu'il a lu dans un livre, avec l'histoire de la galère.

LEFRANC : Je t'ai dit de la boucler ou je t'assomme!

MAURICE : Parce que Yeux-Verts te parle, parce qu'il t'écoute, tu es sous son prestige. Seulement ses tatouages, à Yeux-Verts, ce n'est pas du toc. Il n'a pas eu peur des piqûres d'épingles.

LEFRANC, *menaçant* : Boucle!

MAURICE, *à Yeux-Verts* : Il me répugne. Et ta femme, Yeux-Verts, tu vas lui permettre ta femme!

YEUX-VERTS, *souriant* : Tu la voulais?

MAURICE : Ta femme! Qui est gravée dans ta peau! Oh, Yeux-Verts! Elle t'arrivait jusqu'où?

YEUX-VERTS, *il fait un geste* : Là!

MAURICE : Ah!

LEFRANC : Ne vous gênez pas, caressez-vous.

MAURICE : Je parle de sa femme, j'en ai le droit.

LEFRANC : Si je te l'accorde.

MAURICE : Sa femme?

LEFRANC : Oui, monsieur. Et dès maintenant, résigne-toi à compter avec moi.

MAURICE, *ironique* : Je ne peux pourtant pas t'interroger sur elle. Tu n'espères pas la dessiner sur ta peau comme... *(Il fait le geste de rejeter du front une invisible mèche de cheveux.)* comme « le Vengeur »! Si je m'occupe de sa femme c'est que Yeux-Verts me le permet.

LEFRANC : Tu le méprisais tout à l'heure.

MAURICE : Jamais. C'est toi. C'est toi qui étais heureux de lui faire réciter son malheur en détail. Tu es un lâche.

LEFRANC : C'est toi qui lui arrachais l'histoire. Tu tirais doucement les mots...

MAURICE : Ce n'est pas vrai. J'ai fait ce que j'ai pu pour le soulager. Il le sait. Moi, je n'attends pas qu'un homme fasse mon travail. Je n'attends rien, je m'attends à tout. Le coup dur qui m'arrivera je le recevrai, je suis taillé pour ça. Mais toi tu es dans le brouillard. Quand tu tournes tu nous regardes vivre. Tu nous regardes nous débattre et tu nous envies. Elle te faisait reluire, l'histoire du lilas! Avoue-le! On n'a pas fini de voir ta sale gueule penchée en avant, avec ses yeux morts, tourner dans la cellule. Et tu vas la ruminer, l'histoire du lilas! Elle t'engraisse déjà.

LEFRANC : Elle commence à me travailler, tu as raison.

MAURICE : Elle te donne des forces? Elle remonte. Elle te remonte aux lèvres? Le lilas te remonte aux dents?

LEFRANC : Au bout des doigts, Maurice. En moi, ce n'est pas de la pitié qu'installe l'histoire du crime et du lilas. C'est de la joie! Tu m'entends? De la joie! Yeux-Verts a cassé encore un fil qui le retenait au monde : il est séparé de la police. Bientôt il le sera de sa femme!

MAURICE : Salaud! Tu organises...

LEFRANC : Mon travail, à moi.

MAURICE : Et c'est Yeux-Verts qui en fait les frais! C'est lui qui a payé. Lui qui a été choisi. Et moi, si j'attire le malheur, ce n'est pas en avalant les aventures des autres : c'est à cause de ma gueule. Je te l'ai dit. Je suis marqué, moi aussi, mais ma vraie marque, c'est ma gueule! Ma gueule, ma jolie petite gueule de voyou. Je me décide à me défendre. Tu empestes la cellule et je vais la débarrasser de tes ordures. Tu nous écœures. Tu es faux. Faux jusqu'à la moelle. Fausses ton histoire de la galère et tes marques aux poignets, faux tes secrets avec notre femme, fausses tes complications à propos du nègre, faux tes tatouages, fausses tes colères, fausse...

LEFRANC : Arrête!

A partir de cet instant, ces trois jeunes gens auront la taille, les gestes, la voix et les visages d'hommes de cinquante ou soixante ans.

MAURICE : Fausse, ta franchise; faux, tes débits...

LEFRANC : Arrête ou je cogne.

MAURICE : Je te déshabille. Je veux te laisser nu. Tu te nourris des autres. Tu te vêts, tu te pares de nos beautés, je t'en accuse! Tu voles nos crimes! Tu as voulu connaître la vraie composition d'un crime, je t'ai regardé le digérer.

LEFRANC : Silence.

MAURICE : Je refuse ta grâce, et je continue...

LEFRANC : Mais arrête-toi. Laisse-moi respirer.

MAURICE : Tu es gonflé par notre vie.

> *Il fait le geste de rejeter sa mèche de cheveux.*

LEFRANC : Maurice. Ne continue pas. Et surtout ne recommence pas tes gestes de putain.

MAURICE : Pourquoi? *(Riant.)* Monsieur a peur que je dérange ses grappes de lilas?

LEFRANC : Oui. Et maintenant tu vas sauter avec moi. Tu vas sauter le grand saut. Prépare-toi à me recevoir : j'arrive. Le Vengeur, c'est moi. Fini de t'endormir sous les ailes de Yeux-Verts.

MAURICE, *à Yeux-Verts* : Grand...

> *Puis, regardant Lefranc, il refait le geste avec la main et la tête.*

LEFRANC : C'est trop tard. Ne crie pas.

> *Yeux-Verts est monté sur une cuvette renversée et il domine la scène pendant que Lefranc, souriant, marche sur Maurice qui, devant ce sourire radieux, sourit aussi.*

YEUX-VERTS, *visage tendu* : Vous m'épuisez, tous les deux. Vous m'obligez à plus d'efforts que vous. Faites vite qu'on n'en parle plus.

MAURICE, *effrayé* : Mais tu es fou, Jules, je n'ai rien fait!

LEFRANC : Ne crie pas, c'est trop tard.

> *Il arrive à bloquer Maurice dans l'angle du mur où il l'étrangle. Maurice glisse sur le sol entre les jambes écartées de Lefranc. Lefranc se redresse.*

YEUX-VERTS, *après un moment de silence et la voix changée* : Qu'est-ce que tu as fait? Lefranc, tu ne l'as pas tué? *(Il regarde Maurice inanimé.)* C'est du beau travail. *(Lefranc paraît épuisé.)* Du beau travail pour la Guyane.

LEFRANC : Qu'est-ce qu'on va faire? Aide-moi, Yeux-Verts.

YEUX-VERTS, *s'approchant de la porte* : Salaud! Moi, t'aider?

LEFRANC, *interloqué* : Hein? Mais?...

YEUX-VERTS : Ce que tu viens de faire? Supprimer Maurice qui n'avait rien fait? Le tuer pour rien? Pour la gloire!

LEFRANC : Yeux-Verts... tu ne vas pas me laisser?

YEUX-VERTS : Ne parle plus. Et ne me touche plus. Tu sais ce que c'est le malheur? Moi, j'avais tout espéré pour l'éviter? Et tu te croyais capable de devenir, tout seul, sans le secours du ciel, devenir aussi grand que moi! Me dépasser peut-être? Malheureux, tu ne savais pas qu'il est impossible de me dépasser? Je n'ai rien voulu, tu m'entends, rien voulu de ce qui m'est arrivé. Tout m'a été donné. Un cadeau du bon Dieu ou du diable, mais quelque chose que je n'ai pas voulu. Et maintenant, maintenant nous voilà encombrés d'un cadavre.

LEFRANC : J'ai fait ce que j'ai pu, pour l'amour du malheur.

YEUX-VERTS : Ce n'est rien savoir du malheur si vous croyez qu'on peut le choisir. Je n'ai pas voulu le mien. Il m'a choisi. Il m'est tombé sur le coin de la gueule et j'ai tout essayé pour m'en dépêtrer. J'ai lutté, j'ai boxé, j'ai dansé, j'ai même chanté et l'on peut en sourire, le malheur je l'ai d'abord refusé. C'est seulement quand j'ai vu que tout était irrémédiable que je me suis calmé. Je viens à peine de l'accepter. Il me le fallait total.

Il cogne à la porte.

LEFRANC : Qu'est-ce que tu fais?

YEUX-VERTS : J'appelle les gardiens. *(Il frappe à la porte.)* A leur gueule tu sauras qui tu es.

LEFRANC : Yeux-Verts!

YEUX-VERTS, *dans un murmure* : Pauvre con.

LEFRANC : Je suis vraiment tout seul!

Bruit de clé. La porte s'ouvre. Paraît le gardien souriant. Il fait une œillade à Yeux-Verts.

RIDEAU

LETTRES A ROGER BLIN

Les Paravents *ont été créés au Théâtre de France le 21 avril*
1966 par la troupe de Jean-Louis Barrault-Madeleine Renaud.
Avec des costumes et des décors d'André Acquart.

DISTRIBUTION

dans l'ordre d'entrée en scène

SAÏD, *Amidou.*
LA MÈRE, *Maria Casarès.*
WARDA, *Madeleine Renaud.*
MALIKA, *Annie Bertin.*
LA SERVANTE, *Claudie Bourlon.*
MUSTAPHA, *André Batisse.*
AHMED, *Yan Davrey.*
BRAHIM, *Victor Béniard.*
LEÏLA, *Paule Annen.*
SIR HAROLD, *Paul Descombes.*
HABIB, *Jean-Pierre Granval.*
TALEB, *François Hélie.*
CHIGHA, *Christiane Carpentier.*
KADIDJA, *Germaine Kerjean.*
NEDJMA, *Sylvie Moreau.*
HABIBA, *Micheline Uzan.*
SI SLIMANE (MADANI-LA BOUCHE), *Jean-Louis Barrault.*

LE GENDARME, *Jacques Alric.*
M. BLANKENSEE, *Régis Outin.*
MALIK, *Georges Sellier.*
ABDIL, *Michel Bringuier.*
LE GARDIEN, *Robert Lombard.*
LE LIEUTENANT, *Gabriel Cattand.*
LE SERGENT, *Bernard Rousselet.*
PIERRE, *André Weber.*
ROGER, *Dominique Santarelli.*
JOJO, *Michel Creton.*
PRESTON, *Éric Gérard.*
WALTER, *Michel Lebret.*
HERNANDEZ, *Jean-Jacques Domenc.*
MORALÈS, *Michel Berger.*
FELTON, *Christian Jaulin.*
BRANDINESCHI, *Pierre Benedetti.*
Mme BLANKENSEE, *Marie-Hélène Dasté.*
LE CHEF, *Jean-Guy Henneveux.*
LE PHOTOGRAPHE, *Xavier Bellanger.*
LA VAMP, *Tania Torrens.*
L'ACADÉMICIEN, *Michel Bertay.*
LE GÉNÉRAL, *Jean-Roger Tandou.*
LE BANQUIER, *Jacques Alric.*
LA COMMUNIANTE, *Brigitte Carva.*
LE SOLDAT, *Luis Masson.*
L'HOMME, *François Hélie.*
LA FEMME, *Jeanne Martel.*
LE FILS DE SIR HAROLD, *François Gabriel.*
SALEM, *Paul Descombes.*
NACEUR, *Pierre Gallon.*
M'BAREK, *Michel Dariel.*
LAHOUSSINE, *Louis Frémont.*
SRIR, *Jean-Claude Amyl.*
LARBI, *Patrice Chapelain-Midy.*
PREMIER COMBATTANT, *Christian Pailhé.*
DEUXIÈME COMBATTANT, *Christian Bujeau.*
AMEUR, *Alain Hitier.*
ABDESSELEM, *Guy Didier.*
LA GENDARME, *Catherine Rethi.*
DJEMILA, *Michèle Oppenot.*
OMMOU, *Marcelle Ranson.*

NESTOR, *Luis Masson.*
LALLA, *Jane Martel.*
AZIZA, *Céline Salles.*
AÏCHA, *Marie-Claude Fuzier.*

Mon cher Roger,

Tous les vivants, ni tous les morts, ni les vivants futurs ne
pourront voir *les Paravents*. La totalité humaine en sera privée :
voilà ce qui ressemble à quelque chose qui serait un absolu. Le
monde a vécu sans eux, il vivra pareil. Une nonchalance politique permettra une rencontre aléatoire entre quelques milliers
de Parisiens, et la pièce. Afin que cet événement — la ou les
représentations —, sans troubler l'ordre du monde, impose
là une déflagration poétique, agissant sur quelques milliers
de Parisiens, je voudrais qu'elle soit si forte et si dense qu'elle
illumine, par ses prolongements, le monde des morts [1] — des
milliards de milliards — et celui des vivants qui viendront
(mais c'est moins important).

Je vous dis cela parce que la fête, si limitée dans le temps et
l'espace, apparemment destinée à quelques spectateurs, sera
d'une telle gravité qu'elle sera aussi destinée aux morts. Personne ne doit être écarté ou privé de la fête : il faut qu'elle
soit si belle que les morts aussi la devinent, et qu'ils en rougissent.
Si vous réalisez *les Paravents*, vous devez aller toujours dans
le sens de la fête unique, et très loin en elle. Tout doit être réuni
afin de crever ce qui nous sépare des morts. Tout faire pour
que nous ayons le sentiment d'avoir travaillé pour eux et
d'avoir réussi.

Il faut donc entraîner les comédiens et les comédiennes, dans
leurs profondeurs les plus secrètes — pas dans leur finesse;

1. Ou plus justement de la mort.

leur faire accepter des démarches difficiles, des gestes admirables mais sans rapport avec ceux qu'ils ont dans la vie. Si nous opposons la vie à la scène, c'est que nous pressentons que la scène est un lieu voisin de la mort, où toutes les libertés sont possibles. La voix des acteurs viendra d'ailleurs que du larynx : c'est une musique difficile à trouver. Leurs maquillages, en les rendant « autres », leur permettront toutes les audaces : cessant d'avoir une responsabilité sociale, ils en auront une autre, à l'égard d'un autre Ordre.

Les costumes ne les vêtiront pas, les costumes de scène sont un moyen de parade, selon tous les sens. Vous comprenez donc quelle beauté ils devront avoir. Pas une beauté de ville, mais une beauté nécessaire, comme le maquillage et la voix déplacée, pour que les acteurs puissent se jeter dans l'aventure et triompher d'elle. C'est d'un harnachement qu'il s'agit donc. Je voudrais que les costumes des trois vieilles soient faits de chiffons pouilleux et splendides. Par quelques détails, il faudra rappeler l'Algérie, mais le style général sera d'une très grande noblesse : ampleur, traînes, drapés, même si tout cela accroche la poussière et la paille. Pour tout dire, il faudrait que chaque costume soit lui-même un décor — sur fond de paravent — capable de situer le personnage, mais, encore une fois, cette somptuosité ne doit pas renvoyer à une beauté d'ici, même pas à une beauté imitée ou parodiée, grâce à des nippes; il faut qu'Acquart et sa femme soient capables d'inventer des accoutrements terribles, qui ne seraient pas à leur place sur les épaules des vivants. Les fous, les folles, les Folles, sont capables d'en coudre. Je suis sûr que les Asiles sont pleins de ces ornements, des monuments, difficiles à porter. La Mère, Kadidja, Ommou seront à l'abri là-dessous et, peut-être, seront un peu corrompues par eux. Mais je vous en prie, ne tolérez aucune joliesse. Acquart doit être presque menacé. Les costumes habituels au théâtre, quelle misère! Les acteurs, là-dedans, n'osent rien oser, ils sont condamnés à de jolis mouvements, soit de cuisses, de pieds cambrés, soit de bras et de torses.

Ne permettez pas à un comédien de s'oublier, sauf s'il pousse cet oubli de lui jusqu'à pisser face au public. Il faudrait les obliger à rêver — ceux qui n'ont pas à parler — la mort de leur fils ou celle de leur mère bien-aimée, ou qu'un voyou les dévalise, ou que le public les voit nus.

Les paravents eux-mêmes : ceux que vous avez mis au point

avec Acquart sont très beaux. (Je parle de leur structure et de leurs mouvements.)

Mais les dessins sur eux? Ce sera très difficile. Là aussi il faut la Fête. Pas de bêtises pseudo-naïves. C'est parmi les dessins de fous qu'il faut chercher. Même parmi des fous qui simulent systématiquement la Folie. Faites un saut à Rodez. Alpaguez un cinglé, vous lui racontez cette histoire de cinglés : *les Paravents*, et il la traduit en dessins. Je crois qu'un obsédé sexuel jusqu'à la folie, et qui n'aurait jamais vu d'orangers, ni même d'oranges, inventerait une orangeraie plus vraie que personne ne le fera. Où le trouver? Par concours? Mais si nous *pensons* très fortement à cela le hasard travaillera pour nous.

Je reviens à la démarche des comédiens :

La Mère, de très petits pas, mais une très grande autorité dans le geste. Puis, soudain, de très larges enjambées, la jupe relevée de façon à montrer ses jambes dont les veines — en bleu ou violet — seront visibles.

Kadidja, hautaine, son parapluie comme une canne.

Ommou, s'arrachant, à chaque pas, le pied, la patte, d'un bourbier. Mais le haut du corps, à partir des seins, très droit, la tête directe, le délire verbal froid et bien articulé.

Pour Saïd, vous voyez, il faut que le comédien apprenne la concentration. On ne le sent pas encore tout entier présent dans le corps ni dans les gestes de Saïd. Durant quelques secondes, il lui arrive de flotter place Leopardi à Vérone ou rue Saint-Benoît.

Warda, c'est assez difficile : un extraordinaire vide a plus de présence que le plein le plus dense.

C'est le Sergent qui m'embête : ou bien c'est vous et votre poésie un peu hagarde et un peu narquoise, ou bien c'est le jeune homme guidé par vous. Je crois que vous saurez en faire le double, lumineux selon l'Occident, de Saïd, ou, si vous voulez, son contraire en tout. L'homme solaire s'opposant au saturnien, même si les solaires nous font chier — et, dans ce cas, c'est nous qui les ferons chier. C'est une belle donzelle en uniforme.

Les pièces, habituellement, dit-on, auraient un sens : pas celle-ci. C'est une fête dont les éléments sont disparates, elle n'est la célébration de rien.

Leïla, je la vois mal. C'est peut-être parce qu'elle avance masquée. A vous de trouver.

Mais pour les maquillages, il faut faire appel à vos rêves,

à vos rêveries, à vos délires, pas à votre raison, pas à vos observations, sauf si elles sont folles et qu'elles vous fassent distinguer une toison veloutée autour des yeux des Arabes. Les maquillages m'intriguent. Ils doivent rappeler, appeler l'Algérie par des procédés que les Algériens ne connaissent pas : je crains le henné pour la Mère. La misère, la détresse algériennes doivent avoir d'autres couleurs et d'autres matières, qu'il faut découvrir. Vous et Acquart, vous n'aurez pas les rôles faciles. Et je n'arrange pas les choses.

Et en plus, sur la scène, une lumière si cruelle! mais c'est ce qu'il faut.

Je reviens aux comédiennes : elles se transformeront en bêtes. Il faut les aider. Avec, de temps en temps, dans le cours de leur rôle, un peu de la Mère, ou d'Ommou, ou de Warda, qui montre le bout de l'oreille. Le reste du temps, des bêtes. Comme, je l'ai lu, Nabuchodonosor, broutant le gazon, et pendant quelques minutes, roi, et peut-être, un homme.

La Mère : ne pas lui couper sa fureur naturelle. Ne pas éteindre son feu, mais y ajouter le jeu.

Kadidja, c'est déjà la dame patronnesse du village : son parapluie sera plus large que les autres.

Ommou, déjà au-dessus : beaucoup plus haut que dame du village : patronne de la révolte. Et si le nom vous dit quelque chose : Némésis. De toute façon, souveraine dans cette mort qui se passe sur terre.

Bien sûr, tout ce que je vous dis vous le savez, je cherche seulement à vous encourager dans votre détachement d'un théâtre qui, lorsqu'il refuse la convention bourgeoise, recherche ses modèles : de types, de gestes, de ton, dans la vie visible et pas dans la vie poétique, c'est-à-dire celle qu'on découvre quelquefois vers les confins de la mort. Là, les visages ne sont plus roses, les gestes ne permettent pas d'ouvrir une porte — ou alors c'est une drôle de porte et donnant sur quoi! — Enfin, vous savez bien de quoi, sans le pouvoir, je voudrais parler.

Et la ruine! J'oubliais la ruine! Celle des dents cultivées à l'aiguille de Warda, et la ruine totale de la pièce. Vraiment, il faudrait qu'à la sortie, les spectateurs emportent dans leur bouche ce fameux goût de cendre et une odeur de pourri. Et néanmoins que la pièce ait la consistance d'un silex. Pas d'un solex! Ne craignez pas de faire que comédiens et comédiennes se métamorphosent en chacals, en dindons, etc., — en arbres aussi. J'ai l'air de déconner, mais vous savez bien ce que je veux dire. Ma pièce est sale en ce sens qu'elle n'a pas l'habituelle saloperie sociale, mais il faut la rincer encore et la passer au bleu.

Ce qui me paraît bien, aussi, c'est que, de temps en temps et afin de souligner — ou si vous voulez valoriser — la stylisation du jeu et de la diction, vous trouviez quelques attitudes ou des tons de voix plus réalistes. C'est dans ce sens que, durant le jeu de Warda décrottant son râtelier en or, deux ou trois clients se peignent, avec un peigne édenté, et comme devant une glace, en pliant leurs guibolles. Bien entendu tout cela doit être mis au point.

J'avais un peu la trouille pour le Lieutenant. Mais c'est peut-être que je n'avais pas su ce qui lui conviendrait, c'est-à-dire qu'au lieu d'être un simple et simplet pète-sec, à certains moment il doit s'engueuler, soit avec ses hommes, soit avec le sergent, soit avec le pitaine, comme on dit que les écaillères de Marseille s'engueulent, le buste en avant. Je crois qu'à un certain moment, je ne sais plus lequel, il doit cesser d'être Susini pour devenir un pauvre diable au bord de la crise de nerfs.

Les dessins. — Je reviens aux dessins sur les paravents : il faut une loufoquerie grandiose mais qui n'embête pas les spectateurs. Où trouver ça? Les flammes des orangers doivent avoir la vacherie des flammes qu'un sadique dessinerait, s'il devait peindre l'incendie d'un bordel plein de femmes à poil.

Je ne crois pas que vous deviez penser qu'il y aura plus de quatre ou cinq représentations. En effet, s'ils vont au fond d'eux-mêmes, les comédiens et les diennes ne pourront pas tenir le coup. Enfin je suppose. Toutes les représentations qui suivront les cinq premières seront des reflets. Enfin, il me semble. Et du reste, quelle importance? Une seule représentation bien au point, ça doit suffire.

★

Il faut faire attention au plafond de scène. Même si ça ne sert à rien, rien pour l'acoustique par exemple, il faudra tendre des fils blancs allant dans cette direction : du public vers le fond. D'habitude, sauf s'il y a un plafond, c'est toujours moche.

★

Relever jusqu'en haut, si vous pouvez, le manteau d'Arlequin (c'est comme ça que vous dites?).

★

Le jeu de Madani-la Bouche : il est toujours un peu emphatique. Il faudra bien un peu d'emphase à Madani, au début, et de l'agacement quotidien à la Bouche. Mais Jean-Louis Barrault et vous ferez très bien la rupture entre le ton de la Bouche et celui de Si Slimane réveillé.

★

Je crois que les morts seront très maquillés — mais le vert dominera. Les vêtements blancs, évoquant le suaire. Leur diction aura changé. Elle sera plus forte et plus proche du langage quotidien.

★

Les soldats morts pourraient avoir un treillis, treillis assez flou, avec la blessure dessinée à la peinture rouge.

★

Je crois qu'une seule représentation suffit, au lieu de cinq.
Mais une, mise au point durant encore six mois.

★

Que Saïd cesse de rouler ses yeux. Et que les comédiens,
durant la représentation, ne se laissent pas aller aux gestes
qu'ils ont chez eux ou dans d'autres pièces. Il est normal qu'ils
cherchent avec vous les gestes qui leur conviennent en conve-
nant au personnage, et puis qu'ils s'y tiennent. Mais en général
ils sont si heureux de faire n'importe quoi pour paraître spon-
tanés !

★

Je crois que les soldats vivants pourraient porter l'uniforme
de la Conquête (genre duc d'Aumale) et foutre le camp avec
le même uniforme. Cela pour ne pas situer trop dans le temps
une pièce qui est une mascarade.

★

Rien ne pourra faire que la gloire, solitaire et solaire, que les
vertus d'un homme ou d'un peuple ne soient réduites, d'abord
par l'analyse, ramenées à n'être qu'un dépôt ou qu'une vase,
qui restent d'un homme ou d'un peuple quand leurs ornements
ont été déchirés, mais la honte qui demeure, après une vie
de trahison, ou même après une seule trahison, est plus sûre.
Elle risque moins d'être entamée que la gloire. Elle ne sera
même jamais entamée : au contraire, le temps la durcit, et,
d'une certaine façon, la restitue, lumineuse, plus glorieuse que
la gloire, hors de toute atteinte.
Un peuple qui n'aurait, pour le marquer, que des périodes
de gloires ou des hommes de vertu, il serait toujours soumis à
l'analyse et réduit à rien, sauf une vase. Les crimes dont il a
honte font son histoire réelle, et un homme c'est pareil.

★

J'écris cela parce que, si vous le leur lisez, les acteurs sauront peut-être de quoi il s'agit.

★

Il s'agit, bien sûr, d'un comportement théâtral, et j'ai pris soin de préciser que la scène s'oppose à la vie. Ma pièce n'est pas l'apologie de la trahison. Elle se passe dans un domaine où la morale est remplacée par l'esthétique de la scène.

★

Le temps. Je ne sais rien de précis sur le temps, mais, si je laisse retomber une paupière assez lourde sur un événement, et quel qu'il soit, il me semble que l'événement ne s'est pas écoulé, allant du moment présent vers le futur, mais au contraire qu'à peine né l'instant qui va l'orienter, l'événement atteint son terme et reflue vers sa naissance à toute vitesse, et le tasse sur lui-même. Si vous voulez, les premiers Français en 1830 bombardant Alger se bombardaient d'Alger vers 1800. Des événements naissent ainsi, spontanément, et crèvent au même moment du même mouvement mais crèvent si vite que leur fin se retournant, les ramène un peu avant le bruit qui a marqué leur naissance. Ils ont la dureté d'un galet. La Révolution Française, dans « mon » histoire, ne s'est pas encore refermée sur elle-même. L'événement qui va de 89 à aujourd'hui est donc encore flou, mais à l'intérieur de cela, la conquête et la perte de l'Algérie, est un ensemble compact.

Je n'ai pas le temps de vous en dire plus long pour vous faire comprendre que les soldats morts ou mourants dans cette pièce doivent avoir l'uniforme des soldats du duc d'Aumale et de Bugeaud. Le même mouvement de temps qui les dépose en Algérie les rejette à la mer. Même si, par leurs répliques, on comprend qu'ils vivaient en 1958. Cela n'a pas d'importance. Ils ont été imprudents.

Ces Alsaciens-Lorrains et bagnards déguisés en conquérants devraient avoir de bien beaux costumes. Songez donc : les zouaves soutachés, les spahis en sérouals de satin noir, en sandales dorées, etc. C'est certainement l'Armée de la République la plus ornée. Chaque soldat comme une tombe du Père-

Lachaise. C'est comme ça que je le vois. Le coup d'éventail du Dey à peine donné, à peine tiré le premier coup de canon et déjà 800 000 Pieds-Noirs inventaient Tixier-Vignancour. Tout a été très vite, et, comme on dit en course, très fort, assez fort *pour réussir un événement* sans début ni fin : global.

★

Warda doit être une espèce d'Impératrice, chaussée de si lourds brodequins — en or massif — qu'elle ne pourra plus arquer. Vous pourriez la visser au praticable. L'obliger à porter un corset de fer. Avec des boulons.

*

Voilà, mon cher Roger, les seules notes que vous devrez soit appliquer, soit refuser. Voici enfin mon amitié.

Jean Genet.

NOTES AU JOUR LE JOUR

Le théâtre à l'italienne ne fera pas de vieux os. Je ne sais rien de son histoire, comment il a commencé ni pourquoi il s'est accompli en une sorte de puits avec corbeilles, baignoires, loges et poulaillers (quels noms!), mais je le sens mourir en même temps que la société qui venait s'y mirer sur la scène. Cet accomplissement correspondait à une immoralité fondamentale : pour la poulaille la salle — orchestre, loges, corbeilles — était un premier spectacle, qui formait en somme un écran — ou un prisme — que devait traverser le regard avant de percevoir le spectacle de la scène. Le poulailler voyait et entendait à travers, en quelque sorte, le spectateur privilégié de l'orchestre et des loges.

*

Le spectateur de l'orchestre et des loges se savait regardé — goulûment — par celui de la poulaille. Se sachant spectacle avant le spectacle, il se comportait comme un spectacle doit le faire : afin d'être vu.

D'un côté comme de l'autre — je veux dire, en haut comme en bas — le spectacle de la scène n'arrivait donc jamais aux spectateurs dans sa totale pureté.

Et je n'oublie ni le velours, ni les cristaux, ni les dorures chargés de rappeler aux privilégiés qu'ils sont chez eux et qu'à mesure qu'il s'éloigne du sol et de ses tapis le spectacle se dégrade.

*

Vous aurez peut-être des théâtres de dix mille places, ressemblant probablement aux théâtres grecs, où le public sera discret, et placé selon la chance, ou l'agilité, ou la ruse spontanée, non selon la fortune ni le rang. Le spectacle de la scène s'adressera donc à ce qu'il y a de plus nu et de plus pur dans le spectateur. Que les costumes des spectateurs soient bariolés ou non, couverts de bijoux ou de n'importe quoi, cela n'aura aucun inconvénient pour la probité du spectacle donné sur la scène. Au contraire même, il serait bien qu'une espèce de folie, un culot, pousse les spectateurs à s'accoutrer bizarrement pour aller au théâtre — à condition de ne rien porter d'aveuglant : broches trop longues, épées, cannes, piolets, lampes allumées dans le chapeau, pies apprivoisées... ni rien d'assourdissant : tintamarre de breloques, transistors, pétards, etc., mais que chacun se pare comme il veut afin de mieux recevoir le spectacle donné sur la scène : la salle a le droit d'être folle. Plus le spectacle de la scène sera grave et plus les spectateurs éprouveront peut-être le besoin de l'affronter parés, et même masqués.

On doit pouvoir entrer et sortir en pleine représentation, sans gêner personne. Et rester debout aussi, et même s'approcher de la scène si l'on en a envie, comme on s'approche ou qu'on s'éloigne d'un tableau. Ainsi, si l'on jouait alors *les Paravents*, il faudrait qu'un certain espace fût réservé directement sur la scène, pour un certain nombre de figurants — silencieux et immobiles — qui seraient des spectateurs, ayant revêtu un costume dessiné par le décorateur; — d'un côté de la scène, les notables, de l'autre côté, des détenus de droit commun, masqués et enchaînés, gardés par des gendarmes armés.

*

En écrivant cette pièce, je la voyais représentée dans un théâtre de plein air où les gradins, taillés dans la pente d'une colline, ne seraient que des bancs de terre. La scène, au fond, et les décors (les paravents) se détachant sur les arbres d'une futaie.

★

Au texte des *Paravents* devrait être joint quelque chose
ressemblant à une partition. C'est possible. Le metteur en
scène, tenant compte des différents timbres de voix, inventera
un mode de déclamation allant du murmure aux cris. Des
phrases, des torrents de phrases doivent passer dans des hurlements, d'autres seront roucoulées, d'autres seront dites sur le
ton de l'habituelle conversation.

Le metteur en scène inventera les aboiements de la Mère, très
différents de ceux de Leïla. Il inventera l'orage du tableau XIV.
Le tonnerre et les bruits de la pluie seront réalisés par les
acteurs en scène à ce moment-là.

★

Comment dessiner? Qu'on apprenne aux acteurs. Mais ceux-ci
devront obtenir, avec des craies de couleur, sur les paravents,
de véritables fêtes. Même les dessins des montagnes du Grand
Cèdre, de la Grande Ourse, tout devra être peint avec soin pour
émouvoir. Même si les dessins sont maladroits, gauches, naïfs,
les acteurs devront s'y donner autant qu'ils se donneront dans
le jeu.

La pendule peinte par Leïla sera d'un très beau modèle de
pendule Louis XV ou XIV, ou même Cent, pleine de rinceaux,
de fleurs, etc.

★

Pour les costumes, il faudra utiliser pas mal d'étoffes noires
afin de mettre en valeur les autres couleurs. Le « fond » de
cette pièce c'est le noir. Je me demande pourquoi?

★

Les ustensiles : brouette, râpe à fromage, bécane, gants, etc.,
eux aussi ils seront interprétés. Plus grands que nature, d'une
manière plus forte (la râpe à fromage en fonte), plus lourde,
afin de réussir à s'imposer sur un espace aussi grand que cette
scène. Un trait noir, à certains endroits, pourra les cerner, leur

ombre dessinée sur le sol ou le paravent par un acteur, etc.
Cela pour donner une densité à l'instant. Bref, traiter tout à
la blague.

*

Chacune des scènes de chacun des tableaux doit être mise
au point et jouée avec la rigueur d'une petite pièce, qui serait
une totalité. Sans bavure. Et sans que rien laisse penser qu'une
autre scène, ou qu'un autre tableau doivent suivre ceux qu'on
vient de jouer.

*

Au douzième tableau, les Arabes doivent exécuter très preste-
ment leurs dessins; mais il faut que quelques-uns s'attardent,
et même que certains reviennent — et même deux ou trois
fois de suite — au paravent avec leurs fusains et leurs craies
de couleur pour figurer un accord, pour souligner une ombre, etc.

AUTRE LETTRE A ROGER BLIN

Quelques costumes et maquillages, comme je les vois.

LA MÈRE : Des cheveux d'étoupe blanche. Une face blanche, passée à la céruse, et des rides très travaillées, bleues, mauves, violettes, partant des yeux vers les tempes, de la racine du nez vers le front, des ailes du nez vers la bouche et autour du menton, enfin, les tendons du cou, très mis en relief. Les mains blanches comme la tête, et les rides ou plutôt les veines, très visibles. Pareil les jambes, jusqu'aux genoux. Les yeux, pas trop grands, pas trop orientaux.

La robe, très lourde, descend un peu plus bas que les pieds, de sorte que la Mère devra la relever un peu pour marcher. Elle est faite, la robe, de bouts de chiffons de tissus différents, formes et matières différentes, dans tous les tons du violet et du mauve. Les coutures seront visibles, en gros fil blanc.

★

KADIDJA : Le visage violet, presque noir. Comme les lèvres des Noirs, à peu près. Les rides, très nombreuses, seront blanches. Je crois qu'elles devront aller, vers les cheveux, les oreilles et le menton, en partant des ailes du nez. Les mains, les avant-bras et les guibolles, de la même façon.

Elle se servira de son parapluie noir, tantôt fermé, tantôt ouvert, mais rapiécé.

Sa robe sera jaune. De tous les jaunes possibles : safran, ocre, etc., par morceaux rapiécés. Jaune même quand elle va pleurer le mort. Mais c'est une robe se relevant jusqu'à la

ceinture, sur un long jupon, traînant à terre, en tissu peut-être indigo. (En parler avec Mme Acquart.)
Cheveux blancs, mais raides, tirés en arrière.

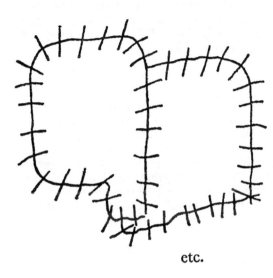

Naturelle-ment, les dessins au dos des pages doivent être interprétés par vous. Vous avez peut-être des idées de robes et de maquillages différents.

etc.

*

Toutes les autres femmes auront des parapluies et seront fagotées de la même façon, avec des jupes faites de bouts de chiffons dans des tons jaunes ou verdâtres.

*

OMMOU : Des cheveux blancs qui tombent sur ses épaules. C'est la cinglée des trois. Cheveux blancs, très blancs.
Une robe faite avec de la toile de sac, si vous voulez une espèce de jute très rugueux. Coupée dans un assemblage de bouts, comme les robes des autres. Mais cette fois, avec une jupe très ample et une sorte de traîne qu'elle soutiendra avec la main dont elle ne se sert pas pour tenir sa canne. Elle est montée sur de très hauts souliers. Il faut qu'elle domine Saïd.

Son visage sera jaune et tout saccagé par une infinité de petites rides entre les très grandes et très sombres rides (marron) circulaires, qui donneront à son visage un air de pleine lune, si possible couverte de cratères et de mers de la Sérénité. — Prendre une photo très grossie de la lune. En demander une photocopie aux services de la Nasa. Pareil sur les bras et les jambes : des trous et des monticules.

*

WARDA : Le visage tout blanc. On la peint sous les yeux des spectateurs. Je la vois verte. Dans un grand cotillon blanc, pas fait avec des pièces ajoutées, mais coupé dans un bon tissu, peut-être rose. On lui mettra un grand manteau doré. Comme une chape de saint sacrement. Bottines dorées et lourdes. Si possible en fonte. Les cheveux en bleu ciel. Chignon très haut dressé. Comme un chignon de Marie-Antoinette avant la prison. Très haut. Plein d'aiguilles à chapeau. Maquillage doré ou presque. Les mains dorées. Ne vous préoccupez pas trop de l'Algérie.

Les dents de Warda : fausses. Dorées et retroussées comme celles de Saïd. Et comme celles qu'aura Leïla.

*

J'ai oublié le nom des autres femmes, sauf celui de la Veuve Germain. Elle, il faut la sucrer. Il lui reste deux dents : une en haut à gauche, une en bas à droite. Les lèvres rentrées. Travailler son visage de rides en diagonale, de façon à former des losanges. Robe 1900. Cheveux blonds, avec une anglaise : adorables.

*

SAÏD : Je suis fatigué. En tout cas, faire que ses oreilles soient encore plus écartées et la bouche plus ahurie.

*

Faites travailler tous ces comédiens. J'ai l'impression qu'ils croient savoir tout faire. Il faudrait qu'ils n'en reviennent

pas, selon le sens que vous voudrez donner à l'expression.
Amicalement.

Jean Genet.

Je crois, au fond qu'il faudrait trouver des maquillages, et des gestes et des démarches allant avec, qui seraient plus méchants. J'ai été vraiment trop timide.

Genet.

AUTRE LETTRE

Voici, mon cher Roger, comment j'ai vu la première partie de la pièce.
Admirables : votre boulot

> Casarès
> Paule Annen
> Amidou
> Madeleine Renaud (très jeune, parfaite)
> Jean-Louis Barrault
> Cattand
> Kerjean
> Weber
> Granval (il a fait des progrès énormes)
> le couple qui épingle
> Alric
> Rousselet promet d'être très bien.

Il y a très peu d'indications à leur donner. Je crois qu'à force de répéter, ils trouveront en eux, de quoi se parfaire.
Maintenant il y a les autres : n'en parlons pas encore.
Pour le notable trouver un gamin de dix-huit ans, avec une barbe blanche carrée, des cheveux blancs artificiels. Il faut que ce comédien gamin grimé invente les attitudes de la vieillesse. Sinon, c'est foutu.
Une règle qui ne doit en aucun cas être transgressée :
L'Homme, la Femme, l'attitude ou la parole qui, dans la vie, apparaissent comme abjects, au théâtre doivent émerveiller, toujours, étonner, toujours, par leur élégance et leur force d'évidence.

Rien, sur la scène, rien qui doive être laid ou ridicule, naturellement.

Il faudra peut-être prendre à part les personnes de qui je vous ai parlé et tâcher d'en tirer un parti qui mette en valeur la pièce — donc eux-mêmes.

Essayer tout de même de les amener vers un théâtre plus hiératique. Sinon, l'ARSENIC.

Ou les frapper. Je ne peux pas vous envoyer une formation de catch pour les mettre en bouillie. Mais *ils y sont!*

Viennent deux pages de notes.

NOTES

Le premier cri de Saïd s'achève — ou est dit comme une constatation. *Il ne faut pas.* Il doit élever la voix et la laisser en suspens : Ro*se*...! Non. Mais *Rose*!

*

Il fait deux ou trois gestes qui ne sont pas voulus, mais subis. Gestes qui soutiennent *tout naturellement* la parole. Ces gestes diminuent sa force verbale et gestuelle.

*

Quand il laisse retomber ses mains sur les cuisses, on l'entend dans la salle. C'est gênant. On ne devrait rien entendre quand il se cogne dans les mains et sur les cuisses.

On ne devrait rien entendre, même quand la foule court sur le plancher, surtout pas un bruit de plancher.

Rien entendre quand la Bouche cogne le plancher pour appeler le mort — ou alors entendre autre chose, une explosion atomique si c'est dans vos moyens, j'aimerais mieux.

*

Quand la Bouche répond à la Mère qui lui demande si c'est l'heure, Jean-Louis Barrault doit découvrir son bracelet-montre et le diriger vers la Mère, mais lui, ne pas le regarder.

*

Le fis de Sir Harold doit dire oui à son père, non en baissant la tête, mais en la relevant (quand le père demande s'il est armé).

*

Je me demande si la Mère, dans la scène du mort, quand elle apostrophe les femmes, ne devrait pas, au lieu de mains tendues, tendre, de la même façon, les mains fermées. Les mains ouvertes sont davantage le symbole de l'imploration. En tout cas, comme elle le fait deux fois, je crois : une fois, au début, mains offertes, deuxième fois, mains fermées.

*

En prison :
Enlever définitivement la Voix. Le texte est trop plat.

*

Par ce texte je voulais recréer la prison. Je n'ai pas trouvé le ton.

*

Leïla devrait saluer le gendarme avant sa réplique : « C'est moi la femme de Saïd. » D'abord la révérence.

*

Les jappements des deux femmes, mère et fille, très jolis, mais quand elle vient, avant d'aboyer pour soutenir la mère, Leïla doit la flairer : ensuite japper avec elle. Puis contre elle, etc.

*

Casarès n'a pas appris comment se reposer dans le paroxysme : elle va être crevée. Mais elle est si belle dans l'épuisement!

★

Très bien, les différences de ton de la Bouche. Sa voix soudain fraîche et jeune quand il répond en Slimane. Mais faire attention à son âge, quelquefois, avant sa fatigue, feinte, le grave revient. Si, dans le rôle de Slimane, Jean-Louis Barrault se débarbouille tout à fait du timbre parigot, il sera magnifique.

★

La Mère ne cherche pas assez « *myopement* » la tombe. Elle ne déchiffre pas assez.

★

Vous avez coupé l'histoire des chênes-lièges et des bouchons en sciure, pourquoi? Je l'aimais bien.

★

Les deux colons, assis, devraient l'être dos à dos, pas côte à côte.

★

Les deux pages précédentes sont des suggestions pour corriger, mais l'ensemble est étonnant. Que vous ayez compris la pièce, comme je le souhaitais, ce n'est pas surprenant, vous comprenez vite et fin, mais vous avez eu le talent et la ténacité de l'appliquer. J'aurais voulu me désintéresser de cette représentation : je n'en ai plus la force. Vos patiences d'araignée et votre réussite me prennent au jeu. Le travail des comédiens et des comédiennes que j'ai cités, conduits par vous, je l'éprouve comme un hommage. Je suis heureux, avec un peu de honte de l'être.

Dans *les Nègres*, plus vaillamment, quant au texte, préparé pour l'effet, votre travail m'étonnait moins. En tout cas, la réussite était due, il me semble, autant à moi qu'à vous : dans *les Paravents*, tout est votre réussite. Si j'avais pensé que la pièce puisse être jouée, je l'aurais faite plus belle — ou ratée complètement. Vous avez, sans y toucher, pris la difficulté, et vous l'avez faite légère. C'est très beau. Vous avez mon amitié et mon admiration.

Jean.

Il y a encore bien des choses à dire, mais j'en oublie.

Vous et Barrault, vous avez dû couper beaucoup. Ça m'a paru un peu étriqué. Il ne faut pas avoir peur de respirer et de savoir qu'on a toute la vie devant soi pour faire cette pièce. Les spectateurs prendront tout naturellement votre démarche. Si c'est bien fait, vous n'emmerderez personne.

AUTRE LETTRE AVEC DES NOTES

Mon cher Roger,

Encore deux ou trois notes.

★

L'explosion du gendarme n'est pas assez violente. Après l'échange des tu et des vous, il faudrait un léger calme, et un silence, puis, sans qu'on l'ait prévue, l'explosion enragée du gendarme, écumant, bavant, etc., mais en général (pas de gendarmerie!) il est parfait.

★

Pour chaque soldat arabe qui va dessiner, vous devriez inventer une démarche toujours nouvelle : l'un avance, mains dans les poches, en frôlant les paravents et chaloupant; l'autre très décidé; l'autre se traînant sur une patte; l'autre dansant, amusé, une java, etc.,
et toujours Kadidja immobile, ne regardant jamais les soldats quand elle les interpelle, puisqu'elle est morte.

★

Donner des indications à Sir Harold : il est paumé. Il est possible qu'il se tire d'affaire.

*

Trop souvent les comédiens regardent la salle. Je crois qu'ils doivent la regarder sans la voir. De toute façon, ils ont tort de regarder toujours, quand ils regardent la salle, les fauteuils d'orchestre. Si, par misère, ils doivent la regarder, qu'ils en prennent donc les vraies mesures, et que leur œil aille jusqu'au poulailler.

*

Quand il évoque l'achat de Leïla à son père, Saïd peut se perdre encore un peu plus dans la mélopée. Une feinte déraison l'aidera à paraître plus vache.

*

Essayer de décaler, de déséquilibrer un peu la voix et le jeu de la pleureuse qui parle si longtemps avec la Mère (je ne sais pas son nom). Tâter du bégaiement. Descendre la voix de deux ou trois tons. Elle est trop posée. Trop bien.

*

Travailler le *Volé* (scène qui précède la sortie de Saïd de tôle). Volé trop distingué. Je le voudrais un peu napolitain.

*

Voilà, je ne trouve plus rien, mais ce que vous avez fait reste magnifique.
Amicalement.

Jean.

Quand ils marchent, courent, sautent sur les praticables, les acteurs — la plupart — font avec leurs pieds un bruit de déménageurs. Sans créer le silence perceptible des cambrioleurs nocturnes ou des dames qui se baissent jusqu'au trou de serrure pour épier leurs bonnes, j'aimerais que les acteurs ne fassent aucun bruit de pas afin de le remplacer, s'il me plaît, par un tintement voisin de celui que ma canne fit un jour, dans le salon de Maria Casarès, en heurtant la patte gracile d'une table en métal. Donc, le silence d'abord, afin de me permettre d'inventer des bruits imprévus.

De la même façon, interdire au travailleur arabe d'allumer une cigarette : la flamme de l'allumette ne pouvant, sur la scène, être *imitée* : une flamme d'allumette, dans la salle ou ailleurs, est la même que sur la scène. A éviter.

★

Quelquefois certains acteurs restent en scène trop longtemps. Un des seuls mots du jargon du théâtre que j'aie retenus — mais bien retenus — c'est celui-ci : ils s'étalent.

L'acteur doit agir vite, même dans sa lenteur, mais sa vitesse, fulgurante, étonnera. Elle et son jeu le rendront si beau que lorsqu'il sera happé par le vide des coulisses, les spectateurs éprouveront une grande tristesse, une sorte de regret : ils auront vu surgir et passer un météore. Un pareil jeu fera vivre l'acteur et la pièce.

Donc : apparaître, scintiller, et comme mourir.

*

Personne ne sait rien d'abord. Les comédiens ne savent pas grand-chose, mais l'homme qui les enseigne ne doit rien savoir et tout apprendre, sur lui-même et sur son art, en les enseignant. Ce sera une découverte pour eux mais aussi pour lui.

*

Il me semble que le public ne sache pas entendre. Il confond deux mots : on entend avec ses deux oreilles, mais on entend — ou l'on tend l'oreille — avec ses doigts de pied.

*

Si j'ai voulu le plein feu sur scène c'est afin que chaque acteur n'aille pas noyer une erreur, une faute passagère, son épuisement ou son indifférence, dans une salvatrice obscurité. Bien sûr, tant de lumière lui fera mal, mais d'être si fortement éclairé l'obligera peut-être.

*

A propos encore de lumière : il sera bien que chaque acteur, par son jeu, éclaire l'autre ou les autres, qui, à leur tour, l'éclaireront. La scène serait donc un lieu non où les reflets s'épuisent, mais où des éclats s'entrechoquent. Ce serait du même coup un lieu où la charité chrétienne se divertit.

NOTES ENVOYÉES A ROGER BLIN LE 14 AVRIL

Attention! Tous les maquillages très violents, mais tous *asymétriques.*

★

Pour le jeune homme qui dessine les revolvers, il doit relever sa manche presque jusqu'au coude, s'écarter du paravent, et que seuls la main et le bras qui dessinent soient visibles sur le paravent. Main très maquillée afin d'être visible.

★

Deuxième jeune homme. Il dessinera avec des traits courts et rageurs en dansant sur place une danse également rageuse. — Le cœur dessiné : c'est le Sacré-Cœur de Jésus avec des flammes à la place de l'aorte. — Se servir de gants de chirurgien, maquillés : maquillage des gants noir et rouge sang.

★

Refaire l'entrée des Parachutistes : première fois, avec le lieutenant :
Les hosties et le latin, etc.,
il faut qu'à un certain moment, le lieutenant se retourne, inquiet, et les autres paras aussi, ils avancent à reculons, mais courbés et craignant la nuit.

★

Les Arabes qui dessinent :
    le premier se place derrière Kadidja et il tend devant lui
et devant elle ses mains ouvertes (il dit tenir des revolvers),
il dessine après s'être relevé la manche droite, et il a des
traits rapides.
    Il prend du recul comme un vrai peintre.

★

Celui qui dessine les cornes arrive auprès de Kadidja en
chaloupant, les mains derrière le dos.
    Tous doivent être joyeux.

★

Interprétation d'Ommou :
    Elle poétise trop. Vous savez ce que je veux dire.
    Elle ne doit pas présenter sur un plateau la réplique où je
dis quelque chose comme : « C'est les idées qui ne servent à rien
qui doivent être protégées et provoquer le chant. » Dit très
légèrement. En courant.
    Quand elle veut son aspirine :
               Mon Has————pirine!
comme une droguée réclame sa came.

NOTES ENVOYÉES A ROGER BLIN LE 15 AVRIL

Remplacer d'urgence le paravent représentant les orangers par un paravent nu, mais bleu nuit, uni, sur lequel les Arabes dessineront des flammes très vivantes.

★

Songer à indiquer aux soldats arabes, de l'extrême fin, qu'ils doivent, avant de tirer sur lui, se pencher pour chercher Saïd sous les praticables comme s'ils le cherchaient dans un fourré.

★

Ce serait joli, si Ommou se sert de béquilles, qu'elles soient recouvertes de velours rouge vif en loques et qu'Ommou s'en serve comme d'aiguilles à tricoter, comme pour tricoter par terre.

★

Pour Ommou : qu'elle dise, avec impatience, la réplique de la fin : « C'est les choses qui n'ont pas d'importance qui doivent vivre. » Citation approximative car je n'ai pas le texte. Il faut qu'elle le dise avec impatience, courroux, évidence, agacement. Pas comme l'aurait dit pompeusement Merleau-Ponty.

★

Rendre plus vif le rythme de Sir Harold et Blankensee.

ENCORE UNE LETTRE

Mon cher Roger,

Puisque nous nous sommes mis d'accord sur ce point : les vingt représentations qui ont eu lieu ne constituant qu'une approche de la pièce, ou, si l'on veut, une série de répétitions, il faudrait que nous passions en revue ce qui va ou ne va pas.
Sur le jeu des comédiens : faut-il se répéter? Maria, samedi soir, a été éblouissante. Je sais bien que ce n'est pas, et que ce ne sera pas tous les jours samedi soir, mais il faudrait l'encourager à conserver cet éclat. Elle a été une grande tragédienne ce soir-là. Paulette se cherche et elle se cherchera encore, il ne faut pas la déranger. Barrault a dégagé un ton émouvant, et un jeu qu'il devra retrouver en septembre. Même si au début il a tâtonné, les quatre ou cinq derniers soirs il a joué Madani et Si Slimane d'une façon splendide. Surtout, qu'il garde et qu'il démantèle cette attitude qui n'est pas de tout repos.
Voilà : il faudrait que personne n'ait une attitude ou une série de gestes, de tout repos. Barrault est constamment instable, fragile et incassable. Je voudrais que lui aussi, comme Casarès, Madeleine et Kerjean, soit un exemple de force et de délicatesse. Un exemple aussi de conscience théâtrale : il sait maquiller ses phalanges et il prend le temps de le faire. Un soir, vous amènerez Amidou, par surprise, dans la loge de Barrault quand il farde ses mains. Pour Madeleine, Barrault a raison, il lui faut une perruque en désordre pour le coup de feu du bordel. Et qu'elle joue la boulangère en nage qui n'arrête pas de débiter ses petits pains.

Mais! Ce qui ne va pas? Les paravents ne me plaisent guère.
Si Acquart ne se fout pas en boule, c'est foutu. Pour le premier
paravent : c'est un grand palmier, sur fond blanc ou bleu, que
l'on doit faire bouger. Et tous les autres seront refaits. Dites
bien à Claude Acquart qu'il s'agit de comprendre d'abord ce
qu'est un paravent, ensuite de l'orner.

Mme Acquart a fait des costumes superbes, mais nom de
Dieu, pourquoi Alric habillé en solde? Et les soldats? Michel
Creton avait raison quand il m'a dit : « Nous aussi on doit être
sexy. » Il faut aux soldats des costumes coupés et ornés comme
celui du Sergent, si vous acceptez de faire l'effort de vouloir
un Sergent, déjà très beau, encore plus impressionnant. Quant
à son jeu (du Sergent), j'ai eu tort de lui dire de sourire dès son
apparition. Dans la première partie, avant de crever le paravent
des morts, il doit être une belle peau de vache.

Chaque soldat aura, outre son accoutrement et son maquillage, une attitude qui lui soit propre, une attitude inventée, et
pas la même pour tous. Il faut la leur indiquer. Pas de poches
sur les genoux. Le Lieutenant sera bien plus radieux s'il com-
mande une troupe radieuse. Donc, des soldats sexy, et pas de
la bleusaille en treillis.

Weber a su réussir un très joli maquillage, Creton aussi, mais
les autres? Vous devez le leur dessiner.

Ce n'est pas tout. Mme Acquart doit refaire le costume de
Djemila. (Vous voyez que je note au hasard de la mémoire.)

Quand le Général roule au fond des temps, qu'il pivote
d'abord lentement, puis de plus en plus vite, comme une pierre
tombe de plus en plus vite, jusqu'au choc final, atteignant, s'il
le peut, la vitesse de la lumière.

Les petites boîtes à dessiner — ou pistolets, du nom de l'us-
tensile où pissent les infirmes — sont très laides. Et surtout ces
pistolets ne permettent pas aux acteurs des gestes comme nous
les voudrions : amples. Est-ce qu'Acquart ne peut pas trouver
une autre technique? Les acteurs semblaient pissoter du bout
d'un moignon d'avant-bras.

L'idée des flammes de soie qui montent et descendent est
très jolie, mais pas sur les orangers en forme de fraisiers, non.
Sur fond de nuit. Des fraisiers!

Ah oui, même si je suis content, Rousselet doit encore travailler : plus culotté, plus salaud, et quand il crève le paravent
il **aura** enfin, sur l'œil vachement posée, sa couronne de per-

venches sur son œil de travers. Qu'il prenne son temps quand il fait le récit de sa mort. Le public écoutera.

Et les pets? Je n'y renonce pas. Avez-vous renoncé à péter? Important : quand Alric, bien habillé cette fois, fera sa danse du ventre, il devra quitter la scène à reculons, face au public, et dans la coulisse opposée à celle par où Leïla s'est sauvée à plat ventre. Le public ne sera pas déconcerté, même s'il comprend de travers, et par exemple que le gendarme se perd sur une fausse piste.

Cattand a trop tendance à regarder la salle. Il faut qu'il s'adresse aussi à ses soldats, ou au vide, ou à n'importe quoi. Mais ne rien changer d'autre dans son jeu, toujours juste. Et même, juste à temps.

J'y arrive : il faut faire travailler Marcelle Ranson. Elle ne demande que cela. Elle doit avoir des béquilles entourées de bandelettes de velours pourpre. J'y tiens beaucoup. Lui faire moduler le texte, davantage. Elle saura le faire, mais bordel, qu'on s'occupe d'elle!

Il y a trop de rires dans cette pièce. Beaucoup doivent être silencieux, simplement la gueule fendue des soldats. Ou des sifflements. A vous de trouver les moments. Vous pouvez faire très joliment siffler les hommes et les femmes au lieu qu'ils se fendent la pipe. Et l'orchestration des rires, dont je vous ai parlé?

La basse-cour de la Mère n'est pas assez variée : qu'on aide Maria et Paulette. De jeunes comédiens pourraient faire les coqs, dans la coulisse.

Autre détail : Saïd, quand il réapparaît, il portera un nouveau costume, fait de loques pourpres.

*

Madeleine Renaud viendra (2e tableau) de la coulisse, portée sur la première marche d'un escabeau, et quand arrivera Saïd, invisible des spectateurs, elle, habillée du manteau épiscopal, elle montera sur la quatrième ou cinquième, enfin sur la dernière marche de l'escabeau, et c'est ainsi juchée qu'elle sortira de scène en même temps que le paravent représentant le bordel, d'où s'en iront, béats, les Arabes qui viennent de jouir.

Le mannequin supportant le manteau de Warda, tel que je l'ai vu est très laid. Acquart doit en confectionner un.

*

Le tremblement des Arabes devant le fils de Sir Harold : vous devez le mettre au point. Chaque acteur doit s'entraîner à faire trembler tous ses membres de façon qu'eux tous donnent une vision douloureuse de la frousse. Ils trembleront de la tête aux pieds, des épaules aux mains, et le tremblement doit aller jusqu'à la transe mais évoquer en passant un champ de seigle par grand vent ou la fuite d'une compagnie de perdrix. Cela vous dit-il quelque chose?

*

Les comédiens jouant le rôle des Arabes pourraient, s'ils ne sont pas trop flemmards, torturer habilement leur chevelure, soit la boucler, soit l'huiler, soit la goudronner, etc. Il y a bien des façons de rendre expressive une chevelure adolescente, mais bordel, est-ce que ces gamins vont accepter de se travailler devant la glace non comme des gigolos mais comme des acteurs?

*

Les rares manifestants du groupe Occident — « Dans l'Occident désert quel devint mon ennui... » — s'abandonnent à la plus paresseuse de leur nature quand ils voient sur la scène un officier français et mort reniflant les pets méticuleux de ses soldats, alors qu'ils devraient voir des acteurs jouant à être ou à paraître... Le jeu des interprètes est à la réalité militaire ce que leurs bombes fumigènes sont à la réalité du napalm.

*

Ce sont eux les vrais corrupteurs de l'armée, car s'ils lisent dans le dictionnaire le mot « chancre », ils ne peuvent s'empêcher de voir germer des chancres à toutes les bites militaires transmettant le chancre à tous les culs tricolores. Or, ils n'avaient lu que sept lettres et à partir d'elles ils partent en guerre. Quel Occident inquiet!

*

On y a peut-être pensé avant moi, alors je redirai que le patron des comédiens, à cause de sa double nature, sera Tirésias. La Fable dit qu'il gardait sept ans le sexe mâle et sept autres l'autre. Sept ans un vêtement d'homme, sept celui d'une femme. D'une certaine façon, à certains moments — ou peut-être toujours —, sa féminité pourchassait sa virilité, l'une et l'autre étant jouées, de sorte qu'il n'avait jamais de repos, je veux dire de point fixe où se reposer. Comme lui les comédiens ne sont ni ceci ni cela, et ils doivent se savoir une apparence sans cesse parcourue par la féminité ou son contraire, mais prêts à jouer jusqu'à l'abjection ce qui, virilité ou son contraire, de toute façon est joué.

Saint Tirésias, patron des comédiens.

Quant aux pouvoirs divinatoires du saint, que chaque acteur cherche à voir clair en soi-même.

*

Bien sûr j'ignore tout du théâtre en général, mais j'en sais assez sur le mien.

Qu'un juge prononce un jugement, exigeons qu'il se prépare autrement que par la connaissance du code. La veille, le jeûne, la prière, une tentative de suicide ou d'assassinat pourraient l'aider afin que le jugement qu'il va prononcer soit un événement si grave — je veux dire un événement poétique — qu'il soit, l'ayant rendu, le juge, exténué, sur le point de perdre son âme dans la mort ou la folie. Exsangue, aphone, il resterait deux ou trois ans avant de se remettre. C'est beaucoup demander à un juge. Mais nous? Nous sommes encore loin de l'acte poétique. Tous, vous, moi, les acteurs, nous devons macérer longtemps dans la ténèbre, il nous faut travailler jusqu'à l'épuisement afin qu'un seul soir, nous arrivions au bord de l'acte définitif. Et nous devons nous tromper souvent, et faire que servent nos erreurs. En fait, nous sommes loin de compte et ni la folie ni la mort ne me paraissent encore, pour cette pièce, la sanction la plus juste. C'est pourtant ces deux Déesses qu'il faut émouvoir afin qu'elles s'occupent de nous. Non, nous ne sommes pas en danger de mort, la poésie n'est pas venue comme il faudrait.

Si je voulais ce que vous m'aviez promis, le plein feu, c'est pour que chaque acteur *finît* avec éclat ses gestes ou son dire, et qu'il rivalisât avec la lumière la plus intense. Je voulais aussi la lumière dans la salle : le cul écrasé dans son fauteuil des spectateurs, leur immobilité imposée par le jeu, c'était assez pour départager la scène de cette salle, mais les feux sont nécessaires pour que la complicité s'établisse. Un acte poétique, non un spectacle, même beau selon l'habituelle beauté, aurait dû avoir lieu. Seule Casarès, par ses seuls moyens, a scintillé le dernier soir.

Dans une autre lettre, que vous avez sans doute perdue, je vous disais que mes livres, comme mes pièces, étaient écrits contre moi-même. Vous comprenez ce que je veux dire. Entre autres ceci : les scènes des soldats sont destinées à exalter — je dis bien *exalter* — la vertu majeure de l'Armée, sa vertu capitale : la bêtise. J'ai bandé pour des paras, jamais pour ceux du théâtre. Et si je ne réussis pas, par mon seul texte, à m'exposer, il faudrait m'aider. Contre moi-même, contre nous-mêmes, alors que ces représentations nous placent de je ne sais quel bon côté par où la poésie n'arrive pas.

Il faut considérer que nous avons échoué. La faute c'est notre dégonflage comme celui d'une cornemuse qui se vide en émettant quelques sons que nous voulions croire attrayants, et en nous accordant l'illusion que la mélodie achevée valait bien quelques pertes d'un gaz précieux. Par petites secousses successives nous nous sommes dirigés sûrement vers l'affadissement de la pièce. Secousses successives afin de nous assurer d'un succès qui, à mes yeux, finalement est un échec.

Jacques Maglia me dit : « Tout semble se passer comme si, Blin et toi, vous étiez fiers de vous. Au lieu d'une pièce dont l'achèvement devrait vous consterner, son succès apparent vous rassure. »

Plusieurs fois j'ai capitulé, par lassitude, devant les objections de Barrault et devant les vôtres. Votre connaissance du théâtre risque de vous faire éviter des fautes de goût : mon ignorance de ce métier aurait dû me conduire vers elles.

Je ne dis pas que le texte *écrit* de la pièce est d'une valeur tellement grande, mais je puis vous affirmer que, par exemple, je n'ai méprisé aucun de mes personnages — ni Sir Harold, ni le Gendarme, ni les Paras. Sachez bien que je n'ai jamais cherché à les « comprendre », mais, les ayant créés, sur le papier et pour la scène, je ne veux pas les renier. Ce qui me rattache à eux est d'un autre ordre que l'ironie ou le mépris. Eux aussi ils servent à me composer. Jamais je n'ai copié la vie — un événement ou un homme, Guerre d'Algérie ou Colons — mais la vie a tout naturellement fait éclore en moi, ou les éclairer si elles y étaient, les images que j'ai traduites soit par un personnage soit par un acte. Pascal Monod, un des étudiants du service d'ordre, m'a dit, après la dernière représentation, que l'armée n'était pas aussi caricaturale que je l'ai montrée. Je n'ai pas eu le temps de lui répondre qu'il s'agissait, ici d'une armée de rêve, rêve esquissé sur le papier et réalisé, bien ou mal, sur une scène, par exemple en bois et dont le plancher craque sous les pieds.

Revenons à l'éclairage. Vous devez bien comprendre que cette façon de jouer de l'ombre, de la pénombre et de la lumière est un recours, délicieux et frileux, qui donne au spectateur le temps de s'extasier et de se rassurer. Je voulais la banquise, terre promise qui aveugle et ne laisse aucun repos. Où était cette matière, à la fois blanche et métallisée dont nous avait parlé Acquart, et qui, selon mes indications, aurait dû constituer la matière même où se seraient mus les acteurs? Pourrez-vous employer enfin, un seul soir même, cette matière mystérieuse, mallarméenne et allégorique?

On ne va pas faire la guerre si on ne l'aime pas, si l'on ne se sent pas fait — ou si l'on veut destiné — pour le combat. Le théâtre c'est pareil. Trop à l'aise sur la scène, les comédiens, entre leurs apparitions momentanées, se reposent, ou plutôt s'écrasent l'un contre l'autre, autour du poste de télé ouvert tout grand dans le foyer des artistes. Certains chanoines aux vêpres lisent leur bréviaire en pensant à je ne sais quoi, mais des comédiens de vingt ans ne devraient pas être des chanoines. Même quand elle n'est pas visible du public, Casarès demeure dans la coulisse, attentive ou à bout, mais présente : les autres foutent le camp. Ils pourraient au moins suivre par les haut-parleurs l'évolution de leurs camarades. Par un jeu de boutons ils font taire les voix venant de la scène, apportant éclat ou lassitude, défaillance ou habileté, et ils regardent la télé. Ils l'écoutent. Au lieu de quitter le monde ils le réintègrent, comme si la scène était un endroit de perdition. Les jeunes acteurs sont remarquables en ce sens qu'à peine en scène ils font tout pour se dissimuler, pour se dissoudre presque dans une grisaille de paroles et de mouvements. Ne pouvez-vous pas leur dire que trop briller à la ville empêche qu'un éclat longtemps contenu, enfin explose, illuminant la scène? S'ils n'ont qu'une phrase à dire, un geste à faire, phrase et geste devraient contenir ce que chaque acteur porte en lui de lumineux et qui attendait depuis longtemps cet instant privilégié : être sur la scène. Certainement il faut encourager chaque comédien à être, fût-ce le temps d'une apparition, fulgurante et vraie, d'une si grande beauté que sa disparition dans la coulisse soit ressentie par la salle comme désespérante. Et que, tout en étant sous le charme de ce qui s'opère après lui, on continue à le regretter bien après qu'il a disparu.

Enfin, si je tiens tellement aux pleins feux, sur la scène et sur la salle, c'est que je voudrais, d'une certaine façon, que l'une et l'autre soient prises par le même embrasement et que nulle part l'on ne réussisse à s'à-demi dissimuler.

Voilà, mon cher Roger, quelques notes que m'imposaient la réalisation des *Paravents* et la grande amitié que je vous porte.

                                        J. G.

DERNIÈRE LETTRE

J'ai écrit à Maria Casarès pour lui dire à peu près ceci :
« Quand vous exposez à Saïd la situation : " Tu prends la moins
chère... elle et toi vous vous prenez, etc. ", je crois que vous
devriez essayer ces gestes : avec chacune des deux mains éle-
vées de chaque côté du visage, et non supportées par les genoux,
faire ce geste : le pouce formant un cercle avec l'index, un peu
à la façon d'un conférencier.

« Et ensuite, à cette réplique : " Vous vous prenez... " faire
que vos deux mains penchent d'un seul côté, opposé à celui
de Saïd. »

Si je rappelle cette indication c'est afin qu'on comprenne
mieux pourquoi, au début des répétitions, j'empêchais qu'on
fît un geste, le plus simple, du corps ou du petit doigt. Il me
paraissait indispensable que la voix des acteurs exprimât
d'abord, et seule, comme idée de son corps, tout le personnage.
En effet, les comédiens sont toujours tentés de « trouver spontanément » les gestes qui aident les mots à sortir de la bouche.
Cela donne alors, gestes et voix banalement (selon le sens premier de banal), une sorte de redondance inutile. Il vaut mieux,
quand la voix a trouvé ses vraies modulations, découvrir les
gestes qui viendront alors la souligner, gestes qui ne seront plus
familièrement accordés à la voix, mais qui peut-être s'oppose-
ront à elle — par exemple, à une inflexion désolée un geste de la
main et du pied très allègre — de façon que le tout forme une
longue suite d'accords non convenus — brisés mais toujours
harmonieux, délivrant l'acteur de la tentation du quotidien.
Cette opération, refusant un naturel feint, ne doit pas se

faire n'importe comment : son but, entre autres, est de montrer et de faire entendre, ce qui passe inaperçu *d'habitude*. Son but réel est, bien sûr, une joie, une fête nouvelles, et encore je ne sais quoi.

Nous avions donc la chance qu'un tempérament flamboyant accepte cette discipline. J'avais très peur de blesser Maria en lui demandant, par exemple, de s'examiner dans une glace, d'y faire des grimaces sans complaisance, et de découvrir, dans ce nouveau visage enlaidi, une beauté que chaque spectateur — non le public, mais chaque spectateur — pourrait retrouver d'une façon un peu hésitante, en lui-même, enfoui, mais capable de remonter à sa propre surface.

Peut-être par d'autres moyens, sans gommer la comédienne célèbre, et peut-être aidée par vous, mais courageusement, Maria a atteint son et mon but.

Si ce petit livre s'ouvre sur votre nom, vous comprenez donc que j'aie voulu le clore par le nom de cette femme admirable, qui tout le temps vous a aidé avec sa fougue ibérique : Maria Casarès.

Jean Genet.

COMMENT JOUER « LES BONNES »

Furtif. C'est le mot qui s'impose d'abord. Le jeu théâtral des deux actrices figurant les deux bonnes doit être furtif. Ce n'est pas que des fenêtres ouvertes ou des cloisons trop minces laisseraient les voisins entendre des mots qu'on ne prononce que dans une alcôve, ce n'est pas non plus ce qu'il y a d'inavouable dans leurs propos qui exige ce jeu, révélant une psychologie perturbée : le jeu sera furtif afin qu'une phraséologie trop pesante s'allège et passe la rampe. Les actrices retiendront donc leurs gestes, chacun étant comme suspendu, ou cassé. Chaque geste suspendra les actrices. Il serait bien qu'à certains moments elles marchent sur la pointe des pieds, après avoir enlevé un ou les deux souliers qu'elles porteront à la main, avec précaution, qu'elles le posent sur un meuble sans rien cogner — non pour ne pas être entendues des voisins d'en dessous, mais parce que ce geste est dans le ton. Quelquefois, les voix aussi seront comme suspendues et cassées.

Ces deux bonnes ne sont pas des garces : elles ont vieilli, elles ont maigri dans la douceur de Madame. Il ne faut pas qu'elles soient jolies, que leur beauté soit donnée aux spectateurs dès le lever du rideau, mais il faut que tout au long de la soirée on les voie embellir jusqu'à la dernière seconde. Leur visage, au début, est donc marqué de rides aussi subtiles que les gestes ou qu'un de leurs cheveux. Elles n'ont ni cul ni seins provocants : elles pourraient enseigner la piété dans une institution chrétienne. Leur œil est pur, très pur, puisque tous les soirs elles se masturbent et déchargent en vrac, l'une dans l'autre, leur haine de Madame. Elles toucheront aux objets du décor comme on feint de croire qu'une jeune fille cueille une branche fleurie. Leur teint est pâle, plein de charme. Elles sont donc fanées, mais avec élégance! Elles n'ont pas pourri.

Pourtant, il faudra bien que de la pourriture apparaisse : moins quand elles crachent leur rage que dans leurs accès de tendresse.

Les actrices ne doivent pas monter sur la scène avec leur érotisme naturel, imiter les dames de cinéma. L'érotisme individuel, au théâtre, ravale la représentation. Les actrices sont donc priées, comme disent les Grecs, de ne pas poser leur con sur la table.

Je n'ai pas besoin d'insister sur les passages « joués » et les passages sincères : on saura les repérer, au besoin les inventer.

Quant aux passages soi-disant « poétiques », ils seront dits comme une évidence, comme lorsqu'un chauffeur de taxi parisien invente sur-le-champ une métaphore argotique : elle va de soi. Elle s'énonce comme le résultat d'une opération mathématique : sans chaleur particulière. La dire même un peu plus froidement que le reste.

L'unité du récit naîtra non de la monotonie du jeu, mais d'une harmonie entre les parties très diverses, très diversement jouées. Peut-être le metteur en scène devra-t-il laisser apparaître ce qui était en moi alors que j'écrivais la pièce, ou qui me manquait si fort : une certaine bonhomie, car il s'agit d'un conte.

« Madame », il ne faut pas l'outrer dans la caricature. Elle ne sait pas jusqu'à quel point elle est bête, à quel point elle joue un rôle, mais quelle actrice le sait davantage, même quand elle se torche le cul?

Ces dames — les Bonnes et Madame — déconnent? Comme moi chaque matin devant la glace quand je me rase, ou la nuit quand je m'emmerde, ou dans un bois quand je me crois seul : c'est un conte, c'est-à-dire une forme de récit allégorique qui avait peut-être pour premier but, quand je l'écrivais, de me dégoûter de moi-même en indiquant et en refusant d'indiquer qui j'étais, le but second d'établir une espèce de malaise dans la salle... Un conte... Il faut à la fois y croire et refuser d'y croire, mais afin

*qu'on y puisse croire il faut que les actrices ne jouent pas selon
un mode réaliste.*

*Sacrés ou non, ces bonnes sont des monstres, comme nous-
mêmes quand nous nous rêvons ceci ou cela. Sans pouvoir dire
au juste ce qu'est le théâtre, je sais ce que je lui refuse d'être :
la description de gestes quotidiens vus de l'extérieur : je vais au
théâtre afin de me voir, sur la scène (restitué en un seul personnage
ou à l'aide d'un personnage multiple et sous forme de conte) tel
que je ne saurais — ou n'oserais — me voir ou me rêver, et tel
pourtant que je me sais être. Les comédiens ont donc pour fonction
d'endosser des gestes et des accoutrements qui leur permettront de
me montrer à moi-même, et de me montrer nu, dans la solitude et
son allégresse.*

*Une chose doit être écrite : il ne s'agit pas d'un plaidoyer sur
le sort des domestiques. Je suppose qu'il existe un syndicat des
gens de maison — cela ne nous regarde pas.*

*Lors de la création de cette pièce, un critique théâtral faisait
la remarque que les bonnes véritables ne parlent pas comme celles
de ma pièce : qu'en savez-vous? Je prétends le contraire, car si
j'étais bonne je parlerais comme elles. Certains soirs.*

*Car les Bonnes ne parlent ainsi que certains soirs : il faut les
surprendre, soit dans leur solitude, soit dans celle de chacun de
nous.*

*Le décor des Bonnes. Il s'agit, simplement, de la chambre à
coucher d'une dame un peu cocotte et un peu bourgeoise. Si la
pièce est représentée en France, le lit sera capitonné — elle a
tout de même des domestiques — mais discrètement. Si la pièce
est jouée en Espagne, en Scandinavie, en Russie, la chambre doit
varier. Les robes, pourtant, seront extravagantes, ne relevant
d'aucune mode, d'aucune époque. Il est possible que les deux
bonnes déforment, monstrueusement, pour leur jeu, les robes de
Madame, en ajoutant de fausses traînes, de faux jabots, les fleurs
seront des fleurs réelles, le lit un vrai lit. Le metteur en scène
doit comprendre, car je ne peux tout de même pas tout expliquer,
pourquoi la chambre doit être la copie à peu près exacte d'une*

chambre féminine, les fleurs vraies, mais les robes monstrueuses et le jeu des actrices un peu titubant.

Et si l'on veut représenter cette pièce à Épidaure? Il suffirait qu'avant le début de la pièce les trois actrices viennent sur la scène et se mettent d'accord, sous les yeux des spectateurs, sur les recoins auxquels elles donneront les noms de : lit, fenêtre, penderie, porte, coiffeuse, etc. Puis qu'elles disparaissent, pour réapparaître ensuite selon l'ordre assigné par l'auteur.

COMMENT JOUER « LE BALCON »

A Londres, au Arts Theatre — je l'ai vu — le Balcon était mal joué. Il l'a été aussi mal à New York, à Berlin et à Paris — on me l'a dit. A Londres, le metteur en scène avait eu l'intention de malmener la seule monarchie anglaise, surtout la reine, et, par la scène du Général et du Cheval, de faire une satire de la guerre : son décor, des barbelés.

Des barbelés dans un bordel de luxe!

A New York, le metteur en scène a carrément fait disparaître tout ce qui concernait la révolution.

Berlin : un premier metteur en scène, espèce de caporal prussien, avait eu l'idée de transformer l'appareil permettant à madame Irma de voir et d'entendre ce qui se passe dans chacun de ses salons, en une sorte de poste de télévision en couleur, où les spectateurs auraient vu ce que madame Irma décrit. Autre idée de lui, teutonne : pour tout le monde des costumes 1900.

Paris : le Général est amiral ou membre de l'Institut. Madame Irma, je veux dire l'actrice chargée du rôle, refuse d'apparaître au lever du rideau et exige que dès les premières scènes la parole soit à Carmen. Les actrices remplacent un mot par un autre, le metteur en scène taille dans le texte.

A Vienne, à Bâle, je ne sais plus ou je n'ai jamais su.

★

Le plateau tournant — Paris — était une sottise : je veux que les tableaux se succèdent, que les décors se déplacent de gauche à droite, comme s'ils allaient s'emboîter les uns dans les autres, sous les yeux du spectateur. Mon intention est pourtant claire.

★

Dans les quatre scènes du début presque tout est joué exagérément, toutefois il y a des passages où le ton devra être plus naturel et permettre à l'exagération de paraître encore plus gonflée. En somme aucune équivoque, mais deux tons qui s'opposent.

Au contraire, dès la scène entre madame Irma et Carmen, jusqu'à la fin, il s'agit de découvrir un ton de récit toujours équivoque, toujours en porte-à-faux.

Les sentiments des protagonistes, inspirés par la situation, sont-ils feints, sont-ils réels? La colère, vers la fin de la pièce, du Chef de la Police à l'égard des Trois Figures, est-elle feinte, est-elle réelle? L'existence des révoltés est dans le bordel, ou au-dehors? Il faut tenir l'équivoque jusqu'à la fin.

★

L'auteur de la pièce — à propos justement de la dernière scène — aimerait assez qu'on ne coupe, qu'on n'abrège aucune explication sous le prétexte d'aller vite, d'être plus clair, ou que tout a déjà été dit plus haut, ou que le public a compris, ou qu'il s'ennuie.

★

Les actrices ne doivent pas remplacer les mots comme boxon, bouic, foutoir, chibre, etc., par des mots de bonne compagnie. Elles peuvent refuser de jouer dans ma pièce — on y mettra des hommes. Sinon elles obéissent à ma phrase. Je supporterai qu'elles disent des mots à l'envers. Par exemple : xonbo, trefou, couib, brechi, etc.

★

Essayer de rendre sensible la rivalité qui paraît exister entre Irma et Carmen. Je veux dire : qui dirige — la maison et la pièce? Carmen ou Irma?

★

J'ai eu l'idée de faire grimper les Trois Figures fondamentales sur de hauts patins. Comment les acteurs pourront-ils marcher avec ça sans se casser la gueule, sans se prendre les pattes dans les traînes et les dentelles de leurs jupes? Qu'ils apprennent.

★

Il va de soi que le costume d'Irma doit être, au début de la pièce, très austère. On peut même la supposer en deuil. C'est dans la scène avec Carmen qu'elle s'attifera, portera cette robe longue qui, dans la scène du Balcon deviendra, grâce à quelques décorations, la robe de la Reine.

★

Contrairement à ce qui a été fait à Paris, les Trois Figures (Évêque, Juge, Général) seront revêtus des uniformes, ou habits, en usage dans le pays où se joue la pièce. En France, il fallait un juge rappelant ceux de nos Cours d'assises et non un juge emperruqué; il fallait un Général au képi étoilé ou cerclé de feuilles de chênes et pas une espèce de Lord Amiral. Que les costumes soient excessifs mais non méconnaissables.

★

Pas dire tout le temps du mal : ainsi, à Londres, le metteur en scène avait eu une idée, l'actrice figurant le cheval dessinait avec amour, pendant l'une de ses tirades, avec un bout de charbon des moustaches au Général.

★

Les photographes (dernier tableau) doivent porter la tenue et prendre les manières des jeunes gens les plus délurés de l'époque et du pays où — et quand — sera jouée la pièce. En France, en 1966, il fallait des Blousons Noirs en cuir et des blue-jeans.

Il faudra inventer le type révolutionnaire, puis le peindre ou modeler sur un masque, car, je ne vois personne, même parmi les protestants lyonnais ayant le visage assez long, assez triste et assez farouche pour jouer ce rôle. La fixité des masques irait assez bien. Mais qu'on ne coupe plus rien dans cette scène.

★

Entre Irma et le Chef de la Police, les brefs instants de solitude doivent révéler une vieille tendresse. Je ne sais pas pourquoi.

★

Tout ce que je viens d'écrire ne s'adresse pas, bien sûr, à un metteur en scène intelligent. Il sait ce qu'il a à faire. Mais les autres ?

★

Encore une chose : ne pas jouer cette pièce comme si elle était une satire de ceci ou de cela. Elle est — elle sera donc jouée comme — , la glorification de l'Image et du Reflet. Sa signification — satirique ou non — apparaîtra seulement dans ce cas.

Table des œuvres réunies dans ce volume,
avec l'indication de leur première publication

L'ÉTRANGE MOT D'... (*Tel Quel*, n° 30, 1967).　　　　7

CE QUI EST RESTÉ D'UN REMBRANDT DÉCHIRÉ EN PETITS
CARRÉS BIEN RÉGULIERS, ET FOUTU AUX CHIOTTES (*Tel
Quel*, n° 29, 1967).　　　　19

LE BALCON (1re éd. : « L'Arbalète », 1956).　　　　33

LES BONNES (1re éd. : « L'Arbalète », 1948).　　　　137

HAUTE SURVEILLANCE (1re éd. : Gallimard, 1949).　　　　177

LETTRES A ROGER BLIN (Gallimard, 1967).　　　　215

COMMENT JOUER « LES BONNES » (joint à une réédition
de la pièce « L'Arbalète », 1962).　　　　265

COMMENT JOUER « LE BALCON » (joint à une réédition de la
pièce, « L'Arbalète », 1962).　　　　271

*Reproduit et achevé d'imprimer
par l'Imprimerie Floch
à Mayenne, le 2 novembre 1989.
Dépôt légal : novembre 1989.
1er dépôt légal : novembre 1968.
Numéro d'imprimeur : 28630.*

ISBN 2-07-027030-0 / Imprimé en France.